财政部亚太财经与发展中心
Asia-pacific Finance and Development Center

2011—2012
全球与中国经济热点问题研究

Review on Economic Issues of 2011 - 2012 for China and the World

周强武　主编

中国财政经济出版社

图书在版编目（CIP）数据

2011～2012 全球与中国经济热点问题研究／周强武主编．—北京：中国财政经济出版社，2012.9

ISBN 978－7－5095－3838－8

Ⅰ．①2…　Ⅱ．①周…　Ⅲ．①经济－问题－研究－世界－2011～2012 ②经济－问题－研究－中国－2011～2012　Ⅳ．①F113 ②F120.2

中国版本图书馆 CIP 数据核字（2012）第 188377 号

责任编辑：罗亚洪　　责任校对：徐艳丽

封面设计：九州设计　　版式设计：录文通

中国财政经济出版社出版

URL：http：//www.cfeph.cn

E－mail：cfeph@cfeph.cn

社址：北京市海淀区阜成路甲 28 号　邮政编码：100142

营销中心电话：88190406　北京财经书店电话：64033436　84041336

北京富生印刷厂印刷　各地新华书店经销

787×1092 毫米　16 开　19 印张　360 000 字

2012 年 9 月第 1 版　2012 年 9 月北京第 1 次印刷

定价：39.00 元

ISBN 978－7－5095－3838－8/F·3143

（图书出现印装问题，本社负责调换）

本社质量投诉电话：010－88190744

序

当前，世界经济缓慢复苏，经济形势复杂多变，国际金融危机深层次影响尚未根本消除，新的风险又在形成和聚集，世界经济运行中不稳定、不确定因素依然突出。

从近期的经济形势来看，美国失业率仍处于高位，房地产市场虽有回升但依然低迷，经济回升的基础并不牢固，同时美国经济面临“财政悬崖”的挑战。欧元区部分高负债国家经济收缩幅度扩大，债务危机与经济下滑呈恶性循环。2012年欧盟夏季峰会取得了进展，但其成果的落实和作用还有待观察，导致欧债危机的根本性因素仍未消除。欧元区国家债务危机、财政危机、银行危机、政治危机相互交织，不排除欧债危机再度恶化的可能。日本制造业活动有收缩迹象，经常项目顺差大幅下降，复苏势头有所放缓。

受欧洲主权债务危机引发的国际金融市场动荡、需求不足和国际贸易增长缓慢影响，新兴市场国家经济增速相对放缓。巴西、印度等新兴市场国家因外部环境恶化、经济增速放缓、通胀水平回落，已从货币紧缩转向货币宽松周期，并着手采取包括财政政策在内的其他刺激经济增长的措施。全球宏观经济政策趋于宽松，国际资本在发达经济体和新兴经济体间频繁流动，金融市场不稳定性增加，加大了有关国家特别是新兴市场国家调控经济的难度。

从国内来看，中国经济增长放缓成为广泛讨论的热点话题。中国经济的下行压力仍然较大。受世界经济复苏缓慢的影响，我国外需明显减弱。从中期看，我国经济潜在增长率趋于下降，短中期因素相互叠加，加大了中国经济的下行压力。

2012年，在继续实施积极财政政策和稳健货币政策的同时，应更加注重宏观政策的前瞻性及中期效果，视条件变化相机抉择，努力化解各种风险。同时，2012年还是“十二五”规划的攻坚之年。宏观调控部门应审时度势，处理好“保增长、调结构、促改革、转方式”的关系，进一步加强政策的预调微调力度，“稳中求进”、积极稳妥地推进经济体制改革，为保持经济稳定增长发挥积极作用。站在“十二五”的新起点，如何以科学发展为主题，为“转方式”、“调结构”布局谋篇无疑是经济工作的重中之重。进一步提高宏观调控政策的针对性、有效性，无疑是每一个宏观经济政策研究人员的重要使命。

亚太财经与发展中心的同志们跟踪了2011—2012年的全球经济走势，并就国内宏观经济、世界经济、欧债危机、大国财经等领域的热点问题进行了研究，涉猎范围从国外校车管理、文化产业发展的经验借鉴，到欧元区债务危机和跨太平洋伙伴关系协议（TPP）的最新进展，从罗姆尼、奥朗德的经济政策，到影子银行监管和人民币国际化，无不是当前社会高度关注的热点。此外，中心的同志们还编译了经合组织、欧洲央行、美联储、美国布鲁金斯学会等国际机构和智库的最新研究报告，以及美欧等财经高官发表的政策演讲材料等，全书共计49篇文章。本书将是国内财政工作者了解国际财经的良师益友，也将是相关领域研究人员的重要参考。

中心的同志们将继续加强对国际和国内两个领域热点问题的跟踪研究，以创新的思维和科学的方法，不断开拓研究思路，继续密切关注国际政治经济形势的发展和国内外因素的互动，继续为国际财经交流与合作和中国宏观经济建言献策。

编　者

2012年7月24日

目　录

第一部分

宏观经济

外国政府支持文化产业发展的经验和启示*

文化产业被称为21世纪的朝阳产业，文化产业发展不仅能够创造可观的经济效益，成为经济发展的重要增长极，而且能够大大提升国家的“软实力”。2011年10月18日，党的十七届六中全会聚焦文化产业，以全会文件的形式审议通过了《中共中央关于深化文化体制改革、推动社会主义文化大发展大繁荣若干重大问题的决定》（以下简称《决定》），成为我国文化产业发展的标志性事件。文化产业作为战略新兴产业，无疑将是“十二五”期间的战略重点。

我们应以党的十七届六中全会的《决定》为契机，研究国外发展文化产业的经验，健全促进文化改革发展的政策保障机制，为我国文化产业发展提供有益借鉴。

一、西方发达国家资助文化产业的基本特征

当前，基于市场导向的公共财政模式已经为西方发达国家普遍采用。其中最突出的特征表现为“一臂之距”原则和分层分类管理的理念。

（一）保持“一臂之距”

所谓保持“一臂之距”，顾名思义，指政府与文化机构间应保持合适的距离，既不能过分干预，也不能放任自流。其在文化政策上的主要含义是指国家对文化项目拨款进行间接管理的一种公共财政资助模式。

“一臂之距”的模式发源于英国。在英国，中央政府部门在其与接受拨款的文化艺术团体之间，设置了一级起中间作用的非政府机构。该机构负责向政府提供政策咨询，负责文化拨款的具体分配、评估，协助政府制定政策并具体实施。这类机构往往由文化事业方面的中立专家组成，能够独立行使其职能，从而尽可能保持文化事业自身发展的连续性。该模式已为西方多数发达国家普遍接受，并得到联合国教科文组织的大力支持。在西方发达国家中，已有加拿大、澳大利

* 本文写于2011年11月。

亚、英国、奥地利、比利时、芬兰、瑞典、瑞士等国明确声称采用这一文化管理原则。[①] 例如，加拿大采取“国会立法、政府拨款、专业委员会定政策、职能部门执行、公众舆论监督、企业运作”的复合方案，实行立法者、决策者、研究者、管理者、操作者相分离的市场机制，管理成本由社会分摊，使得加拿大的文化产业发展高效而灵活。

（二）分层分类，区别管理

西方发达国家的文化资助政策有严格的审查程序，特别重视财政支出的绩效评价。文化产品作为准公共品，西方发达国家一般采取分层分类的办法，予以区别对待。对提供公共文化产品和服务的公益性文化机构以及需要特殊保护的文化事业，如重要的图书馆、博物馆、美术馆和文化遗产保护等，往往都给予足够的经费保证；对于准公益性的文化事业单位，如文艺演出等行业，则区别情况通过相应的财政补贴予以扶持；对于经营性的文化事业单位，主要依靠市场的力量，通过财政资金的导向作用，鼓励社会资金积极参与文化产业发展。

二、国际经验借鉴

（一）美国文化产业的投融资模式

1. 多元化的融资渠道

在美国，文化公益单位的资金来源一般包括财政拨款、基金会资助、个人捐款和财团赞助。政府对于文化艺术的资助一般不会超过文化组织所得的20%，其余部分则必须由申请者从政府机构以外筹集。美国政府注重通过法律法规和政策杠杆来鼓励各州、各企业以及全社会对文化事业进行赞助和支持，要求各州、各地方拨出相应的地方财政经费与联邦政府的文化发展资金相配套，并明确规定与文化公益事业相关的单位或群体一律享受免税待遇。[②]

美国政府采取的这种“资金匹配”的办法有效地激励了文化艺术单位的积极性，使地方政府能够积极参与文化产业项目配套资金，也带动了全社会赞助艺术事业的积极性，充分发挥了财政资金的导向作用和乘数效应，有较高的“杠杆率”。

2. 制度创新

美国金融制度的不断创新也为文化产业发展注入了大量的资金。以电影业为例，美国将投资组合的理论运用于电影投资，一个投资组合包括多部风格不同的

① 李河：“发达国家当代文化政策一瞥”，《中国文化产业发展报告》，社会科学文献出版社，2004，第268—269页。

② 余晓泓：“美国文化产业投融资机制及启示”，《改革与战略》2008年第12期，第153—155页。

电影，降低了投资风险。美林证券的研究报告显示，在适当的财务杠杆结构下，类似基金的平均回报率超过20%，同时电影回报和宏观经济、股市的关联性较小，对基金有很大的吸引力。电影投资基金的募集通常是由私募基金以高收益债、低收益债和优先股等不同品种的金融产品吸引风险承受能力不同的投资者而完成。美国电影业融资方式主要有以下四种：①

股权融资：融资时间通常在5—7年之间，片商一般会和投资方协议在特定的时期内回购融资方的股份，既保证影片版权的完整，又保证投资方良好的退出通道。

次级贷款：次级贷款期限较短，一般为几个月。投资方要求制片商找一个权威性的销售代理商，评估未完工影片可能的未来收入，核定贷款额度，同时由专门的保险公司承保，为银行提供完工保证，制作公司将制作费的2%—6%支付给保险公司。

优先级债务贷款：制片商把地区发行权卖给指定地区发行商时得到“保底发行金”，这相当于发行商的预支。优先贷款实际上是以预售发行权合约为担保，以保底发行金为还款来源。

债券发行：一般由投资银行以影片的DVD销售收入和票房收入为基础资产，向投资者发行证券化产品。

（二）韩国文化产业的成功经验

在韩国，文化产业、金融业、房地产业并列为服务业的三大支柱产业。2005年韩国文化产业总产值占该国GDP的6.67%。韩国文化产业的快速发展，不仅拉动了国民经济的增长，也极大增强了韩国文化在全世界的影响力。

1. 战略重视

1997年亚洲金融危机后，为摆脱经济困境，寻求新的产业增长点，韩国积极调整产业结构。1998年韩国正式提出文化立国战略。韩国政府随后相继出台《文化产业五年发展规划（1999年）》、《文化韩国21世纪发展规划（2001年）》等文化产业发展规划。《韩国文化产业发展规划（2006年）》指出，2010年要进军世界文化产业强国之列，将文化产业产值在世界市场的份额由1.5%提高到4%②，最终目标是建设成为21世纪文化大国、知识经济强国。这些发展规划对韩国文化产业的发展起到了积极的导向作用。

2. 完备的法制体系

为了把发展文化产业纳入法治轨道，韩国于1999年制定了《文化产业振兴基本法》，奠定了文化产业发展的法制基石。为适应数字化信息时代文化产业发

① 余晓泓：“美国文化产业投融资机制及启示”，《改革与战略》2008年第12期，第153—155页。

② 张隽：“探析韩国文化产业的发展战略及启示”，《当代韩国》2009年夏季号，第43—47页。

展的需要，从2001年开始，陆续对《影像振兴基本法》、《著作权法》、《电影振兴法》、《演出法》、《广播法》、《唱片录像带暨游戏制品法》等做了部分或全面修订。2002年8月，韩国还制定了《出版与印刷振兴法》。

法律体系的完善规范了文化产业市场的运行程序，使得政府、企业等各主体各司其职、各安其位，有效促进了市场和政府两种机制协调运行。

3. 完善的管理机制

2000年，韩国设立了韩国文化产业振兴委员会，从宏观的角度来制定产业政策发展方向。为了保证各项政策有效落实，韩国政府设立了文化产业振兴院。它是为构筑韩国文化产业创作基地，培养文化产业人才，促进韩国文化产品的开发制作、流通、市场营销以及国外市场的开拓而设立的专门机构。韩国发展文化产业的政策措施均通过文化产业振兴院具体实施。文化管理相关的部门有效协作，形成合力，为韩国文化产业的发展提供了体制保障。

4. 财政支持

韩国政府对文化产业的财政支持力度很大。2010年韩国文化、体育和旅游的财政预算占韩国全国总预算的比例为1.09%，创历史最高水平。2011年韩国文化、体育和旅游事业的财政预算增长了6.2%，从2010年的3.17万亿韩元增长到3.37万亿韩元（29.5亿美元）。①

2011年8月，韩执政党表示，作为振兴文化产业政策的一部分，准备推动在2013年将文化事业财政预算占全国总预算的比例提高到2%的水平。②

（三）科学合理的税收政策

发达国家对文化产业的税收优惠政策主要体现在以下几个方面：

1. 鼓励研发的税收政策

税收优惠措施通常有投资抵免、加速折旧、设立技术准备金③等等。例如，美国对从事文化产业开发的非营利机构免征各项税收，对一般文化企业的研发投入给予费用扣除和减免所得税的双重优惠。④

2. 对文化产品市场推广期给予税收优惠

例如，韩国对文化产品进入市场初期给予一定时期的税收减免：在文化企业创立的前四年按应纳所得税额的10%征收，第五年为40%，第六年为70%，从第七年起才全额征税。⑤

① http://www.koreaherald.com/national/Detail.jsp?newsMLId=20110405000888

② http://www.arabstoday.net/en/ruling-party-pushes-to-increase-culture-budget-in-s-korea.html

③ 即允许文化企业从应纳税所得额中提取未来投资准备金、风险基金和科研准备金。

④ 申国军："发达国家促进文化产业发展税收政策及其借鉴"，《涉外税务》2010年第4期，第57—60页。

⑤ 任鹤淳："韩国文化产业实况与发展现状"，《当代韩国》2004年第3期。

3. 吸引优秀人才的税收政策

例如，法国政府规定，对享受国土整治津贴的重点地区，用于文化产业研发的人员开支减税额为100%、大巴黎地区为65%、其他地区为75%。①

4. 对高端文化产业的税收优惠政策

高端文化产业产品附加值较高，一般包括数字技术、动漫、会展、新媒体等新兴产业。发达国家为鼓励本国文化产业利用高科技发展和壮大自身，推行了一系列促进高端文化产业发展的税收政策。如英国对本国生产的数字技术和动漫产品免征增值税，对网络游戏产品出口实行50%退税；法国政府则规定对在境内举办的会展活动全部免税。②

三、几点启示

2009年和2010年中央先后出台了《文化产业振兴规划》和《关于金融支持文化产业振兴和发展繁荣的指导意见》。党的十七届六中全会提出了建立社会主义文化强国的战略目标。文化产业的发展已经升级为国家战略，应逐步完善政策的保障机制，推动资源重组和结构调整，促进社会主义文化强国战略目标的实现。

（一）将财政支持文化发展的政策保障机制落到实处

贯彻好《决定》的指示精神，完善中央与地方财政文化投入的稳定增长机制，扩大文化产业相关基金的规模，将财政支持政策落到实处。《决定》提出，要“保证公共财政对文化建设投入的增长幅度高于财政经常性收入增长幅度，提高文化支出占财政支出比例”；要“设立国家文化发展基金，扩大有关文化基金和专项资金规模，提高各级彩票公益金用于文化事业比重”；要“对文化内容创意生产、非物质文化遗产项目经营实行税收优惠”。

同时，国务院办公厅出台的《关于印发文化体制改革中经营性文化事业单位转制为企业和支持文化企业发展两个规定的通知》中还明确了相关的税收优惠政策，应加强研究工作，明确税收优惠政策支持文化产业发展的具体范围，加大税收扶持力度，支持文化产业发展。

（二）发挥好财政资金的导向作用，加强财政资金的绩效管理

对公益性文化项目，以政府投资为主，支持社会组织、机构、个人捐赠和兴办公益性文化事业，引导文化非营利机构提供公共文化产品和服务。满足人民群众日益增长的文化需求。加强全过程的绩效评估工作，坚持以提高资金利用效率

① 祁述裕：“中国和欧盟国家文化体制、文化政策比较分析”，《文化研究》2005年第2期。

② 董为民：“国外文化产业现状、发展措施与经验”，《经济研究参考》2004年第10期。

为导向，特别是要实现监督方式从事后检查向事前审核、事中监控和事后专项检查紧密结合转变，完善覆盖全过程的绩效责任制，以文化项目为重要抓手，加强财政资金的绩效管理工作。

对营利性文化项目，以政府投资为引导，带动社会资本进行投资。符合产业政策导向的，应安排一定数量的财政资金，采取补充资本金、定向资助、贷款贴息等方式引导社会资金的投资方向。完善相关财税政策，降低文化产业项目发展的政策门槛，鼓励组建文化产业投资基金、文化产业投资公司。落实有关文化经济政策，鼓励社会力量对文化事业积极捐赠。

（三）推动融资方式多元化

大力发展资本市场，支持有条件的文化企业进入主板、创业板上市融资，鼓励已上市文化企业通过公开增发、定向增发等再融资方式进行并购和重组，迅速做大做强。支持符合条件的文化企业发行企业债券。

加大文化产业投资基金对产业化初期、技术含量较高、市场前景较好的创新型中小文化企业的支持力度。积极引进风险投资和私募基金，合理利用外国直接投资，推动文化产业资源配置的国际化。

创新投融资体制，支持国有文化企业面向资本市场融资，积极吸收社会资本和外资进入政策允许的文化产业领域，参与国有文化企业的股份制改造。鼓励外资多渠道投资文化产业，可通过直接投资建厂、资助文化项目、股权投资等多种方式多渠道引进外资，在引进资金的同时吸收其先进的管理模式，完善文化企业的公司治理结构。

（四）创新文化管理体制，加快文化立法

制定和完善公共文化服务保障、文化产业振兴、文化市场管理等方面的法律法规，提高文化建设的法制化水平。

严格执行文化资本、文化企业、文化产品市场准入和退出政策，综合运用法律、行政、经济、科技等手段提高管理效能。

（周　波）

西方国企介绍及对我国国企的思考*

近来，以美国为主的西方国家不时拿中国国有企业说事，歪曲中国搞“国家资本主义”，指责中国国有企业在获得土地、资源和信贷方面享有“不公平竞争优势”，损害了美国相关企业和工人的利益。

事实上，国有企业并非我国独有，即便是在奉行自由经济理念的美国和其他西方国家，也存在比例不等的国有经济，且在不同发展阶段、不同政党执政时期均发挥了重要作用。中国国有企业自改革开放以来，其管理体制和运行机制发生了根本变化，以公司制股份制企业作为主要组织形态，已成为同社会主义市场经济相适应的独立市场主体和法人实体，依法与民营企业、外企等共同使用生产要素，公平参与市场竞争。

一、西方发达国家的国有企业

国有企业普遍存在于世界各国，由于在资本主义国家实行的是资本主义制度，因此其表现形式是为各级政府所有（控股或部分参股）。国有企业不仅仅具有经济属性，还具有一定的社会属性和政治属性。其目标不同于私营企业的财富最大化，而是同时兼备社会、政治和商业目标。发达国家国企主要集中于公共事业部门、基础设施、能源业和通讯业，有些国家则常见于银行业及供水部门①。

根据经合组织（OECD）数据（如图1），西方主要发达国家中，挪威、芬兰、瑞典等北欧三国国有经济占 GDP 的比例较高，其中挪威最高，2008 年其国有经济占 GDP 的比例约为 68%。法国、德国国有经济占 GDP 的比例为 10% 左右。欧元区 13 国的平均水平为 10.8%。而美国在金融危机后国有经济的比例有较大提高，约占 GDP 的 3%。

* 本文写于 2012 年 5 月，发表于《国有资产管理》（2012 年 6 月）。

① The Role of State Owned Enterprises: Providing Infrastructure and Supporting Economic Recovery，爱尔兰国家政策顾问委员会，2010 年 7 月，P14—15。

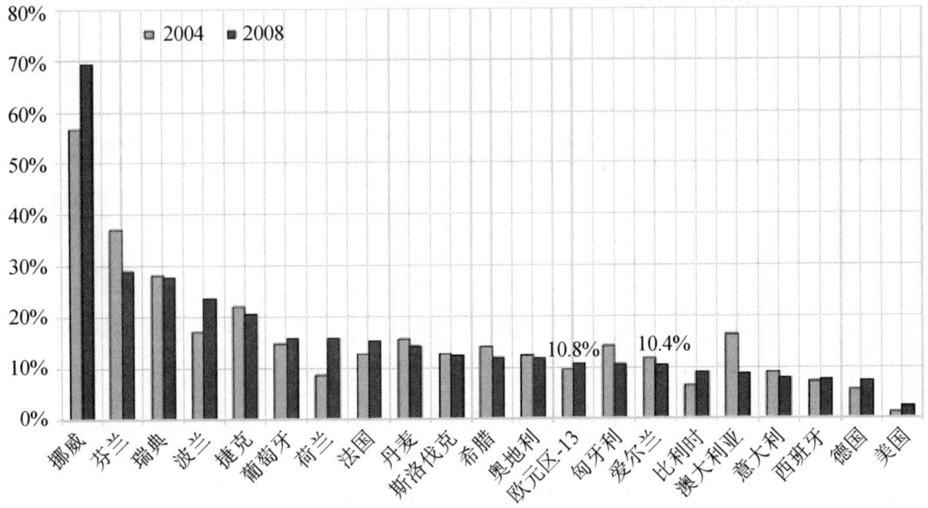

图 1　2008 年 OECD 国家国有经济占 GDP 的比例

资料来源：OECD. Stat Extracts，Financial Accounts。

西方各国国有企业的治理模式、经营理念、文化背景、经济体制以及政府干预程度均有所不同。一般而言，共同点是各国均注重市场构造、社会保障和国有企业法律法规体系的建立、完善与维护。

（一）美国

美国国有企业与经济危机紧密相连，作为政府拯救经济紧急举措之一，“国有化”具有鲜明的反危机特征，是美政府应对危机而对自由市场经济进行修正的产物。美国“国有化”政策大致是在以下两种背景下发生的①：一是战争需要。20 世纪 20 年代，美国加入“一战”后，总统威尔逊先后将美国电话电报公司、美国铁路公司和史密斯—韦森兵工厂收归国家管理。二是应对经济危机。大萧条时期，美国实施“罗斯福新政”，开始全面干预国家经济。罗斯福上任 100 天内接连出台 15 个法案，并设立专门政府机构强力推行。1984 年，美国芝加哥的大陆伊利诺伊银行和信托公司被不良石油贷款拖累，濒临倒闭，美国政府迅速收购了该银行 80% 的股份，并接管达十年之久。1989—1995 年，为稳定市场信心，美国政府成立美国决策信托公司（RTC），通过各种方式解决了 747 家金融机构、共 3940 亿美元不良资产，直到 1995 年其职能才被联邦存款保险公司取代。

2007—2008 年全球金融危机爆发后，民主党奥巴马政府先后深度介入房利美、房地美、花旗银行、美国国际集团（AIG）、克莱斯勒和通用，被称为“用

① 贾彩彦：“中美国有化的历史比较分析——对危机下‘国进民退’的思考”，《中州学刊》2010 年 1 月。

国有化拯救自由市场”的典型案例，一时间上述公司成了美国不折不扣的国有企业。

■ 2008 年 9 月，美国财政部宣布接管陷入困境的房利美和房地美，并以收购相关优先股的方式向这两家机构注资最多 2000 亿美元。同时，财政部还计划购买由这两家公司发行的抵押贷款支持证券（MBS），以避免美国房地产市场崩溃。

■ 美联储用类似接管“两房”的模式接管了美国国际集团，使其阶段性“国有化”。

■ 2008 年 11 月 23 日，美国政府宣布向花旗集团提供一揽子救助方案，包括为花旗集团 3060 亿美元债务提供担保，并注资 200 亿美元。2009 年 2 月底，美国政府同意将 250 亿美元的优先股转换成普通股，从而以 36% 的持股比例，一举超越持股 4.5% 的道富银行，成为花旗银行的最大股东。

■ 2008 年 12 月，为避免汽车业凋敝给美国经济的巨大冲击，美国政府抛出汽车业融资计划（AIFP），财政部向汽车业注资 800 亿美元，对通用、克莱斯勒等汽车公司实行“国有化”的救助政策。2009 年 7 月通用汽车破产重组后，美国政府已收回投资通用汽车的 500 亿美元的一半，并将政府持股比例由 60.8% 降为 33.3%。①

美国政府一般不直接干预企业的经营活动，但近来也出现了新的思潮，典型代表就是美国著名经济学家斯蒂格利茨。斯蒂格利茨主张政府应直接干预企业。他认为，由于市场参与者不能获得充分的信息，导致市场功能不完善，因此不能简单地认为企业追求自身利益最大化的过程就是社会福利最大化的过程。斯蒂格利茨在《经济学》教科书中引述了 20 世纪 80 年代联邦政府为克莱斯勒公司担保的故事，用以说明政府直接干预企业的重要性②。

治理方面，美国重视通过法律治理国有企业。美国国会对国有企业进行单独立法，规定其成立的目的、经营范围、产品类别，明确企业的独立法人地位，并对企业、政府、国会各自的权利和义务进行划分。美国重视通过法律的手段监管国有企业，其中比较重要的有《1945 年政府企业控制法案》、《1978 年政府道德法案》、《1978 年总检察长法案》、《1990 年联邦信用改革法案》、《1990 年首席金融官法案》、《1993 年政府成效和评估法案》等③。

（二）英国

“二战”后，为尽快走出战争阴影，英国在工党执政时期，政府选择了发展国有经济的手段来振兴经济。

---

① http://www.treasury.gov/initiatives/financial-stability/programs/Pages/default.aspx

② ［美］斯蒂格利茨：《经济学》（第二版），中国人民大学出版社，2001 年 8 月，第 7 页。

③ 李建春：“国有企业国际比较研究”，吉林大学经济学院，2010 年 12 月。

第一次国有化浪潮发生在1945—1951年，当时工党以建立民主社会主义和福利国家为政策导向，供电系统、运输业、电信、煤气、煤炭加工等国民经济的基础设施行业和基础工业陆续实行了国有化，之后英国国有化浪潮向钢铁等基础工业进一步扩张，大规模的国有化运动使英国的国有化企业占整个工业的20%①。

第二次国有化浪潮发生在1964—1970年工党执政时期，工党加大力度继续推行国有化计划，试图将运行困难和私人经营亏损的工业企业实行国有化，以摆脱“英国病”。

第三次国有化浪潮发生于1974—1979年。工党政府将计算机、石油等行业的相关公司收为国有，并且出资建立了英国石油公司、英国造船公司等国有大企业。与以往相比，其具体政策有所改进。工党用政府与工会之间的社会契约代替价格干预，通过购买私人企业股票、投资建立新公司以及与私人公司合资经营实现国有化。

战后英国实行企业国有化主要原因有：一是战后英国经济增长缓慢，国际地位日益下降，英国国内对自由经济政策失去信心，认同政府干预经济是必要的。二是英国“二战”期间损失惨重，大量的制造业企业无法进行设备更新，私人资本也遭受了很大打击，无法在短时间自我恢复。三是英国产业阶层政治力量壮大，使民主社会主义理念有一定的民意基础。英国的贝弗里奇报告提出保持高水平的稳定的就业率是政府的首要目标②，并提出一套全面的社会福利方案。因此工党政府一上台便大力推行国有化，以实现充分就业和社会福利目标。

（三）法国

法国是西方发达国家中国有经济占GDP比例最高的国家之一，2008年其国有经济占GDP的比例约为16%③。

法国国有化大体可分为四个阶段：第一个阶段是20世纪初到30年代，企业国有化主要是应战时需求而产生。第二个阶段是从20世纪30年代到第二次世界大战，这一阶段的国有化是为了缓解经济危机带来的衰退。第三个阶段是“二战”后到70年代末期，这一阶段的国有化进程，不但颁布了具有法律地位的国有化条令，而且对国有化资产进行了大规模的合并。期间，戴高乐政府对经济进行了大规模的国有化改革，将煤炭、电力、煤气、铁路和民航等部门收归国有，又将法兰西银行、四大存款银行④、各主要保险公司等大型垄断金融集团实行国有化，使法国的国有经济迅速繁荣发展起来。第四个阶段是20世纪80年代前期

① 常辉：“西方主要资本主义国家国有经济的发展与变革研究”，山东大学，2010年4月。
② 常辉：“西方主要资本主义国家国有经济的发展与变革研究”，山东大学，2010年4月。
③ 数据来源：OECD. Stat Extracts, Financial Accounts.
④ 兴业银行、里昂信贷银行、国民工商银行和巴黎国民银行。

左翼执政党拟定了更进一步的国有化政策。

近来，为增强国有企业的透明度并增强董事会的作用，法国采用了集权式的国有企业出资人模式，即通过设立出资人实体履行出资人责任，国家向议会和公众报告其股权情况。法国财政经济部授权出台了《国家所有权特别报告》和《国有资产管理的议会调查》两份报告①。这两份报告均提倡集中和增强国有股控股比例，以增强国有企业的控制力和影响力。

（四）德国

德国法律中规定了政府领导国有企业的三项基本原则，即效益原则、竞争原则和示范原则。效益原则是指国有企业应尽可能提高经济效益，国家财政的资金补贴不能是无止境的，长期亏损的企业需要整改甚至关闭。竞争原则是指国有企业同样需要参与市场竞争，要与私人企业一样具备经营活力，要对国有企业实施有效的监督和管理。示范原则是指国有企业应在经济中发挥模范作用，既要积极参与市场竞争，同时也要负起相应的经济责任、环保责任和社会责任。

德国政府在法律规范的基础上对国有企业进行严格的监督管理，特别是通过股份制的方式维护政府对国有企业的控制力。如对于重要利益部门的国有企业，政府依据法律应保持足够多的股份，以保证政府对企业决策的影响力。此外，德国政府对国有企业的绩效考核主要以市场指标而不是政策目标作为衡量标准。因此，德国国有企业虽然在经济中的数量和比重较小，但由于更好地参与了市场竞争，企业的生产经营能力相对更强。

二、中国的国有企业

（一）中国国有企业与社会主义政治和经济制度相匹配

所有制是社会经济制度的核心和基础，决定着社会经济制度的性质。坚持国有经济的主体地位和主导作用，也是我国宪法的基本原则。我国宪法第六条明确规定："国家在社会主义初级阶段，坚持公有制为主体、多种所有制经济共同发展的基本经济制度"，第七条规定："国有经济，即社会主义全民所有制经济，是国民经济中的主导力量。国家保障国有经济的巩固和发展"。国有经济的改革与发展，不但是关系国民经济全局的重大经济问题，而且是巩固社会主义制度的重大政治问题。

党的十五届四中全会通过的《关于国有企业改革和发展若干重大问题的决定》指出，"包括国有经济在内的公有制经济，是我国社会主义制度的经济基

---

① 李建春："国有企业国际比较研究"，吉林大学经济学院，2010年12月。

础，是国家引导、推动、调控经济和社会发展的基本力量，是实现广大人民群众根本利益和共同富裕的重要保证”；“国有企业是我国国民经济的支柱。发展社会主义社会的生产力，实现国家的工业化和现代化，始终要依靠和发挥国有企业的重要作用”。十六大报告进一步强调，“发展壮大国有经济，国有经济控制国民经济命脉，对于发挥社会主义制度的优越性，增强我国的经济实力、国防实力和民族凝聚力，具有关键性作用”。

胡锦涛总书记在十七大报告中重申，必须“坚持和完善以公有制为主体、多种所有制经济共同发展的基本经济制度，毫不动摇地巩固和发展公有制经济，毫不动摇地鼓励、支持、引导非公有制经济发展”。

2009 年 9 月，习近平副主席在《在大庆油田发现 50 周年庆祝大会上的讲话》中指出，“国有企业是中国特色社会主义的重要支柱，是我们党执政的重要基础，也是贯彻和实践党的基本理论的重要阵地”；“要继续高举旗帜，始终胸怀全局。旗帜问题是党和国家工作的首要问题，也是国有企业的首要问题”。

（二）国有企业在我国经济社会发展中发挥不可替代的作用

国有企业的发展，为整个国民经济的平稳运行创造了良好的经济环境。一方面，国有企业一般是各个行业的龙头企业，国有企业控制力、影响力不断增强，增强了国家的宏观调控能力，是我国经济独立自主、应对国际竞争、保障国家安全的重要力量，以国有经济为核心的公有制经济是共产党执政的经济基础和物质手段。另一方面，国有企业也是实施国家宏观调控政策的主渠道，在落实中央宏观调控政策、推动地方经济发展、落实国家发展战略方面扮演了中流砥柱的角色。

在石油石化、航空航天、电力、电信、交通运输、国防工业、重要资源开发、重大装备制造等关系国家安全和国民经济命脉的重要行业和关键领域，国有经济占据着主导地位，国有企业特别是中央企业承担着实施国家战略的重要使命，这也是我国整体实力和核心竞争力的关键所在。国家有必要拥有一批有实力的大型企业，这样才有利于在日趋激烈的国际竞争中争得更多话语权。

三、几点思考

（一）坦然面对歪曲我国国有企业形象的炒作

当前以美国为首的西方国家炒作我国国有企业，指责我国国有企业的不公平竞争优势，主要是担心在人民币不断升值背景下，中国国企将进一步加大走出去的力度，并凭借雄厚的资金和人才优势，抢占美国企业的“羹”和地盘；而随着国企实力的壮大，中国势必将增强在全球政治经济的影响力，最终威胁美国一超独霸地位。

我们应当看到，美国此时抛出这一新的话题，目的恰恰是想借政府力量，协助美国企业重振其在国际竞争中呈现的颓势。面对炒作，我们应冷静观察，坦然面对，巧以周旋。

（二）深化对国有经济“有进有退”的认识

妥善处理国有企业竞争与垄断的关系。一方面应积极落实“新非公36条”，努力兑现第四轮中美战略与经济对话框架下经济对话的承诺[①]，扶持民企壮大发展；另一方面要保持和增强国有企业的竞争力，将竞争性国有企业建设成面向市场、具有国际竞争力的主体。

（三）规范国家与国有企业的分配关系

应建立公开透明、科学合理的国有企业分红机制。一是逐步提高国有企业利润上缴比例。垄断性行业的利润应适当多缴，竞争性行业的利润可适当少缴。二是要适当扩大上缴利润的国有企业范围[②]。三是要合理确定国有企业工资收入。国有企业应制定科学合理的绩效考核制度和薪酬制度。四是健全国有资本经营预算与收益分享制度，提高国有资本收益用于社会公共支出的比重。将国有资本所得的红利更多地投向民生领域，以解决社会保障、医疗卫生、教育、就业等民生问题，推进社会建设。

（四）完善国有企业治理结构

进一步推进国有企业的产权制度改革，推动国有企业整体上市。截至2011年年底，中央企业已有43家实现主营业务整体上市，一些地方大型国有企业还实现了母公司层面的整体上市。今后应进一步增强对经营者的激励以改善国有企业的法人治理结构。积极稳妥推进国有企业产权制度的改革，通过国有企业产权的多元化，让国家、投资者、企业经营者、企业员工的个人利益和企业的长期经营成果有机结合起来，完善治理结构，提高经营效益。

（五）完善国有企业监管体制

合理区分国有企业监管部门的监督和管理职能，建立对监督职能机构和管理

---

① 中国政府承诺为各类所有制企业创造平等竞争的市场环境，在信贷提供、税收优惠和监管政策等方面对各类所有制企业一视同仁。http：//news. xinhuanet. com/2012 –05/05/c_ 123080847_ 2. html

② 作为第四轮中美战略与经济对话框架下经济对话的成果，中方承诺，将稳步提高国有企业红利上缴比例，增加上缴利润的中央国企和省级国企的数量，将国有资本经营预算纳入国家预算体系，继续完善国有资本收益收缴制度。中方鼓励包括国有控股上市公司在内的所有上市公司增加红利支付。此外，中方鼓励提高国有控股上市公司的平均分红水平，使其与国内其他上市公司的市场平均分红水平相一致。

职能机构的外部制衡机制。同时，应进一步完善外部监督机制。国有企业监管机构应接受本级人大的监督，应定期和不定期听取和审议本级出资人职责履行情况和国有资产监督管理情况的专项工作报告，对重大问题进行质询和问责。

（周　波）

从美债危机看人民币国际化*

在美国国债总额于2011年5月触及14.3万亿美元上限之后，直至同年8月2日，美国两党终于通过提高债务上限和削减赤字法案。5日，出于对美国高债务高赤字问题解决能力的质疑，标准普尔公司将美国主权债务信用评级由AAA下调至AA+。追根溯源，无论是2008年的全球金融危机，还是美国当前所面临的主权债务问题，都是与美元在国际货币体系中绝对主导地位以及世界各国对美元过度依赖分不开的。

人民币国际化不仅是国际货币体系改革的需要，也是保障中国经济发展、金融稳定和外储安全的必然之举。我国《"十二五"规划》特别提出将逐步实现人民币资本项目可兑换，《金融业发展和改革"十二五"规划》也将资本项目基本可兑换及香港离岸中心建设列为了金融业市场化改革的重点。

本文就美元为主导的国际货币体系、人民币国际化与国际货币体系改革的关系、人民币国际化的成本与收益以及目前的进程进行了回顾与分析，并就如何进一步推动进行了思考。

一、美元为主导的国际货币体系亟待改变

美元在国际货币体系中的主导权确立于美元"双挂钩"的布雷顿森林体系。在布雷顿森林体系下，美国的货币和汇率政策的制定和实施以现实黄金储备为标尺，同时其他国家货币盯住美元。然而，在美国扩张性货币政策造成三次"美元危机"之后，布雷顿森林体系最终因美国黄金储备无法再支撑日益沉重的债务负担而告终，进入无本位货币规定且无统一汇率制度规定的牙买加体系。随着西欧和日本经济的重新崛起，国际货币体系开始朝着多元化方向发展，以美元为首的多种储备货币体系逐渐形成。然而，在强大经济实力以及金融体系活力的支撑下，美元在国际贸易、外汇储备和外汇交易中仍然占据着绝对主导的地位，世界上大多数国家在汇率安排中仍然不同程度地将美元作为基础货币。

基于美元在国际货币体系中的绝对主导地位，美国一方面可以通过增发美元来维持国内的消费，通过宽松货币政策来支持国内的信贷需求；另一方面可以通

---

* 本文写于2011年8月。

过在资本市场上出售美元债券来为贸易赤字融资。同时，由于国际货币体系中处于从属地位且在国际分工体系中处于低端，贸易盈余国为了防范风险乐于运用手中的贸易盈余来投资美元资产，这使得美国的高额贸易及财政赤字长期可以通过低成本资本流入得以弥补。在此过程中，扩张性货币政策所造成的美国金融衍生品泛滥冲击着金融市场的稳定并带来偿付能力危机；同时，扩张型财政政策导致美国高额财政赤字和庞大的政府债务规模不断累积。一定程度上，美国正在面临的“债务危机”是金融危机的延续，是对美元主导的全球货币体系内部矛盾的一次清算，也是美国信用过度膨胀的必然结果。

二、人民币国际化与国际货币体系改革

其实，无论是布雷顿森林体系下的“美元危机”，还是牙买加体系下的金融危机都是“特里芬难题”的具体体现，也就是说，作为国际货币的任何国家主权货币都无法在满足市场对流动性需求的同时，又保障币值的稳定，这一问题的严重程度与该主权货币在国际货币体系中的地位密切相关。

因此，为了从根本上消除国际金融市场的失衡和动荡，就必须进行国际货币体系改革，就应该建立一个更加公平、公正、合理、多元货币共同承担责任和义务的新型货币体系。早在19世纪，就有学者提出应建立用于国际贸易的世界货币，各国货币与世界货币挂钩，执行统一的货币政策，并将国际货币基金组织改为世界中央银行。20世纪60年代初，在国际社会逐渐认识到黄金与美元挂钩的布雷顿森林体系的内在矛盾和不可持续性之后，国际货币基金组织创立了可用于清算国际收支并可充当国际储备货币的特别提款权（SDR）。2009年3月，周小川行长提出SDR具有超主权储备货币的特征和潜质，应考虑充分发挥其作用，并建议将SDR的篮子货币范围扩大到主要经济体。SDR演变为真正意义上的超主权世界货币是国际货币体系改革的一个理想方向，但仍需要一个较长的过程。但是，扩大SDR货币构成范围，使得SDR的构成更加多元化，无疑对于改变美元主导的国际货币体系具有至关重要的作用，而更多的主权货币被纳入特别提款权的篮子货币的首要前提是更多货币在国际上被接受和使用。

近30年来，中国成为了世界经济的主要力量，然而，人民币却始终在国际货币体系中处于被动。人民币的国际化不仅是世界货币体系摆脱美元主导的需要，同时，积极参与国际货币体系的改革对于中国金融安全和外储安全的保障也是迫在眉睫之举。2011年，胡锦涛主席访美期间与美方就纳入特别提款权的货币应仅为在国际贸易和国际金融交易中广泛使用的货币达成共识，同时，美方表示支持中方逐步推动人民币纳入特别提款权货币篮的努力。2011年3月在南京举行的G20国际货币体系改革高级别研讨会上，发挥特别提款权更大作用并形成多元化的货币储备新格局这一观点成为各国财长共识，同时，将人民币等新兴经济

体货币纳入特别提款权货币篮成为热点话题。2011 年 9 月 8 日在伦敦举办的第四次中英经济财金对话上，中英双方就支持人民币适时纳入特别提款权达成重要共识。不过我们也必须看到，人民币国际化是一个逐渐被国际市场接受的过程，是不可能依靠政府制定一个时间表就可以完成的。

三、人民币国际化的收益与成本

（一）人民币国际化的收益

其一，人民币国际化有利于提高我国在国际经济与政治事务中的影响力。人民币的国际化意味着人民币在国际贸易结算和金融交易中更多地被用作计价工具、结算货币和投资货币，并逐渐成为重要的外汇储备货币。从长远来看，人民币国际地位的提高将有利于国际社会减轻对美元的依赖，并在一定程度上摆脱国际金融市场的动荡。同时，意味着我国运用人民币发行权和调节权来影响全球经济活动和金融市场的能力的增强。这将有利于提高我国在国际经济、金融政策协调以及国际政治事务中的话语权和影响力。

其二，人民币国际化可为我国经济发展提供有力支持。人民币国际化的推进过程中，我国资本项下的自由兑换将逐步开放，由此带来的跨境人民币资本交易规模将逐步扩大，这不仅会给我国金融产业带来巨大收益，同时也可降低我国企业的融资成本。此外，由于我国对外贸易依存度较高，在以美元为结算货币的体系下，中国企业在外贸和投资交易中承担了大量的汇率风险。人民币成为结算货币可有效降低汇率损失，增加企业对外贸易和投资的积极性。

其三，人民币国际化有利于缓解我国外汇储备规模的激增。在对外贸易、吸引外商直接投资和本国对外投资的过程中，我国官方、私人以及企业都积累了大量的外汇资产。目前，我国外汇储备规模已居世界首位，并已成为美国的第一大债权国，美元的汇率波动对我国外汇储备的安全和收益都带来了风险。人民币国际化程度提高必将降低我国外汇储备尤其是美元储备的规模，同时也可有效缓解外汇储备规模激增带来的通胀压力、高额冲销成本以及货币政策的被动。

（二）人民币国际化的成本

其一，人民币国际化将对我国货币、经济政策的独立性和实施效果构成负面影响。人民币实现在境外大规模流通，只有在保持境外持有者可自由兑换人民币并实现其购买力和投资愿望后，人民币的国际信誉才能维持，这就需要资本项目的可自由兑换。资本项目实现可自由兑换后，国际金融市场上人民币跨境流动的规模和速度都会提升，一方面会削弱中央银行对境内人民币的控制能力，从而影响国内货币政策的实施效果以及汇率的稳定；另一方面，会给国际投资者套利机会，从而影响中国金融的稳定。

其二，将逐渐面临一定程度的“特里芬”难题。“特里芬”难题在美元“双挂钩”的布雷顿森林体系下最为显著，在牙买加体系下，由于国际货币体系出现了多元化发展，“特里芬”难题得到了一定程度的缓解。但是，由于美元的主导核心地位没有发生根本改变，这一问题依然存在，美元无法做到既保证充足的流动性又保持币值的稳定。为了保证充足流动性而保持的经常项目赤字，以及用于弥补经常项目赤字的资本项目顺差都使得美国对全球的净负债头寸加大，造成美元及美元金融产品的贬值。不仅是美元，世界上任何一种主权货币成为国际货币都会在不同程度上面临这样的难题，而程度因其在国际货币体系中的地位及国际货币体系多样化的程度而不同。随着人民币国际化进程的加深以及国际地位的提高，对于“特里芬”难题也应有所考虑和准备。

四、金融危机后人民币国际化新举措和新进展

金融危机之后，我国通过多项举措推动人民币的国际化进程，人民币的投资货币和交易货币职能得到进一步发挥。

其一，人民币跨境结算从贸易项扩展至投资项。人民币跨境贸易结算试点于2009年7月正式启动，截至2010年12月，我国出口货物贸易人民币结算试点企业从265家增至6.7万家；2011年前4个月结算金额累计5382.28亿元，同比增长16.89倍；自试点之初至2011年4月末，全国累计办理跨境贸易人民币结算10481亿元。2011年1月境内人民币对外直接投资结算投试点开启，凡到境外投资企业，均可以使用人民币向境外直接投资。一方面，在一定程度上拓宽了企业融资渠道，拥有更多宽松的资金环境；另一方面，以人民币进行境外直接投资和利润汇回可有效降低企业面临的汇率风险，增加企业对外投资收益。

其二，双边本币互换协议规模进一步扩大。与金融危机前我国在清迈倡议框架下签订的货币互换协议以美元为标准，且用于流动性短缺时的紧急救援不同，双边本币互换协议以本国货币为抵押换取等额对方货币，其运作机制是，必要时央行通过互换将得到的对方货币注入本国金融体系，使得本国商业机构可以借到对方货币，用于支付从对方进口的商品。截至目前，中国分别与韩国、香港、马来西亚、白俄罗斯、印度尼西亚、阿根廷、冰岛、新加坡、新西兰、乌兹别克斯坦、哈萨克斯坦以及蒙古国等12个国家的中央银行签订了货币互换协议，涉及金额达8427亿元。

其三，扩大人民币债券市场发展，增加海外人民币投资渠道。香港人民币离岸金融市场是解决出境人民币流通和交易问题的重要渠道，可有效促进国内外金融机构和企业对于人民币的融入和融出。同时，人民币债券在港发债规模的扩大不仅可以用活香港的人民币存量，还可以吸引海外人民币在香港落地，形成海外

人民币市场，扩大人民币在海外的影响。自2004年香港银行业开办人民币业务以来，离岸金融市场稳步发展，业务品种和存款额不断增加；同时，人民币债券市场迅速发展，在允许境外金融机构到中国发行人民币债券及境内外机构到离岸金融市场发行人民币债券方面取得进展。金融危机后，为了进一步拓宽人民币的流出和流入渠道，我国向海外投资者提供了更多以人民币计价的金融产品，放宽了对离岸金融市场人民币债券发债主体的限制并允许境外机构运用人民币投资境内银行间债券市场。自2007年至2010年，在港发行人民币债券的发行方由内地金融机构和外资银行扩展至港企及海外企业。2010年在港发行人民币债券涉及金额已由2007年的100亿元上升到360亿元，发债主体也由3家增至16家，2011年已有28家发债主体在港发行总额为280亿元的人民币债券，相当于2010年全年总额的78%。此外，自2009年9月以来，财政部三次在香港发行人民币国债，前两次发行的国债金额分别为60亿元和80亿元，8月17日的这次发行规模达到了200亿元。

五、日元的国际化历程

日元的国际化推行了近30年，具有显著的阶段性特征。从“二战”结束到20世纪70年代，日本经济迅速崛起并快速发展，在世界经济中的比重日益增大，同时，国际市场对日元资产的需求增加，日元的国际化逐步引起人们的关注。这一方面得益于“二战”后美国在政治、经济、技术与军事等领域给予日本的大量援助与支持；另一方面得益于商品贸易领域及对外投资的迅速发展。从20世纪70年代后期开始，日本出现了巨额贸易顺差并持续走高，日元升值压力骤增，同时，日本在外汇交易、资本交易自由化及国内金融自由化方面的国际压力也逐渐增强。

从20世纪80年代开始，在美国经常收支出现大幅逆差且美元疲软的背景下，迫于美国的压力，日本政府在金融国际化以及资本市场方面进行了多项改革措施以推进日元国际化。其中包括，1980年修改的《外汇及外国贸易管理法》，实现了日元经常项目基本上可兑换，资本项目的可兑换由原则上限制兑换过渡为原则上放开管制，并使得日元计价交易机会增加；1984年日本和美国政府共同组建“日元——美元委员会”，该委员会就日本金融、资本市场自由化、日元国际化以及外国金融机构进入日本金融及资本市场等问题达成了一致意见；此外，美国通过1985年的广场协议来迫使日元对美元汇率升值，致使日元自此开始了长期的持续升值过程。日元的长期升值之势使得日本经济开始陷入衰退，同时日元的国际化在一定程度上受到阻碍。

1997年亚洲金融危机之后，日本政府开始对日元国际化采取积极主动的态度，并尝试以日元国际化为突破口来带动国内经济结构调整和金融体制改革。为此，日本政府在财政部内设立了日元国际化专门审议会制度，长期追踪研究，为政府政策决策提供理论和实证分析，力争实现“日元国际化设想”学术性和政策性的统一。同时，日本注意将区域经济活动中的具体合作项目与日元国际化研究紧密结合。在亚洲区域金融合作中，日本提出了建立亚洲货币互换系统、亚洲货币基金、亚洲债券市场等一系列倡议。

尽管日本政府在日元国际化过程中做了大量努力，但是经过近30年的国际化进程，日元在国际货币体系中的地位仍然与其在全球经济中的排名严重背离，其结算货币、储备货币和交易货币的国际化功能并未能够在全球范围内实现，而其失败的原因主要有两点：其一，日本出口贸易区域集中在美欧，而进口贸易产品50%为大宗商品，限制了日元在贸易中的使用；其二，资本项目开放的速度远远快于其国内金融体系改革。人民币国际化进程中应吸取其经验和教训。

六、关于继续人民币国际化的思考

（一）逐步推进人民币资本账户可自由兑换，扩大人民币流出及回流机制

近两年我国推出的人民币跨境贸易结算和境外直接投资人民币结算，都是促进人民币流出的有利措施。允许境外人民币清算行等三类机构运用人民币投资银行间债券市场以及允许境内金融机构通过在港发行人筹集人民币资金拓宽了境外人民币的回流渠道。此外，境外机构在香港离岸金融市场发行人民币债权有利于用活海外人民币存量，扩大人民币在海外的影响。接下来，应在有效防范风险的前提下，有选择、分步骤地放宽对跨境资本交易活动的限制，以拓宽人民币流出及回流的渠道。其一，逐步放宽人民币离岸债权市场和银行间的债权市场，扩大境内外发债主体和投资者的范围以及筹集资金和收益的境内外汇兑限制；其二，推进境外人民币对境内证券市场的投资以及外商人民币直接投资；其三，创新人民币离岸金融市场的人民币投资产品的品种。

（二）在资本项目开放过程中不断完善金融监管体制

由于我国金融体制还有待完善，现阶段我国对资本项目进行一定程度的管制是符合我国利益的。但是，资本项目开放是人民币实现国际化的必要条件，因此为防范资本项目自由兑换过程中国际资本流动增加，尤其是短期资本流动给金融市场及宏观经济造成的负面影响，我国就需要在实现资本自由兑换的过程中不断加强金融监管体制及外汇管理框架的完善。其中包括加强跨境资本流动风险监测预警及应急预案，制定跨境资金异常流动应对预案；严格境外投资企业及机构资本金及外债的结汇管理，加强政策协调，通过经济、法律和必要的行政手段，提高套利资金流入成本。

（三）继续推动亚洲区域货币与金融合作

中国是亚洲地区的政治与经济大国，与区域内其他国家具有良好的合作关系，人民币国际化的进一步发展应该首先实现人民币在亚洲地区的使用。积极参与和推动亚洲区域货币和金融合作有利于区域内各国抵御外部风险，摆脱过分依赖欧美市场和美元的局面，推动人民币成为区域主要货币进而成为国际货币。其一，对亚洲地区的贸易信贷和投资、援助等合作项目中，更多地使用人民币进行结算；其二，继续扩大货币互换的规模，与具有重要战略政治关系与经济关系的国家的货币互换模式应从紧急救援模式扩展到日常贸易模式；其三，在“10+3”东亚区域货币合作框架下加强区域内汇率政策的协调，同时，以增加汇率弹性、实现汇率的稳定性和灵活性为目的继续实施人民币汇率制度改革；其四，增加我国在亚洲债券基金中的出资规模，以推动亚洲债券市场的发展并提高人民币在亚洲货币体系中的地位。

（宋　馨）

公共财政是否应为校车买单*

——美欧校车制度简介及其对我国的启示

2011 年 11 月 16 日，甘肃省庆阳市正宁县榆林子镇小博士民办幼儿园的一辆校车，核载 9 人实载 64 人，逆向行驶时与一辆运煤货车相撞，造成校车上 21 人死亡，其中幼儿 19 人，另有危重幼儿 1 人，重伤 10 人，轻伤 32 人。此次事件并非一次简单的因违反交规酿成的重大交通事故，其背后折射出的是校车安全及制度建设方面的巨大漏洞。在构建社会主义和谐社会的今天，面对地区经济发展的不平衡性，如何群策群力，将校车安全及校车制度制定好并落到实处、确保学生的在途安全成为摆在各级政府部门面前亟待解决的重大问题。现将美欧等发达国家和地区的校车制度简介如下，供参考。

一、美国校车制度

（一）发展简史

北美校车制度的发展以美国最具代表性（加拿大校车制度与美国相似，甚至直接采购美国校车使用），同时美国也是世界上最早制定校车安全及标准的国家。1837 年，在现代意义上的汽车尚未发明之前，美国就已经出现专门接送学生的校车。当时，美国城市化进程还不充分，多数适龄儿童分布在乡村，如果没有校车接送就意味着大量失学。一家名为韦恩工业（Wayne Works）的厂商生产了一种可以乘坐 25 个孩子的马车，专门用来接送学生。该种校车多数用在乡村，主要是为了解决乡村学生的交通困难。人们称这种马车为“校车”（school cars）或“学校卡车”（school trucks）。到 1910 年，已有 30 个州不同程度地实施了学生交通计划，校车在全美大规模普及开来。

进入汽车工业时代后，韦恩工业公司于 1914 年生产出第一种以汽车底盘为基础的校车，这可以看作是现代校车的雏形。其座位布置与现代客车不同，并非

* 本文写于 2011 年 11 月。

平行排列，而是依靠车厢布置，呈围坐形式，乘员由后门出入，车身基本上仍为木制。需要说明的是，随着校车的不断改进，座位布置已经改为平行排列，但后门依然保留，作为应急门，平时正常上下车则使用校车的侧门。

图 1　美国福特公司 1926 年生产的校车（仍为木制车身）

1927 年，全金属外壳的校车开始出现，由韦恩工业公司和蓝鸟（Blue Bird Body Company）公司生产，这也是真正现代意义上的校车。此后，通用、福特等多家厂商也纷纷效仿，校车生产遂发展为一项产业。

1939 年，在美国洛克菲勒基金会的赞助下，哥伦比亚大学师范学院赛尔教授（Cyr）在纽约召集了一次“校车标准”研讨会，专门讨论制定有关校车制造和安全方面的标准。全美 48 个州都派出教育部门和交通部门代表参加（阿拉斯加和夏威夷当时还不是真正意义上的联邦州），生产校车的厂家也都参加了会议。此次会议制定出 45 项有关校车安全的设计标准和规章，可以说基本奠定了美国校车制度的基础。会议还决定，在所有大中型客运车辆中，只有校车可以采用“橙黄色”车身，因此，这种颜色也被专称为“国家校车橙黄”（national school bus yellow），即国家校车专用色。车身上的标识字体采用黑色，以增加早晚光线暗淡时的可见度，确保有足够提示作用。此次会议后，美国校车生产及制度建设开始全面走向标准化、正规化和安全化。

（二）美国校车的基本特点

1. 校车的安全规格全国统一

车内安全方面。根据美国《联邦机动车安全标准》（Federal Motor Vehicle Safety Standards），对校车的设计安全有明确而具体的规定，包括：校车除了常规的上下车门外，必须配备紧急逃生门，从车内和车外都可以开启；用作紧急出口的车窗及逃生车门在设计上必须向外推开，绝不能封死；应急逃生出口可凭单人手动开启，无需电力辅助或遥控，也不需要使用锤子等破坏性工具；当逃生门窗处于“锁死”状态时，汽车引擎系统无法启动；座位上装配有防撞安全装置与安全带；车内附带卫星定位与联网，全时监控车辆行驶情况。此外，部分北美校车还装备有“横向控制臂”、运动检测器、摄像机以及其他与预警系统相结合的感应器。其中，“横向控制臂”位于前车档，当车门开启时，该装置可自行展开，在校车正面形成一个屏障区，阻止行人走进司机视野盲区。

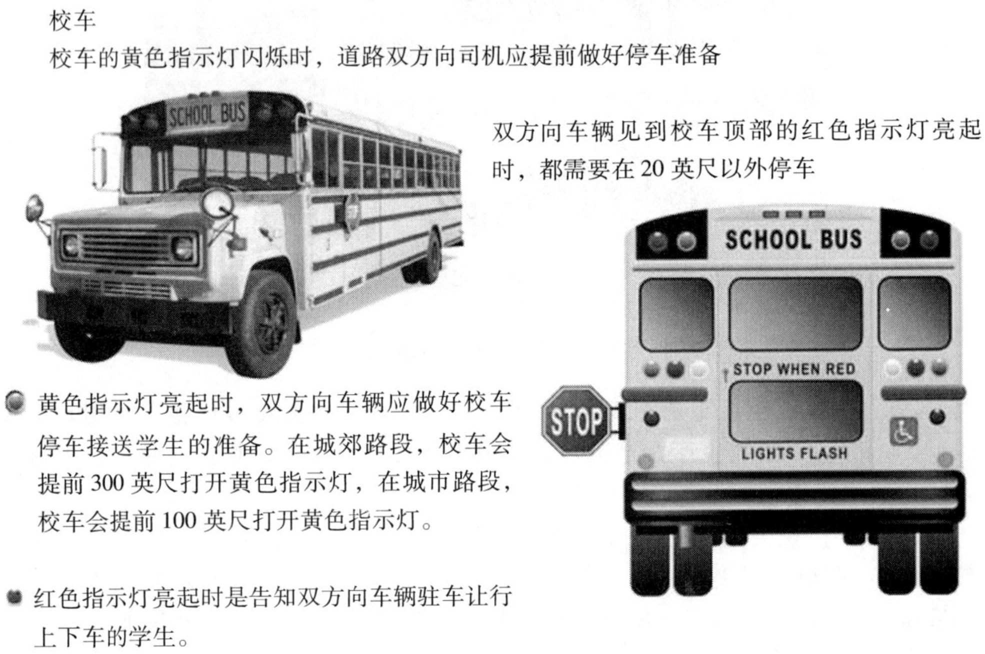

图2　美国校车的主要警示标识

外观方面。美国校车的车型采用统一设计，分大、中、小3种类型，一般为前置式发动机，前出式车头，车厢呈长方形，涂装为深黄色，车头顶部及车尾各有4个闪烁指示灯，正中标有“校车”字样。

车身结构方面。基本采用卡车的非承载底盘设计，刚性强；离地高度高于一般客车，前后配置的钢制保险杠在正面撞击或追尾事故中能有效保护车体本身；车身两侧专门加设了“纵向防护轨道”（即防撞梁）；油箱防护加强，加装了增厚的保护钢板（约4厘米），降低了撞击后漏油的概率；车顶与车身两侧的内部与外部加装双层护板，防止车身受剧烈撞击后解体；车身特殊部位采用单独的金属件进行铆接或螺栓固定，防止开焊。

2. *行驶方面拥有特权*

美国校车是除了警车、救护车、消防车以外，少数享有额外特权的车辆之一。校车正常行驶时，一般车辆要予以避让；校车减速停车时，其黄色闪烁指示灯会闪动，提示过往车辆要准备减速；校车停车时，安装在其左前方的标有“停

图 3　典型的当代美国校车

车”字样的红色停车牌（以伸缩臂的方式安装，有的校车会在车尾也配备一个）会展开，过往车辆必须停车等待；校车上的黄色闪烁指示灯及红色停车牌，等效于交通指示灯，所有驾乘人员必须遵行。

美国大多州立法规定，当有儿童上下校车时，道路双向停驶。若有违规情况，一经举报查实，违规者将被处以巨额罚款，甚至判以重刑。

图 4　美国小型校车

3. 校车驾驶员从业资格要求甚高

美国校车司机享受政府公务员的福利，收入稳定，其招收条件也非常严格。按规定，校车司机招录时，要求驾驶记录良好，必须通过联邦交通部的体质和就业前的药物测试，没有个人犯罪记录。校车司机上岗前将进行专门的岗前培训，上岗后定期轮训。校车司机如果在 4 年内交通违章 3 次，将被取消从业资格。

在职业要求方面，校车司机必须熟知校区周边环境和每名乘客的名字，学生上下车时司机进行核对，不得疏漏。

4. 产业化发展

生产方面。在北美地区，由于安全法规的严格要求，校车制造已经从传统的汽车制造业细分出来，形成了生产安全标准更高的校车制造业。从1932年开始，美国校车制造业的生产标准不断提高，产业不断升级，经历了整合重组的过程。近年来，美国交通部颁布了36项用于校车生产的安全标准，包括校车车体结构、防倾覆保护、制动装置等，进一步提高了校车产业的准入门槛。校车生产逐步趋向专业化、高质量化和高价化。目前，美国主要的校车生产企业约20家，年产校车4.6万辆，制造维护检修的总产值约150亿美元。

运营方面。美国校车制度的一大特色是以商业经营的方式提供公共服务，即政府划定运营路线，拍卖经营权，校车公司竞标签订服务合同，学校和学区则对后者进行安全运营的监督。这样做的好处是引进了竞争机制，使服务质量得到保证，也未给学校增加额外负担。目前，美国从事校车承运服务的公司众多，规模不等，既有仅提供当地校车服务的小型公司，也有大型全国性公司，其中较为著名的包括“大西洋快运”、“第一个学生”、“国家快运”和“学生运输”等公司。

5. 校车制度完善

美国全国常住人口为3.087亿人，约有0.435亿适龄学生（幼儿园到高中），其中54%乘校车上学，校车约有45万辆，全年累计载客约百亿人次，累计里程超过55亿公里，形成了规模庞大的校车运输网络。因此，也形成了由联邦、州以及地方政府三级共同管理的校车服务机制，校车制度的建设成为政府工作重点之一。联邦政府和各州都有专为校车制定的法律，总共有500多项，涉及校车的安全标准、生产规范、交通特权、司机应聘等一系列问题。其中联邦《校车法》最为重要，它规范了各部门、各利益主体在校车运行当中所负的职责。此外，美国各州和全国性的组织也格外重视校车制度建设，每年各州都召开讨论校车制度的年会，每隔五年还要开一次全国大会。有关校车的新闻报道总是能占据报刊头条。

在美国校车体制运行的过程中，学校既是服务对象和监督者，同时也负责加强对学生及其家长的教育。学校一般会向家长和学生免费发放宣传册和录像带，教育他们如何安全坐车。有的学校还给教师增加10%的工资，要求他们放学时送孩子上车。

“9·11”事件以后，美国政府和学校、家长都更重视校车的安全。立法规定将校车纳入政府反恐怖安全监视系统的保护范围。任何对校车的攻击都将定为联邦罪行，要判20年至终身监禁。在以上各项措施的共同保证下，校车已经树立了不可侵犯的形象，成为全美最为安全的交通工具。据统计，坐校车的安全系数是坐家庭轿车和公共汽车上学的40倍，事故率仅为每亿公里0.012次。

（三）政府财政对校车运营的支持

美国校车制度之所以能够不断完善，除了社会各界的重视外，最重要的一点就是政府的全力推动，除了法律法规建设之外就是财政支持。

按规定，美国在公立学校就读，如果居所距离学校1.5公里以外乘坐校车一律免费，在私立学校就读也仅需交一小部分费用。美国政府每年在每位学生身上的校车支出约为493美元，由于就学人口基数庞大，每年的总体费用相当惊人，粗算超过120亿美元，而这一成本基本是由政府担负的，主要由教育经费列支。其中，联邦政府支付57%，地方政府支付剩余部分。由于美国房产税（property tax，一般为1%—2%）由地方政府征收，主要用于当地公共设施服务特别是教育支出，因此有足够的财力支持。

二、欧日等发达国家和地区

除美国外，加拿大、英国、法国、德国、日本、中国香港特别行政区等发达国家和地区也有着各自不同的校车制度。其中，加拿大的校车制度基本与美国相似，车型选择上也被美国校车制造商垄断。但是，欧洲、日本等国的校车制度远不如美国那样完善和严格。

英国。该国有较为完善的校车立法，但很长一段时间并没有普及专用校车，而是对普通客车进行部分改装即当作校车使用。2000年，英国进行了大规模的校车改革。2003年，新校车投入使用，由原先的传统“红色”改为北美版的“黄色”，所有儿童不论有没有个人保险，一旦登上校车，全部由校车负责。

图5　英国校车

德国。德国针对校车有一系列的明确规定，例如车内不准打闹，不准饮食，不准携带玻璃等易碎品上车等。同时，德国严格规定，校车必须设立车站，车站标识必须明显可辨。校车一定要在规定车位停车，在进出车站时，校车要作出明显的灯光表示，此时其余车辆一律不准超越校车。

法国。校车司机必须通过严格的驾驶考试，拥有省一级的校车驾驶执照才能上岗。校车司机的工作手册用英法两种文字印刷，对出车前的检查、收车后在停车场各种装置的情况等都有详细规定。

澳大利亚。校车涂装为白色，外观与普通客车基本一致。

日本和中国香港特别行政区。由于受地域地形及高度密集的城市化建设的限制，这两个地区都没有采用特制校车，而是采购一般的中型客车作为校车使用，对其舒适性、安全性、适用性做了一定改进。其中，香港地区的校车统一由香港政府管理，同时只允许行驶在规定的路线内。

图 6　日本校车

三、几点看法

（一）欧美校车制度各有特点

就全球范围看，并非所有发达国家都像美国那样制定了严格的校车制度、研发专用车辆、明确运营体系。一方面，这与各个国家的地理条件、城市化特点有关，另一方面，也与各自的财政、技术支持能力和社会观念有关。

北美地域辽阔，人员居住较为分散。特别是在 20 世纪初，校车制度刚成形时期，城市化进程尚未完成。如果不实施校车制度，会引发大量适龄人口失学，降低社会劳动人口的平均教育水平，不利于美国的工业化和现代化建设。在后期，随着美国城市化完成，“距离”问题不再突出，但是“以人为本”安全第一的思想仍很凸显，校车的安全性超越了交通便捷性，继续得到社会大众的尊重。同时，在政府及社会各界的支持下，校车产业及校车制度不断完善并发展。反观欧洲、日本和我国香港地区，地域相对狭窄，城市化进程较早，人口居住相对集中，校车的通勤需求并不像北美那样强烈，多数是通过普通公共交通系统解决，即依托大众公共交通设施，发展一定规模的校车体系作为补充。

在财政和技术支持方面，美国拥有世界第一的经济总量、发达的制造业体系、完备而严格的税收制度，可以为校车制度的发展提供充分的技术基础和财力支持。而且，校车产业的发展本身已经成为美国社会经济的一个重要组成部分，可以带动相关的产业进步和就业率。另外，在社会观念方面，美国长期将儿童权益和教育体系的重要性置于首位。因此，社会各界对校车安全格外重视，这也是校车制度能够在美国不断发展的原因之一。相对而言，欧、日等国家和地区在上述领域的重视程度相对要弱一些。

（二）美国校车制度形成是一个历史过程

按历史发展时期来考察，美国的校车制度经过了萌芽、初始、普及、成形、成熟、发展、完善等多个阶段，前后历时近 200 年（从 1837 年第一辆校车算起）。这一过程也是美国工业化逐步完成、社会产出不断提高、国力持续增强的过程。特别是 1939 年美国统一校车规格，进入大发展时期，也正是美国经过了数轮经济危机走上世界经济实力第一后即将取得全球主导权的前夕，社会相对稳定，政府财力雄厚，工业生产突飞猛进，对高素质人材及国民平均教育水平的提高有着极为强烈的渴望。这说明，任何一种社会公共服务体系的建立如果脱离了历史条件、技术条件、财政支持能力以及社会认知水平的实际情况，是难以取得预期效果的。

（三）我国校车制度发展应因地制宜

我国约有 2.33 亿中小学生，其生活环境、就学条件差异性极大。这里既有地理环境、地域发展方面的原因，也有城市化发展进程滞后、教育资源配置不平衡的原因。发展具有我国特色的校车制度，就必须走一条合理、适用、可持续发展的道路，必须与社会发展水平相适应，同时充分考虑地区差异性。当前，我国经济总量已经跃居世界第二位，具备了完整的国民经济体系以及处于世界前列的装备制造工业体系，可以生产制造与北美校车质量相当或相近的客车。但是我国仍处于城市化进程当中，城乡差距、地区差距依然很大，是否制定一个全国统一的校车标准，社会各界应共同讨论。另外，在我国大部分地区，亟待解决的不是校车质量高低的问题，而是校车有没有的问题。

（四）公共财政支持是建立和完善校车制度的关键

《国家中长期教育改革和发展规划纲要（2010—2020 年）》（公开征求意见

稿）明确提出，到2012年，实现国家财政性教育经费支出占国内生产总值比例4%的目标，这为校车制度的全面普及奠定了财政基础。

从美国校车制度的发展史来看，联邦政府的财政拨款和地方政府的房产税收入是支撑其校车制度的关键。鉴于我国房产税仍处于试点阶段，税源和税量难以准确统计，尚不能为校车制度的发展提供稳定而充分的财力支持。在这种情况下，可以中央拨付一部分，地方财政分担一部分，不足部分以当地行政事业收费和教育附加费补齐，或者以中央和地方的共享税来支付。另外在校车购买环节，可考虑国家统一制造规格，统一定制、定购，同时减免车辆购置税及生产厂家代扣增值税，大规模降低采购成本；在运营环节，则由地方政府采取招标专营的方式或者依托城市公交公司建立专营公司；在监督环节，由地方政府协调交通、安全、教育等监管部门，联合学校、家长、学生和社会媒体实施全面监控，确保校车运营的安全有效。

（五）严格立法是维护校车制度的硬性保障

根据国际经验，校车制度必须依法而建，即统一校车生产制造的全国标准；建立政府监管下的校车运营体系；依法对运营安全与效率进行监督考核和评估；建立运营体系的准入和淘汰标准；严格司乘人员的选拔与教育等。其中，重点要对校车分类、人数核定等提出明确要求，从技术角度对防火、安全带、照管人员座位、行驶记录仪、车窗等方面的配置和参数作出详细规定。同时，公安、消防、安监、交通、教育部门要进一步强化和明确各部门监管职责，严查超载、超速，加强对校车驾驶员的培训和教育，严厉打击黑车非法营运行为。在当前阶段，校车规格标准尚未完全统一的情况下，可由交管部门为符合安全运营水平的校车统一涂装，配备明显标识、闪烁指示灯和“停车”标志，以区别于其他社会车辆。同时，在交通法规中明确规定校车的法律地位，其闪烁指示灯及“停车”标志等效于交通指示灯，违者给予重罚严惩。

（六）社会共识是校车制度得以有效实施的基础

学生是国家的未来，是民族的新生力量，社会各界应当从国家和民族的前途这一高度来重新认识教育事业、学生安全和交通安全。只有全体社会成员积极地参与，全面提高安全意识，做到群策群力，才能保障校车制度的有效建立、实施和完善，才能避免悲剧反复发生，否则再高的校车质量规格、再严密的制度设计也无法收到应有的效果。

表 1　　美国校车的一般标准

美国校车的一般标准	
发动机舱	采用前置设计，形成较大的前端缓冲区，即使发生正面碰撞也可以较好与载员舱隔离开来，保证载员舱的安全
载员座椅	7 排座椅，每一排都有五个座位，每个座位上都有安全带，车前部还有一个专门为带队老师设置的侧置导师椅；车座椅的护栏软化设计，传统座椅后面的小拉手全都取消，车前面的护栏抬高
车体基本外形尺寸	较载员数量相同的一般客车规格普遍加大，以 35 座校车为例，车长约 7.2 米，宽 2.3 米，高近 3 米
安全门	后部有逃生门，窗户玻璃可在危急情况下砸碎，成为应急出口。此外，该车还装备了全景倒车镜和倒车影像，保证驾驶员没有视觉盲区
车身颜色	一般采用工程警示颜色，即黄色，以达到强烈的警示作用
警示装置	采用黄色车身和反光条；车顶有闪烁警示灯；装备 1—2 个红色的停车标志（即可伸缩式警示牌），与红绿灯等效
定位系统	车内附带卫星定位与联网，全时监控车辆行驶情况
车身结构	采用卡车的非承载底盘设计，刚性强；离地高度高于一般客车，前后调置的钢制保险杠在正面撞击或追尾事故中能有效保护车体本身；车身两侧专门加设纵向防护轨道（即防撞梁）；油箱防护加强，加装了增厚的保护钢板（约 4 厘米），降低了撞击后漏油的概率；车顶与车身两侧的内部与外部加装双层护板，防止车身受剧烈撞击后解体；车身特殊部位采用单独的金属件进行铆接或螺栓固定，防止开焊

（吴　伟）

关于铁路部门管理体制改革的再思考*

转变经济社会发展方式，是我国改革开放30年后继续推进改革的重中之重。胡锦涛总书记在建党90周年“七一”讲话中指出：“要坚持社会主义市场经济的改革方向，提高改革决策的科学性，增强改革措施的协调性，找准深化改革开放的突破口，明确深化改革开放的重点，不失时机地推进重要领域和关键环节改革，继续推进经济体制、政治体制、文化体制、社会体制改革创新。”其中，国有企业改革与国有资产管理体制改革是一个关键环节，备受瞩目。铁路部门的管理体制改革便是一例。“7·23”甬温线动车事故再次引发对这个问题的热议。铁路管理部门改革工作作为未来经济体制改革的一个重要组成部分，对整个国有企业改革与国有资产管理体制改革无疑将起到积极的示范作用。

一、我国高铁发展取得的成绩和存在的问题

20世纪末我国高铁建设起步以来，京津城际铁路、武广高速铁路、郑西高速铁路、沪宁高速铁路等相继开通运营。截至2010年年底，我国高铁运营里程达8358公里，在建里程1.7万公里，运营里程、运营速度、建设速度均居世界第一。而在1964年到2006年的40多年时间里，全球建造高铁总里程不到4000公里。2011年6月30日，纵贯北京、天津、上海三市和河北、山东、安徽、江苏四省的京沪高铁正式开通运营。这也是新中国成立以来一次建设里程最长、投资最大、标准最高的高速铁路。此外，我国铁路技术已出口至世界13个国家和地区。目前，中国高铁速度已经代表了世界的高铁速度，中国高铁正在引领世界高铁发展。

高铁发展在取得举世瞩目的成绩的同时，也暴露出发展速度过快所带来的一系列问题。“7·23”甬温线动车事故引发了社会对高铁以及铁道部所取得成绩的热议和反思，社会各界呼吁为高铁“降速”的呼声渐起。

目前铁路部门管理体制存在若干弊端，其中最核心的问题是政企不分。

（一）双重身份，导致职责冲突

作为企业，铁道部掌管着铁路的建设和营运权，理应承担着相应责任和风

* 本文写于2011年8月。

险；作为政府部门，铁道部的主要职能是调控和监管。这种双重角色本身就存在着内在冲突。以“7·23”特大铁路事故的善后处理为例：作为责任企业，铁道部希望责任小、赔偿少、处分轻；作为监管者，铁道部应该为乘客多争取赔偿，并将违法违规成本放大以起到警示作用。但是，由于这种角色冲突，在善后处理中难免“纠结”失当，引起公众不满。

（二）决策、建运、监管三位一体，造成监管缺失或乏力

铁道部的主要职能包括：拟定铁路行业发展战略、方针、政策和法规，制定国家铁路统一的规章制度并监督执行；统一管理全国铁路调度指挥工作，监督、检查全行业安全生产和路风建设。这意味着，铁道部不仅是运动员、裁判员，而且还是竞赛规则的制定者。这种决策、建运、监管三位一体的体制，极易导致监管的缺失或乏力。近年来，铁路工程质量问题比比皆是、安全事故频发、行业垄断加剧、腐败滋生等问题，不能不说与体制漏洞直接相关。在前不久召开的铁道部内部会议上，一位负责同志明确指出，铁路建设施工、监理、物资、服务类招标均存在人为干预现象。

（三）投资主体单一，阻碍多元化投融资机制的构建

目前，我国铁路投资主要来源是国家铁路建设基金、财政预算内专项资金，投资主体单一，铁路建设资金亦处于极度短缺状态。推进市场化融资成为解决这一难题的突破口。企业作为市场化融资的主体是市场经济的首要条件，但政企不分的体制使得铁道部成为了铁路市场化投资的主体。民营资本无法在投资、经营、利益、资源配置等方面与铁道部平等博弈，事实上被拒之门外。这无疑限制了我国铁路事业的发展和经营机制的进一步转换，同时所有投资风险实际没有明确承担主体，发生亏损最终将由政府财政买单，是一个巨大的隐性财政风险。据报道，自 2008 年铁道部资产负债率逐年上升，2011 年上半年高达 58.53%。

（四）绩效考核指标体系难以设定，问责机制难以落实到位

作为政府部门，应综合考核其履行赋予的行政管理职责情况；作为国有企业，则应考核其国有资产保值增值情况；作为承担一定公益服务职能的机构（客运具有一定的公益服务性质），则应考核其提供公益服务的数量和质量。相应的，应按照不同属性明确问责范围、规范问责程序、落实问责制度。如此，才能形成必要的外部激励和约束。三种互不相同的身份合为一体，既难考核，又难问责。即使分别设定了指标体系和问责机制，由于同一主体可以在三种身份中任意来回切换、弃此就彼，考核的客观性与问责的到位性也大打折扣，难以具有公信力。

（五）铁道部独立于交通运输部，不利于构建综合运输体系

改革开放以来，我国交通运输发展取得了重大成就，今后几年仍处于大建

设、大发展时期。优化交通运输布局，发挥整体优势和组合效率，加快形成便捷、通畅、高效、安全的综合运输体系，是世界各国的普遍经验，是我国现代化建设事业的大势所趋。尽管铁路建设和管理有一定特殊性，但如果铁路长期独立于公路、水路、民航等之外，则不利于统一规划、统一协调，不利于各种运输方式的相互衔接，“综合运输”名实不符。

二、铁路部门管理体制沿革

我国铁路管理体制的改革滞后于铁路技术的发展。目前，铁道部既是国家行政主管部门，同时又拥有铁路客货运经营权；既是相关政策的制定者，又是政策实施的监督者。这种体制的形成，有其历史和现实的原因。

铁道部的前身，是成立于1949年1月的中国人民革命军事委员会铁道部，为半军事化建制。新中国成立后，转为中央人民政府铁道部。为适应统一管理需要，借鉴苏联经验，下设6个铁路管理局和东北铁路总局，实行全国铁路统一的运输调度指挥、客货规章和运价、铁路会计、铁路财务等规章制度。

“文革”爆发后，铁路受到严重冲击。为保障铁路运输畅通，1967年6月，国务院和中央军委决定对全国铁路实行全面军事管制。1970年7月，铁道部、交通部和邮电部邮政部分合并成立新的交通部。1975年，三部门重新分立。

改革开放以来，铁路系统内部先后采取了一些改革措施。主要有：(1) 1982年至1985年，铁道部下放计划、财务、物资、人事等权利给路局，并实行利润留成制度。(2) 中共十二届三中全会后，提出《关于铁路改革的意见》，提出以推行经济责任制为中心，把铁路企业建成相对独立、自主经营、自负盈亏的经济实体，以增强活力。随后的1986年到1991年，铁道部实行五年承包制，但改革随着一连串铁路安全事故被迫停止。(3) 1992年之后，开始建立现代企业制度试点。1993年成立广铁集团；1995年建立大连铁道有限公司；1998年，工程、建筑、工业、物资、通信五大总公司开始逐渐与铁道部实行结构式分离；2000年，昆明铁路局和广铁集团开始模拟客运公司运营，上述五大公司与铁道部完全剥离。(4) 2001年，铁道部实施新财务制度，客、货、网分账核算，开始网运分离试点，至2003年网运分离改革全面停止。(5) 2003年后，铁路进入跨越式发展阶段，其思路是客运分离，大建客运专线，货运则要实现重载化。(6) 2009年，铁路公安脱离铁路系统改革启动；2011年，铁路运输检察院划归地方获中央批准。

在2008年国务院机构改革中，为加快形成综合运输体系，整合原交通部、民航总局职责以及建设部指导城市客运职责，组建了交通运输部。中央提出，“考虑到我国铁路建设和管理的特殊性，保留铁道部。同时，要继续推进改革”。

三、国际经验

（一）日本新干线民营化改革及拆分重组

日本新干线于1964年10月1日正式通车运营，是世界上第一条载客运营高速铁路系统，也是世界上最安全的铁路之一。但在1987年改革之前，新干线曾连续多年处于持续亏损状态，负债总额达近38万亿日元。1987年，日本政府决定对其实行民营化改革。考虑到日本具有人口密度大且分布集中及大运量等特点，日本国铁最终被重组为1个全国性货运公司和6个区域性客运公司——JR东日本、JR西日本、JR东海、JR九州、JR四国和JR北海道。新公司均拥有经营自主权，国家不再限定其经营业务范围。债务的1/3由预计盈利状况好的3家货运公司承担，其余则由政府设立的特殊法人机构——国铁清算事业团承担。改革后的新干线，第一年就实现了盈利，更有效地引入了竞争机制，效率大大提高，服务质量更是显著上升。1993年，首家JR股票公开上市。

（二）俄罗斯铁路的“政企分开、机构重组”

针对自20世纪90年代起铁路运输周转量持续减少及铁路部门人浮于事、缺乏竞争、管理不力、人才流失、效率低下等状况，2001年5月，俄政府出台了《铁路运输结构改革方案》，决定打破铁路运营垄断，建立竞争机制，降低运营成本，吸引内外投资。改革的主要战略目标是，通过“政企分开、机构重组”，把交通部的国家调控、监管职能与企业经营管理职能分开，交通部只保留国家管理职能；运营职能由新组建的国家铁路运输公司承担，并把不影响铁路工作稳定的辅助企业和服务性企业从铁路系统中剥离出去，鼓励私人公司参与铁路货运与其他服务，保证所有经营主体在平等条件下使用铁路基础设施。2003年9月，由国家控股的俄罗斯铁路股份公司成立。改革后，俄铁路系统运营稳定性和安全性得以改善，主要线路运行速度大大提高，越来越多的私人投资者进入铁路投资领域。

四、几点思考

（一）政企分开是铁路部门管理体制改革的核心

推进铁路部门管理体制改革，首要一着是切实实行政企分开，政府部门切实履行好制定规划、政策、标准以及监管等职能，科学划清垄断性业务与一般竞争性业务的界限，除极少数必须由国家垄断经营的企业外，吸收多种所有制社会资本进入，积极发展多元投资主体的公司，实行股权多元化，形成规范的公司法人治理结构，增强活力和竞争性。可考虑将铁道部的一切营利性业务剥离出来。其中，铁路网基础设施具有自然垄断属性，可组建国有独资公司进行运营；客货运业务具有市场竞争性，可组建若干客货运公司，吸收社会资本，组建股份有限公司。其下属的原铁路公司、投资公司、设备公司等，可区分具体情况予以改制。

铁路部门管理体制改革是国有企业改革的一个范例，其政企分开的措施值得在国有企业改革中进行推广。

（二）积极推进国有资产管理体制改革

目前的国有资产管理体制，虽然较之过去有了很大进步，但是仍然存在一些问题，主要表现在：管理部门对国有资产监督的公共管理职能，经常与作为出资人代表的资产监管职能混淆起来。实行政企分开，才能将“老板”的权利给“老板”，企业的权利归企业，理顺委托代理关系，理清管理部门的职能，避免不必要的干预，履行好出资人职责。

（三）处理好政府与市场的关系

继续推进政企分开是转变政府职能的关键。加快转变政府职能和完善行政管理体制，是深化经济体制改革的一项重要任务，也是完善社会主义市场经济体制的内在要求。企业制度、市场机制和政府管理体制是社会主义市场经济体制框架中最重要的三个组成部分，三者的协调关系和改革的均衡推进，决定着整个新体制的质量和效率。但我国政府行政管理体制改革速度滞后于企业改革和市场体系建设。《关于完善社会主义市场经济体制若干问题的决定》指出，要切实把政府经济管理职能转到主要为市场主体服务和创造良好发展环境上来。加快推进政企分开，才能更好发挥市场在资源配置中的基础性作用，才能使政府真正从利益主体、利益相关方的角色中抽身，集中精力履行好“经济调节、市场监管、社会管理、公共服务”职能，有所为有所不为。

（四）深化国有企业改革对加快转变经济发展方式有积极意义

我国发展方式存在的问题，与经济体制存在的缺陷有关，是多种体制性因素共同造成的。国有企业现行制度安排的缺陷是其中原因之一。国有企业通常占有大量自然资源和国家信誉等隐性资源。我国市场经济尚不完善，以致国有企业能以远低于市场价格的成本获得这些资源，形成竞争优势，导致不公平竞争和国民收入初次分配的不合理。

加快推进政企分开，有利于使资源和要素价格充分反映其稀缺性和市场供求状况，避免人为价格扭曲，形成平等竞争机制，从而实现资源优化配置。这无疑有利于加快转变经济发展方式，实现经济社会全面协调可持续发展。

（王苇航）

关于2011年夏季达沃斯热议的几个问题*

世界经济论坛2011年新领军者年会（夏季达沃斯论坛①）于2011年9月14－16日在中国大连举行，来自90个国家和地区的1700余人出席了会议。本届论坛的主题是“关注增长质量，掌控经济格局”②，反映了各界对推动经济强劲、可持续、平衡增长的共识与期待，强调从根本上反思现有增长模式，并分享领先的个人和企业保证高质量增长的重要经验。

为期3天的互动式会议，聚焦新经济格局中的“支持变革性创新”、“追求新的增长前沿”、“制定新的行业模式和政策”、“保持一种具有创造力的创业文化”等四个重要议题。本届论坛在很多热点问题上达成了共识，产生了很多有建设性的重要理论成果和政策建议。其中，经济增长质量、欧债危机和二次探底等问题备受关注，本文仅综述国外专家对这些问题的观点，供参考。

一、关于增长质量问题

（一）衡量增长质量的评价体系

金融危机告诉我们，各界需要高度重视经济增长质量，方能实现全球经济平衡增长，减少剧烈经济波动对生产和生活带来的不利影响。因此，从重速度到重质量，并制定一套新的衡量经济增长的指标体系，从而取代目前以GDP为主要指标的指标体系已成共识。观点主要集中在以下两个方面：一是聚焦在质疑目前GDP指标的科学性上。世界贸易组织副总干事亚历山大·亚拉认为，GDP这个指标本身就不是用来衡量人们幸福的。韩国政府代表也认为，GDP不能真正反映经济、环境和生活的质量。二是关于构建指标体系的长期性和综合性问题。建立新的衡量高质量增长的指标体系具有重要性和紧迫性，但是要找到一个替代目前

---

* 本文写于2011年9月，发表于《中国财经报》（2011年9月22日）。

① 夏季达沃斯论坛始创于2007年，得到了中国政府的大力支持。此前已在天津、大连各举办两届年会。夏季达沃斯论坛的意义就在于从亚洲的视角，探讨经济增长和技术创新方面的议题，与瑞士冬季达沃斯论坛相比，两者在探讨的议题上各有侧重，但同等重要。

② 从2007年到2010年的主题分别是：“变化中的力量平衡”、“新一轮增长的浪潮”、“重振增长”和“推动可持续增长”。

以GDP为主要指标体系的新体系具有长期性和艰巨性。目前一些国家已经开始探索建立新的、更能体现人们幸福感的指标体系，用于衡量经济的高质量增长。世界贸易组织也已经开始用“贸易附加值”来衡量部分国家和地区的真实进出口贸易状况和贸易赤字，而不是一味单纯地采用绝对贸易额这一指标。亚历山大·亚拉指出，用不同的指标来衡量一个国家的进出口贸易量会得出不同的结论，有时甚至相差很大。如中国对美国巨大的贸易顺差，如果用贸易附加值这个指标重新衡量，会发现这个贸易顺差并没有看起来那样大，因为中国的许多出口产品的零部件来自美国，附加值被美国企业赚走了。同样，对于一个国家的经济增长质量，用不同的指标来衡量也会得出不一样的结论。很显然，仅仅用一个指标很难完整体现高质量的增长。

（二）提高增长质量的方式

对于提高增长质量，与会人员普遍认为实现增长战略转型是关键。同时，也必须更加注重依靠科技进步推动实体经济发展，比如新能源、新一代信息技术、生物技术等等，还应该注重发展现代服务业，通过产业升级提高增长质量。超前的经济发展理念和科学的经济发展方式都是提高增长质量不可或缺的，这涉及两个问题。

1. 关于发展战略取向

专家的观点更多地集中在投资、消费和出口对拉动经济增长孰轻孰重上。印度国会议员辛格表示，新兴经济体将面临选择什么增长战略的重大难题，比如应该是投资驱动型还是消费驱动引导型增长战略。但是，他只是提出了这个长期存在的需要解决的难题，却没有提出具体解决思路。国际货币基金组织副总裁朱民和埃森哲战略咨询全球负责人则给出了答案。朱民认为，一方面新兴经济要发动内需；另一方面发达国家要从传统的财政措施转到私人消费、转到投资，这样全球才会有一个增长的动力。埃森哲战略咨询全球负责人以中国为例谈了他的看法。他指出，中国要实现有质量的增长，应主要关注消费、投资和居民可支配收入三方面。中国在努力地提高消费在GDP中的比例，同时还要致力于推动出口导向的消费市场。他认为在基础设施方面的投入还可以保持有质量的增长。另外，他还建议中国要致力于居民可支配收入的增长，让更多的人能享受到产品、服务、医疗和教育。

2. 关于战略重点选择

第一个关注点是低碳发展。美国铝业公司董事长兼首席执行官表示，循环利用材料和资源是解决碳排放的好方法。一位印度嘉宾则把目光聚焦在社会责任上，他认为，在印度，年轻人对于未来如何使用新的社会信息、如何使用新的社交技术方面有完全不同的预期，把“从摇篮到摇篮”的低碳理念转变为现实，需要有一个社会的融合，也需要每个企业都有社会责任。究竟是选择低碳、中碳抑或是高碳，也是决策者不可回避的难题，他们总是在经济效率与公平之间不断地进行着博弈。

第二个关注点是新能源。新能源正逐渐成为世界经济增长的新引擎，与会人员对此达成了一致意见。美国安永会计师事务所亚太区主管合伙人彭乐庭认为，新能源是非常重要的行业。可再生能源方面会越来越进步，继续发展成一个拉动力。在这个领域还有很长的路走，需要继续投资。法国政府投资部主席也持相同观点，他表示，法国在2009年和2010年通过了两项法案，被称为“绿色新政”，力图降低四分之三的能源和原材料消耗。法国制定的目标是到2020年，在终端能源消费量中，实现可再生能源达到市场份额的23%，相对于目前法国10%的占有率。同时，还启动了“蓝色能源计划”，将推动研发尖端海洋技术，如海浪和潮汐能、漂浮式风力涡轮机等。韩国和印度专家也表达了两国相似的新能源发展战略，重点是提高可再生新能源的占比。南非强生集团执行董事长以南非为例说明普及新能源模式会遇到困难。在南非开普敦，合作伙伴和资讯方面都遇到了困难，发展新能源模式需要更长的时间，需要新的想法和新的思维。

第三个关注点是以移动经济为引领的新一代信息技术，比如云计算和移动设备。很多专家都认为取得新一代信息技术的领先地位是占领新经济的制高点和转变经济发展方式的突破口，也将成为带动全球经济增长的新引擎。英国专家表示，移动经济将会成为接下来全球经济增长点之一。朱民也表示，因为云计算的产生，IT规模扩大、速度提高、成本大幅降低，包括知识、机遇、信息，所有的东西都可以移动，世界将彻底改观。

第四个关注点是现代服务业。发展现代服务业对优化产业结构和实现经济转型意义重大。彭乐庭认为，金融服务业可能比其他行业更重要，它会创造就业，为需要资金的公司提供资金，同时必须看到金融发展与危机的关联，全球必须合作保证金融界的稳健。国际货币基金组织副总裁朱民也提议，中国应加快开放服务业领域市场的速度，因为该领域的开放程度远低于制造业。中国若想进一步提高在全球经济中的地位，就必须开放服务领域市场。

（三）提高增长质量的前景

实现更长时期、更高水平和更好质量的发展，全球共享繁荣昌盛是美好愿景，我们须致力于关注和解决两个问题。

1. 关于世界经济主导者问题

未来世界经济格局是否仍然朝着多级化方向发展，专家有不同看法。新加坡前外交部部长杨荣文坚持多极化观点，他认为，全球力量的结构，正从由美国所主导的世界变成了一个越来越多元化、多极化的世界。在不同的地方存在一些不同的运营系统，他们都要找到自己内在的平衡，包括欧洲、美国、中国，每个国家的平衡都要自己找到，包括权力、责任都要平衡起来，这是未来世界的格局。

但是，埃森哲战略咨询全球负责人却更看重新兴市场的主导作用，他认为，全球经济增长新浪潮会来自于以下四个方面：银发经济、资源经济、多元化技术和未来新兴市场的崛起。显然新兴市场的增长在全球已经成为一股不容小觑的力量，未来将在国际经济舞台上发挥重要作用。还有一些专家把目光转向了中国。世界经济论坛成长型公司中心资深总监蒋睿杰认为，过去五年，中国的经济和领导力对世界至关重要。贝尔实验室总裁金钟勋博士也表示，中国优秀人才很多，而且对创新投入巨大，从“中国制造”到“中国创造”只是时间问题。

2. 关于未来的工作重心问题

按照结合本国实际、先易后难的原则规划长期行动路线对提高经济增长质量至关重要。但是，短期内不能回避而且必须做好以下两项工作：一方面是从思想上转变粗放的经济增长方式。在认识到转变经济发展方式艰巨性的同时，要逐渐扭转人们心中“速度至上”的固有观点，只有深刻认识到高速度并不意味着高质量，才能从行动上去真正追求高质量的经济增长；另一方面是探索、试验和总结高质量的增长方式，研究多元化的指标体系。荷兰全球报道倡议组织总裁里格特瑞根表示，世界各国应改变目前以 GDP 为主的指标体系，加速研究新的衡量经济高质量增长的指标体系，把环境、可持续性、风险等因素都考虑在内。

二、关于欧债问题

（一）欧债的成因

正如美债那样，欧债的形成原因也是错综复杂的，可以从多角度解释。与会嘉宾的主要观点集中在三种解释。一种解释是制度论。比利时经济和改革部部长奎肯本表示，当前欧债危机凸显的是财政欧盟、金融欧盟和政治欧盟的结构失衡问题，制度缺陷是根本。美国分部拉丁美洲事务高级顾问也认为，现在的危机证明了欧盟的基本结构有缺陷，蒙代尔说过，欧盟应该是 ABC 的结构。它现在缺乏的是 B 和 C，也就是没有财政联盟。另一种解释是银行负债论。英国前首相布朗持不同观点，认为欧洲债务问题不是财政的问题，归根结底还是银行的问题。欧洲主权债务的问题也是因为一直以来都没有很好地解决银行负债问题。这种解释有一点同义反复，负债至少表现为银行经营问题。还有一种解释是管理论和市场论。世界经济论坛美国分部拉丁美洲事务高级顾问、前花旗银行总裁罗茨更多地从决策和市场力量角度作出解释，他认为欧债危机是一个领导力危机，说明欧洲内部合作较差，欧洲国家内部争论不休而没有定论，他甚至认为市场力量的缺乏也是形成债务危机的重要因素。

（二）欧债的影响

欧债不仅对欧洲经济，而且对全球经济造成了不利影响，同时也有可能造成更为深远的政治影响。从经济上讲，短期内会对新兴市场产生不利影响，同时也会冲击资本市场。印度国会议员辛格认为，欧债危机引发的问题可能会传染到新兴市场，尤其是一些大的亚洲国家，且可能滋生贸易保护主义，影响这些国家的出口。莱顿大学公共经济学教授维克多·哈博斯坦德认为，受欧债危机影响，最近有一部分资产市场有所放松，特别是这两年来证券市场有所恢复和回温。奎肯本提出，私营领域应尽早地参与到欧洲的债务进程中来，因为私营部门在欧债危机爆发的时候，承担了很多的债务，应尽快让他们回到正常的轨道里。这不可能光靠紧缩来做。从政治上讲，提高政治稳定性、协调性和效率性显得尤为重要。奎肯本认为，需要政治领导想方设法解决赤字问题、增长问题和失业问题，否则各国都会相互依赖，一个地方的问题会影响其他的地区。维克多·哈博斯坦德也认为，欧美地区特别是欧盟和美国，现在不得不严重地依赖于政治领导的能力。

（三）欧债的出路

欧洲的经济稳定和健康对世界经济复苏无疑举足轻重，欧洲摆脱危机需要国际社会共同努力。但是，欧洲要“走出泥潭”，很显然不能寄希望于新的“马歇尔计划”，关键是靠欧洲自己。一是重建金融市场和资本市场。朱民则坚定地认为，欧洲金融稳定基金（EFSF）迅速启动，能对银行进行资本重建、加强稳定。因此，欧洲金融稳定基金注资欧洲银行是当务之急。奎肯本认为，首先应该建立一个欧元债券市场，以此降低成员国的借贷成本、创造出一个巨大的金融市场。其次必须设立欧元区金融部长职务，当某个国家违反规则时能够介入。二是加强国内、国际合作以及强化市场力量。英国前首相布朗则表示，欧债的根本解决需要协调一致地解决好银行的问题、增长的问题和财政问题。唯一的长期解决方法，就是要保证欧洲既朝外看也朝内看，欧洲要作为全球经济的一部分进行全球的贸易。欧洲必须确保能够把自己更好地跟全球联系在一起，必须成为全球经济增长的一部分。欧洲可以出口，美国也要出口，中国要增加消费，印度要打开市场。因此，必须要有一个全球协议确保这些事情。世界经济论坛美国分部拉丁美洲事务高级顾问、前花旗银行总裁罗茨也认为应该解决决策意志不足的问题，一方面应该加强国内合作，比如政府和国会可以创建一个“超级委员会”，合力削减政府赤字；另一方面，国际社会也应当进一步加强合作，比如继续强化20国集团的作用，并取代7国集团。同时，他还认为应该引入私营部门为危机解决提供市场力量。

三、关于世界经济二次探底问题

（一）对世界经济形势的判断

朱民明确表示世界经济不会二次探底。他认为，由于无论是发达经济还是新兴经济体均未出现连续两个季度的经济负增长，可以判断全球不会进入二次探底。但是，整个发达国家经济增长速度下降很快，而且新兴经济体经济增长速度也呈现放缓趋势，因此政府采取果断和有效措施度过一个危机中非常关键和危急的阶段、防止滑入衰退显得尤为关键。世界经济论坛创始人、主席施瓦布也表示，现在所发生的巨大变化，不仅仅是周期性的，更显然是结构性的。同时，本次峰会的主题意味着世界正在进入新一轮的经济增长，因此需要进一步推动经济的基本转型，以及商业模式的本质转型，从而能够创建一个新世界，在这个新世界，生活的质量不仅仅关注生产的数量。同样，麦肯锡公司亚太区董事长欧高敦也认为，全球经济正在走出低谷，中国、印度等新兴国家引领世界经济增长，日本的经济也开始恢复，全球经济情况将会变得更好。

（二）世界经济未来发展的路径

一些国际人士把拯救欧美债务危机和促进世界经济更加健康发展的重任寄托于中国的援助。因为包括中国在内的新兴经济体竞争力正在稳步攀升。美国安永会计师事务所亚太区主管合伙人彭乐庭指出，新兴市场的发展对全球经济的恢复会有很大帮助。他特别指出，中国的增长必然会帮助世界的增长，中国为全球公司投资于中国提供了机会，中国也会向全世界出口不同的产品，中国在全球投资也帮助全球经济增长。但是，中国不可能担此重任。解决重大世界经济问题仍然需要国际社会一道重构更有利于高质量增长的制度，并付诸实施。彭乐庭同时指出，在短期内，全球经济恢复速度的快慢取决于美国和欧洲国家的情况，欧美的政策对于未来全球经济的增长十分重要。世界经济论坛美国分部拉丁美洲事务高级顾问、前花旗银行总裁罗茨也表示，各个国家要把自己的事情做好，不同的国家面对的情况是不一致的，不可能希望一两个国家拯救整个世界。世界经济论坛2011年9月7日发布的《2011—2012年全球竞争力报告》指出，全球竞争力正从发达经济体转至新兴经济体。当今全球经济环境的复杂性让我们比以往任何时候都更加需要重视和鼓励增长的质和量，并应融入包容性和可持续性发展的概念。施瓦布认为，要克服全球经济危机，需要我们发展和执行具有创新性的全球战略和国家战略，从而推动新一轮的经济增长、新一轮的绿色增长。

世界经济现在确实处于危急阶段。最近发生的主权债务危机问题表明，有效监管体制并未完全建立。特别是加强国际层面的协作、管理好跨国界资金流动的需求更为迫切。因此要采取措施，防止美国赤字问题进一步蔓延，增强经济复苏能力，避免去杠杆化进程停滞不前。

（胡振虎）

第二部分

世界经济

2011年全球财经热点扫描*

2011年是极不平凡的一年，我们一起见证了全球多个重大财经事件，共同经历了世界经济的跌宕起伏。值此岁末年初之际，亚太财经与发展中心对本年度的全球财经热点进行了梳理，从中选取了20项，以备回顾过去、展望未来。

北 美

一、国债上限终获调升，地方债务危机显现

2011年8月2日，美国参议院通过了“提高美国债务上限和削减赤字法案”，政府分三个阶段将国债上限提高2.1万亿美元，并在未来10年削减2.1万亿—2.4万亿美元支出。至此，共和、民主两党持续半年之久的国债上限之争终于暂时告一段落。

与国债上限之争相比，美国地方债务缊藏着更大危机。2011年1月3日，美国加州债务上升至3650亿美元，GPD占比达18.8%。继房地产泡沫破灭后，地方债务危机可能成为影响美国经济的最大问题。1999年至今，在美国地方政府发行的3.7万亿美元地方市政债中有240亿美元发生违约。当前，47个州存在财政问题，占比达94%，地方债违约风潮一旦显现，破坏性堪比“次贷危机”。

二、标普降级震动市场，司法调查监管强化

2011年8月5日，国际评级机构标准普尔宣布将美国长期主权信用评级从AAA降至AA+，理由之一是：美国的决策和政治体制的有效性、稳定性和可预见性在一定程度上正在削弱现有财政和经济体系。这一消息引发全球资本市场的强烈震动。

虽然美国政府和国会以及业界人士纷纷指出，标普的降级行为是错误的，美国信用不存在任何问题，仍然阻止不了全球股市的“跌跌不休”。标普降级行动

---

* 本文写于2011年12月，发表于《中国财经报》（2012年1月12日）。

针对的是享有“金边债券”之称的美国长期主权信用，无疑让美国政府颜面扫尽。标普降级后第2周，全美证券交易委员会（SEC）开始着手调查标普是否涉及“内幕交易”。之后司法部又就按揭贷款评级问题调查标普，调查重点是评级公司是否为了获取利润人为干扰评级分析过程。如果查实，等待标普的将是难以想象的严重后果。

三、货币政策数年未变，量化宽松似在继续

2008年12月16日，美联储决定将联邦基金目标利率减至0—0.25%的水平。2011年11月，美联储宣布维持“零”利率不变。12月13日，美联储进一步指出，将继续低利率至少到2013年中期不变，以刺激美国就业和经济复苏。

2008年11月至2011年6月，美联储实施二轮量化宽松，购买了2.325万亿美元各类债券。之后，美联储实施了被称为“2.5轮”的量化宽松政策，用到期债券本金继续购买财政部债券。12月13日，美联储指出，鉴于美国经济有微弱复苏迹象，且通胀在预期之内，因此将延续此前宣布的超宽松货币政策。

当前，主要发达经济体长期维持低利率，同时扩大资产负债表的举措，将可能造成严重的金融市场扭曲，为新危机埋下种子。

四、财年预算久拖而决，减赤问题针锋相对

2011年9月29日，距离新财年仅一天之隔①，美众议院通过临时拨款法案，在最后关头向联邦政府提供了短期运行费用。10月4日、11月17日，国会又以临时拨款的方式向联邦政府拨付运行资金。12月16日，国会两党终于达成1万亿美元的开支法案，供政府运转至2012年9月。2012财年预算的久拖而决，充分暴露出美国国会政治弊端：即党派之争随时可能激化到威胁国家政治稳定和财政安全的程度。

美国国会两党之争最核心的一个问题就是税收和支出政策。共和党主张大幅度削减开支，而民主党则希望通过增税以平衡赤字。8月11日，美国国会成立了赤字削减委员会。如果该委员会在2011年11月23日前不能提出可供国会通过的减赤方案，则国会最晚将在2013年启动自动削减赤字机制，即10年内削减1.2万亿美元预算。11月21日，该委员会宣布，未能达成减赤协议。这意味着两党的减赤之争将再次升级。

① 美国财年自每自然年度10月1日起，至第二年9月30日止。

五、伊战结束美国撤军，消耗巨大减赤艰难

2011年12月18日，美军最后一支部队从伊拉克撤离，伊战正式结束。该战从2003年3月算起，历时8年9个月，美军阵亡4387人，伤32226人。美国国会研究机构提供的数字称，伊战耗资约8060亿美元，伊战每天实际开销高达2.55亿美元。

然而，美国哥伦比亚大学测算，整个战争费用约在4万亿—6万亿美元。华尔街专家表示，整个战争费用约为4.6万亿美元，超过“二战”开销。美国布朗大学国际事务研究所则指出，美国近年来战争成本可能达4.4万亿美元，如果加上伤员的长期抚恤金以及利率，费用还将进一步攀高。

2011财年，美国联邦政府财政赤字高达1.29万亿美元①，连续3年超过万亿美元大关②。伊战及之后相关的军费开支无疑将继续加大美国财政压力，令其减赤之路更加艰难。

欧　　洲

六、金融监管有所强化，买空卖空遭到遏制

2011年8月11日，欧洲证券与市场管理局（EMSA）发表声明称，将在比利时、法国、意大利和西班牙实施卖空禁令，恢复市场信心。8月25日，法国金融市场管理局宣布，将限制卖空金融股禁令延长至11月11日。意大利则先是将卖空禁令期限延长至9月30日，后又延长至11月11日。西班牙和比利时则表示，禁令将一直持续至市场条件允许解禁时为止。

买空卖空是资本市场特别是债券市场上的一种常见操作，根本目的在于对冲潜在投资风险。但是在欧债危机持续发酵的大背景下，基于对投资风险（特别是主权债券投资）的不确定性，“无标的”CDS（信用违约掉期）盛行。卖空遂成为一种典型的甚至是疯狂的投机操作，对债券市场构成极大威胁，进一步推高融资成本，恶化了债券市场前景。欧洲当局的果断行动在一定程度上遏制了过度的市场投机，保证了资本市场的稳定性。

七、银行系统全面告急，央行注资补充资本

2011年9月14日，穆迪调降法国3家主要银行评级。9月21日，标普调降

---

① 2011年10月14日，美国财政部公布该数据，较2010财年小幅增加40亿美元。

② 美国财政部数据：美国2009年财年为1.41万亿美元，2010财年为1.29万亿美元。

意大利7家银行的长期评级，并将另外8家意大利银行的评级调降至负面。9月23日，穆迪下调希腊8家银行的长期存款评级，并将所有希腊银行的长期存款和债务评级前景均调降为负面。10月7日，穆迪下调葡萄牙6家银行和12家英国金融机构评级；标普调降德克夏银行3种主要业务评级。至此，欧债危机开始大规模向银行界蔓延。

11月30日，欧盟经济和财务事务理事会通过银行注资、提高核心资本金率的方案。同日，美联储联手欧洲、日本、英国、加拿大、瑞士等央行，将美元流动性互换利率下调50个基点，并将互换协议延长至2013年2月1日。12月21日，欧洲央行宣布向欧洲银行业提供3年期贷款约4890亿欧元，刷新了货款总额及时限纪录。央行表示，此举旨在帮助缓解欧洲银行业信贷紧张局面，并重振市场信心。

八、债务危机愈演愈烈，欧盟峰会取得进展

截至2011年3季度，欧债危机已经传导至银行体系和实体经济，同时还从“欧猪五国”向外围及核心国家同步扩散。为了防止欧债危机动摇欧元区甚至断送欧洲一体化进程，欧盟于10月份连续召开两轮特别峰会，通过了全面可持续性的欧债一揽子应对方案：提高银行体系核心资本金充足率至9%，扩大EFSF规模及融资能力，将希腊主权债务减记50%。11月29日，欧元区财长会就以杠杆化方式扩大EFSF规模、向希腊发放贷款以及增加IMF资金达成一致。12月9日，欧盟本年最后一次峰会发布《欧元区领导人声明》，宣布主要国家已经就“新财政协议”和EFSF/ESM融资方案达成一致性意见，欧盟在解决欧债危机等方面取得进展，但效果有待进一步观察。

九、六项立法如期执行，财政联盟呼之欲出

2011年9月28日，欧洲议会通过“六项立法”，12月13日正式实施。“六项立法”旨在强化财政纪律，对违反财政纪律的国家进行纠正和惩罚，防止债务危机再度爆发。该法案对违规成员国进行制裁和罚款时采取“反向投票机制”，在一定程度上弥补欧元机制在设计上的严重缺陷①。12月9日，欧盟峰会公布了“新财政协议”：政府预算应实现平衡或盈余，年度结构性赤字不得超过名义GDP的0.5%；债券发行需事先报告；赤字突破3%上限②将受到制裁；欧盟将加强对成员的财政监督和评估，有权要求成员国重新修改预算。

① 即欧元区成员国统一的货币制度和各自独立的财政制度。

② 欧盟《稳定与增长公约》要求成员国赤字的GDP占比不得超过3%，债务占比不得超过60%。

"新财政协议"结合"六项立法"既严格了对欧元区成员国的财政预算监督，又强化了惩罚机制，在EFSF/ESM及欧洲央行的配合下，欧元区财政联盟的"雏形"似已呼之欲出。

十、救助基金入不敷出，杠杆操作并轨运行

EFSF（欧洲金融稳定基金）建立于2010年5月，资本数量为4400亿欧元，有效期到2013年6月，届时会由ESM（欧洲金融稳定制度）代替。然而，仅用一年，EFSF的资金就已经消耗一半。211年11月29日，欧元区财长会通过EFSF的杠杆化扩容方案，但也只能实现7000亿—8000亿欧元的融资，与最初估算的1.2万亿欧元相比缺口较大。

面对这种情况，12月9日的欧盟峰会提出新的应对方案，即"强化EFSF，调整ESM，向IMF提供双边贷款"：迅速实施EFSF的杠杆化扩容方案；欢迎欧洲央行作为EFSF介入市场操作的代理机构；EFSF将继续发挥作用，为已启动的项目提供融资；ESM提前至2012年7月启动；欧盟委员会和欧洲央行为维护金融和经济稳定，可对金融援助作出紧急决定，达到85%多数同意即可；实缴资本和ESM已发放贷款的比率维持在15%以上。这一方案意味着，EFSF和ESM将在2012年7月同时运行，以强化救助能力。

亚　太

十一、地质灾害重创经济，国家战略将作调整

2011年3月11日，日本遭遇罕见地震和海啸袭击，并爆发核电站泄漏事故。据世行预计，此次灾难损失约1220亿至2350亿美元，GDP占比约为2.5%至4%，灾后用于重建的财政预算将达到120亿美元。3月份，日本工业产值环比下降15.3%，创下跌幅纪录。

鉴于地质灾害常态化的趋势，日本已经开始准备调整国家发展战略：一是着手建立副首都；二是逐步放弃核电，以防止未来地质灾害再次引发核事故；三是在经济上开展灾后重建，同时为新一轮产业转移和海外扩张做准备，即将重要产业转向较为安全的大陆板块区域，特别是加强新能源、水资源、高速铁路、粮食基地的投入。这表明，日本的海外投资目标是打造新时期经济增长的战略制高点，通过渗透甚至垄断对象国经济增长前沿领域，提高日本在国际政治舞台上的话语权。

十二、日本债务再创新高，危而不倒风险暗藏

2011 年 9 月底，日本国家债务达 954.418 万亿日元，短期内将突破 1000 万亿日元，GDP 占比超过 200%，成为发达经济体中公共债务占比最高的国家。然而，相较于欧美，日本主权债务风险却不是特别突出，其原因何在?

首先，日本经济基本面稳定，在发达经济体中率先实现复苏，2010 年 GDP 达 5.47 万亿美元，增速约为 3.9%；其次，日本海外净金融资产为 3.144 万亿美元，连续 20 年成为全球最大债权国，可随时为国内提供充沛的流动性；第三，日本没有陷入产业“空心化”和“过度金融化”，利润产出能力极强；第四，与美欧不同，95% 以上的日本政府债券为国内长期投资者如银行、财阀持有，其余 5% 也主要是各国央行及其他固定投资者持有，主要用作避险投资。

不过，随着日本社会老龄化加剧，灾后重建支出导致赤字增加，债务总额持续扩大，风险也将直线上升。

十三、全球弃核渐成风潮，是否现实值得关注

2011 年 3 月 11 日的地质大灾害将日本福岛推上了全球核电安全讨论的风口浪尖。5 月 10 日，日本终止之前制定的“能源发展计划”，重新研究制定国家能源发展战略。6 月 8 日，日本表示，国内 54 座核电反应堆可能在 2012 年 4 月前全部关停。3 月 12 日，德国 5 个联邦州要求联邦政府停止发展核电。5 月 30 日，默克尔宣布将在 2022 年前关闭境内 17 座核电站。此外，瑞士、意大利和委内瑞拉等国也制定了“弃核”计划。

从全球范围来看，“弃核”造成电力供应不足将削弱工业产能，拖累经济指标下行，给经济复苏带来新的消极因素。另外，石化燃料属于不可再生能源，而可再生能源技术成本高昂，在放弃核电的情况下，无论是恢复传统火电占比，还是提高可再生能源应用，都将极大提高电力成本，推高通胀，不利于经济复苏。因此，弃核问题值得反复商榷。

十四、防止本币过度升值，日本、巴西各有对策

2011 年 8 月 4 日，日本政府动用约 4.5 万亿日元干预汇市，防止日元大幅升值，创单日干预规模之最。8 月 24 日，时任财务大臣野田佳彦宣布，成立总额 1000 亿美元的“应对日元升值紧急基金”，促使日本企业将日元资金转换成外汇以扩大海外投资。

在南美，巴西也面临着本币过度升值的问题。2011 年 7 月 27 日，巴西决定

对外汇市场的期货美元交易开征 1% 的金融交易税，也称“托宾税”[①]。8 月 22 日，巴西表示，不会允许“热钱”流入，一定会阻止外汇衍生品市场的投机活动。实际上，发达国家宽松货币政策的溢出效应早就冲击了新兴经济体的币值稳定性，早在 2010 年 10 月 3 日，巴西已经将外资投资巴西固定收益债券的税率加倍至 4%，以遏制本币升值。由此看来，一场真实的“货币战争”正在上演。

十五、亚太自贸呈现新局，东亚峰会再次扩容

2011 年 11 月 12 - 13 日，APEC 第 19 次峰会在美国夏威夷举行，发表《檀香山宣言——迈向紧密联系的区域经济》，承诺采取切实措施推进区域经济密切联系。此次峰会上，美国主导的“跨太平洋战略经济伙伴协定”（TPP）大出风头。11 月 12 日，美、澳等 9 国首脑发表《TPP 领导人声明》等 3 份文件，提出在 2012 年底之前签署“新一代贸易协定”。至此，亚太自贸区的建设路径呈现出新局面：东亚自贸区、东亚全面经济伙伴关系和 TPP。

2011 年 11 月 19 日，第 6 届东亚峰会也于当地举行。随着俄罗斯和美国的加入，东亚峰会所体现的“10 + X”多边对话机制进一步扩展至“10 + 8”。该机制的号召力逐步加强，将深刻影响亚太区域合作框架的演变进程。

非　　洲

十六、南非加入“金砖”升级，北非动荡前景堪忧

2011 年 4 月 14 日，南非作为新成员参加了“金砖国家”第三次峰会。从结构上看，南非作为非洲大陆的唯一代表加入，将“金砖国家”地理分布从东亚、南亚、南美和东欧扩展至非洲。由于非洲大陆是全球最后一块待充分开发的巨大资源地和市场，南非加入“金砖国家”相当于该机制在全球资源配置方面的再次优化，将为经济复苏注入新的活力。

2011 年 1 月 14 日，执政 23 年的突尼斯总统阿里在民众示威浪潮中出逃，随后北非及西亚地区的多个国家纷纷出现不同程度政治和社会动荡。2 月 11 日，埃及总统穆巴拉克下台。3 月 14 日，沙特阿拉伯和阿拉伯联合酋长国等国出兵稳定巴林局势。3 月 19 日，北约空袭利比亚，最终促使卡扎菲政权倒台。11 月 23 日，也门总统萨利赫签署交权协议，叙利亚政局则前途未卜。地区政治动荡

① 托宾税（Tobin Tax）是指对现货外汇交易课征全球统一的交易税，是 1972 年由美国经济学家詹姆斯·托宾在普林斯顿大学演讲中首次提出的，旨在保障金融安全。

给原来表现尚可的北非经济予以重创，无论是战后重建还是社会秩序的恢复都将在相当长的一个时期内拖累该地区的经济发展。

全　球

十七、全球财富大幅增加，贫富分化日趋严重

2011 年 10 月 19 日，瑞士信贷银行发布“全球财富报告”称，2010 年 1 月至 2011 年 6 月，全球财富从 203 万亿美元增至 231 万亿美元。其中，亚太地区表现出色。从 2010 年算起，亚太新增财富在全球新增财富中占比高达 54%。美国是财富增长最多的国家，新增 4.6 万亿美元。今后 5 年全球财富将增长 50%，达到 345 万亿美元。

不过，全球贫富差距也在拉大。10 月 26 日，美国国会预算办公室的报告指出，从 1979 年到 2007 年，美国最富的 1% 人口的收入增加了 2.75 倍，而最穷的 20% 人口同期收入只增加 18%。12 月 6 日，OECD 发布报告称，其成员国中最富有人口（总人口的 10%）平均收入已达到最低收入（总人口的 10%）的 9 倍，智利、墨西哥、土耳其、美国、以色列以及英国国民收入差距均较大，最高相差 26 倍。

十八、国际金价冲高回调，油价趋稳银价下挫

2009 年和 2010 年，国际金价先后突破每盎司 1200 美元和 1400 美元大关。2011 年，在欧债危机以及发达经济体宽松货币政策的共同作用下，国际流动资本避险情绪高涨。8 月 22 日，纽约黄金期货报每盎司 1912.90 美元，突破 1900 美元大关。9 月 6 日，伦敦期货黄金爆出每盎司 1920.38 美元的年度高位。随后，国际金价向下回调，截至 12 月 28 日，2 月合约黄金收于每盎司 1564.1 美元，较年度高位降 18.6%。

与黄金相比，白银则走出了另外一条曲线。截至 2011 年 4 月份，国际银价在半年内从每盎司 24.78 美元升至 49.78 美元。然而，5 月 2 日，随着本·拉登被击毙的消息传开，美元指数从 3 年来的低点 72.81 迅速反弹，国际银价随即遭遇“滑铁卢”，11 分钟内，从 48.15 美元暴跌至 42.21 美元，之后持续下行。截至 12 月 28 日，国际银价跌至每盎司 28.52 美元，较年度高位重挫 42.7%。

相较于黄金的冲高回调与白银的大起大落，2011 年国际油价倒还显得相对平静。12 月 29 日，纽约期货石油每桶为 99.65 美元，较 2010 年年底的每桶 90 美元上涨不多。这表明，全球经济复苏趋缓，石油消费预期下降，国际投机资本

也缺乏好的题材以供炒作，因此未能再现2008年每桶147美元的历史高位。

十九、货币基金临危换将，金融改革有序推进

2011年6月28日，国际货币基金组织（IMF）正式任命法国财长拉加德为新任总裁，结束了总裁缺位近2个月的局面[①]。拉加德是IMF首位女总裁，也是连续第11位来自欧洲的总裁。

上任之后，拉加德表示将在未来几年继续落实和推进IMF份额转移等治理改革：第一步是落实前期改革成果，包括份额与执行董事会的席位转移；第二步是向前推进改革，即重新核查IMF份额的比例构成。与此同时，拉加德还显示出大胆的用人思路，7月12日，她提名时任总裁特别顾问的朱民正式出任IMF副总裁，并为此增设了IMF第四个副总裁职位。

二十、俄罗斯梦圆WTO，经济协调仍看G20

2011年12月16日，世界贸易组织（WTO）部长级会议决定接纳俄罗斯为WTO正式成员。俄罗斯领土面积和自然资源综合储量居世界第一，GDP总量约为1.48万亿美元，全球第十。但是，这样一个“优质”经济体“入世”谈判前后历时18年。除了俄在农业补贴、汽车工业、金融和保险市场开放等关键问题上与WTO成员争执不下外，俄格政治军事冲突、北约东扩及俄美关系等非经济因素也产生了负面影响。

2011年11月3-4日，G20第6次峰会于法国戛纳举行。会议通过“戛纳行动计划”，并发表《二十国集团戛纳峰会宣言》。“计划”提出两大目标：实现短期经济复苏、重建金融稳定；巩固中期经济增长基础。《宣言》则在重振经济、国际货币体系改革、打击农产品价格高位振荡、规范金融市场、提供发展援助、世界经济治理等方面取得重要共识，对未来的经济政策协调提出了新的要求。这表明，作为全球主要经济体的政策对话平台，G20将继续协调各国经济政策，推动全球经济复苏和可持续发展。

（吴　伟　王苇航）

① 2011年5月14日，卡恩因涉嫌犯罪被美国警方逮捕。8月23日，对其指控被撤销。

全球新兴经济体资本流动展望及我们的对策*

近期，全球新兴市场经济体资本流动出现大幅波动，国际金融协会（Institute of International Finance，下文简写为 IIF）为此于 2012 年 1 月份发布了预测报告。本文综合该报告主要内容，并提出我们的应对措施，供参考。

一、全球新兴经济体资本流动基本情况

（一）主要情况

据 IIF 2012 年 1 月份的报告（详见表 1），2011—2013 年全球新兴经济体资本流动主要情况如下：

表 1　　新兴市场经济体的资本流动　　单位：10 亿美元

	2010	2011（估算值）	2012（预测值）	2013（预测值）
资本流入				
净总流入	1107	958	789	927
净私人资本	1040	910	746	893
净股权投资	559	472	497	557
净直接投资	366	428	420	441
净证券投资	193	44	76	116
净私人债券人	481	438	249	336
净商业银行	162	137	38	96
净非银行	319	301	211	240
净官方流入	67	47	43	34
国际金融机构	31	20	17	10
双边债权人	36	27	26	24

* 本文写于 2012 年 3 月，发表于《中国财经报》（2012 年 4 月 12 日）。

续表

	2010	2011（估算值）	2012（预测值）	2013（预测值）
资本流出				
净总流出	-1470	-1318	-1053	-985
净私人资本流出	-664	-707	-672	-699
净境外股权投资	-289	-277	-316	-372
净居民贷款/其他	-375	-430	-356	-327
储蓄（-表示增加）	-806	-611	-380	-286
注：经常账户平衡	363	360	264	58

资料来源：IIF。

第一，近期新兴经济体资本流入呈减少趋势。2011 年年末，30 个主要新兴经济体净私人资本流入明显减少。根据该报告，2011 年新兴经济体净私人资本流入为9100 亿美元，与2011 年9 月份的估算数相比减少了1430 亿美元。新兴经济体资本流入从2011 年第3 季度后期开始急剧下降，第4 季度继续下滑。

第二，2012 年，新兴经济体资本流入将继续呈减少趋势。根据该报告，2012 年新兴经济体净私人资本流入为7460 亿美元，与2011 年9 月份的预测数相比减少了3380 亿美元，这表明自2011 年后几个月直到2012 年上半年前期，新兴经济体资本流入一直呈减少趋势。

第三，2013 年，新兴经济体资本流入将呈回升趋势。根据该报告，2013 年资本将重新加速流入新兴经济体，预测值为9270 亿美元，其中直接投资流入为4410 亿美元。

（二）新兴经济体资本流入减少的原因

1. 新一轮欧元区金融危机

新兴经济体净私人资本流入锐减有多方面的原因，其中一个主要原因是新一轮欧元区金融危机。

在欧洲央行低利率和新兴经济体不断升高的良好信誉共同作用下，原本流入欧元区的资本逐渐转向流入新兴经济体。然而，不断恶化的金融危机抑制资本流向新兴经济体。日趋严重的欧元区危机极大地伤害了欧元区为新兴经济体提供融资的意愿和能力。融资供给减少将阻碍一些新兴经济体的经济增长，尤其是与欧元区有着非常紧密联系的欧洲新兴经济体。

2011 年年末，新兴经济体私人资本流入减少，主要是银行贷款减少。这反映了欧元区危机影响全球经济的传导效应。随着2011 年下半年欧元区主权债务危机持续恶化，欧元区银行面临融资紧缩压力，特别是在国际市场。融资更加困难，特别是美元市场，导致欧元区银行2011 年第3 季度开始大幅收缩国际资本。为了稳定银行业，欧洲银行业管理局（European Banking Authority，简称 EBA）

通过强制欧元区银行在2012年中期实现9%的核心资本充足率，导致银行的去杠杆化压力不断加强。为满足新的资本充足率需要，欧元区银行特别是其海外市场加快了回撤资金步伐。

据IIF预测，2012年欧元区商业银行的信用扩张将下降至约380亿美元，大大低于之前估计的2150亿美元。较之证券投资、商业银行、非银行，直接股权投资受影响相对较小。

欧洲新兴经济体和亚洲新兴经济体资本流入减少主要受资本回撤影响。据IIF预测，2012年欧洲新兴经济体资本流入将减少1432亿美元，亚洲新兴经济体资本流入将减少1889亿美元（详见表2）。欧洲银行给亚洲银行的贷款已大幅减少。

表2　国际金融协会对净私人资本流入的修正值　单位：10亿美元

	2009	2010	2011（估算值）	2012（预测值）
IIF资本流入				
2012年1月份	643	1040	910	746
2011年9月份	623	1009	1053	1084
差额	20	31	-143	-338
地区修正值				
拉丁美洲	-1.3	1.7	1.1	-5.0
欧洲新兴经济体	3.9	1.7	-46.4	-143.2
非洲、中东	20.8	18.6	21.8	-0.8
亚洲新兴经济体	-2.7	9.4	-119.8	-188.9

资料来源：IIF。

2. 中国经济增长放缓和低利率预期

中国经济增长放缓和低利率预期减少了短期资本流入。更重要的是，中国贸易顺差大幅减少减轻了人民币持续升值压力。中国资本净流入减少，既造成人民币升值压力减轻，又造成外汇储备需求减少。实际上，中国的美元外汇储备2011年下半年减少了，其他新兴经济体的外汇储备也随之减少。

3. 成熟经济体衰退

欧元区危机需花数个季度才能解决，从2012年下半年至2013年，欧债危机对资本流入新兴经济体的影响将逐渐减退。最新一轮欧洲成熟经济体的债务危机警示全球投资者，成熟经济体正处于较低投资回报和较高长期风险期。一方面，欧债危机将导致所有主要经济体将利率保持在不高于0.5%，并持续到2013年。另一方面，欧债危机告诉投资者，新兴经济体的主权信用评级将继续保持上升态势。

（三）欧元区经济发展将促进资本回流新兴经济体

在全球金融危机形成和资本涌动的2004—2007年期间，欧元区是全球最大的资本输出地之一，占主要资本输出地（欧元区、美国和日本）的58%。然而，自2008年全球金融危机爆发以来，欧洲资本输出急剧减少。2004—2007年，欧洲年均资本输出1.6万亿美元，但是2008—2011年下降为年均3亿美元。IIF的数据表明，投资组合资产和债务流动正受债务危机严重影响，2011年第3季度分别减少690亿美元和490亿美元。

据IIF预测，欧洲经济近期仍将维持走弱趋势，随之欧洲资本流动将明显减弱。资本紧缩已造成欧元区衰退，还将造成欧元区2012年后期经济复苏乏力。欧洲会出现温和衰退，2011年第4季度到2012年第2季度，年产出将减少1.5%-2%，2012年第2季度经济将缓慢复苏。在此期间，欧洲资本流出将会逐渐增加。2013年，欧洲流向新兴经济体的投资和贷款可能会出现反弹，资本流动逐渐增加。

及时、全面地解决欧元区危机将对新兴经济体经济产生显著的积极影响。如果能够采取有效措施恢复欧洲金融市场信心，将促进主要的资本流动复苏。据IIF预测，在乐观情形下，2012年和2013年流向新兴经济体的资本均接近1万亿美元，而不是现在预测的7000亿美元和9000亿美元。在更坏的情形下，如果欧元区核心经济体经济恶化，对全球资本流动的冲击将是巨大的，对全球资本流动的负面影响将难以量化。欧洲银行持有大量的全球债权。据IIF最新数据显示，2011年第2季度，欧洲银行在发达经济体和新兴经济体中分别持有14.1万亿美元和4.8万亿美元债权，相当于新兴经济体GDP的21%。

二、全球新兴经济体资本流动展望

（一）促进资本流入新兴经济体的有利因素

1. 全球失衡将继续收窄

由于主要财政盈余国已出现货币升值，全球经常账户失衡将会变小，全球失衡也将进一步减小。2011年，主要经济体经常账户失衡已大幅收窄。中国和日本贸易顺差占GDP比重由2007年的10.1%和4.8%分别降为2011年的2.9%和1.8%。同期，美国贸易逆差占比由5.1%降为3.1%。全球失衡收窄的重要因素是有效的汇率变动和有利的需求上升。除此之外，还有一些特殊因素，比如日本地震减弱了日本的出口能力。

2. 新兴经济体增长基础强劲

新兴经济体长期增长潜力是促进资本长期大量流入新兴经济体的关键驱动力。如果新兴经济体继续保持增长，加上欧元区重拾市场信心，将非常有利于促进资本流入新兴经济体。新兴经济体经济基本面继续向好，增长前景远好于成熟经济体。据IIF预测，全球新兴经济体经济增长率2012年为5.4%、2013年为

6.1%，同期成熟经济体分别为0.9%和1.9%。2012年年初，新兴经济体债券市场的债券购买开始反弹，2012年1月份新兴经济体股票市场走强也意味着投资组合资产流动的复苏。

3. 近期新兴经济体之间资本流动

过去有大量资本流向成熟经济体的新兴经济体，现正在内部相互流动。持有大规模外汇储备的国家倾向于进一步扩充外汇储备和放松对私人部门居民资本外流的管制。为了规避风险和取得投资回报，这些资本偏向于流向新兴经济体，而不是低产出的成熟经济体。从亚洲新兴经济体撤出的欧洲银行可能给中国的银行提供了更多进入该地区的机会，例如，3家中国的银行（国家开发银行、中国进出口银行和中国工商银行）2012年1月中旬为印度信实通信（Reliance Communications of India）提供了7年期、5%利率的12亿美元贷款。

（二）全球新兴经济体资本流动展望

1. 亚洲新兴经济体将顺利度过金融危机

为了规避不断上升的风险，欧洲资本从亚洲股票市场和债券市场撤离，融资条件紧缩导致国外银行收缩资产。欧洲银行业在亚洲市场发挥着重要作用，欧洲大量资本流动加大了亚洲的脆弱性。欧洲银行业的"去杠杆化"和更严厉的全球银行监管措施减缓了亚洲的资本流动。大量亚洲央行开始从干预市场转到提振市场信心。

据IIF预测，考虑到全球经济的复杂因素和2011年后期经济低迷对2012年的影响，亚洲新兴经济体净资本流入将从2011年的3700亿美元降到2012年的2900亿美元，2013年回升至3200亿美元。

2. 欧洲新兴经济体资本流动呈"先降后升"趋势

随着欧洲主权债务危机恶化和全球增长预期下调，2011年7月份后欧洲新兴经济体私人资本流入急剧下降，一些成熟经济体资本快速回流，突出表现是股票有价证券出现回流、首次公开募股（Initial Public Offerings，简称IPO）步伐减缓和延期发行债券。为了支付国外债务，大多数欧元区国家的国内银行融资条件急剧收紧，同时非居民购买本国货币计价的债券也急剧减少。

受EBA9%资本充足率要求影响，欧洲金融市场流动性减少、压力上升，欧洲新兴经济体资本流入将呈现"先减少后上升"趋势。据IIF预测，2012年欧洲新兴经济体资本流入将减少1/3，净值降至1461亿美元，2013年为2169亿美元。

3. 其他新兴经济体

据IIF预测，拉丁美洲新兴经济体资本流动没有出现大的变化。拉丁美洲净资本流入将从2011年的2600亿美元降至2012年的2500亿美元，2013年将上升至2700亿美元。然而，非洲和中东新兴经济体资本流动差别较大。2011年和

2012年，非洲和中东新兴经济体资本流动出现了显著不同：一个是经济总量，另一个是融资需求。随着石油价格上升，石油出口国经济实力提高了；由于政治不稳定，一些国家经济实力下降了；受全球资本市场变化和欧洲主权债务危机影响，非洲较成熟经济体的经济总量和融资需求都下降了。非洲和中东新兴经济体净资本流入将出现第二次连续下降，从2011年的725亿美元降至2012年的637亿美元，2013年上升至802亿美元。

三、我们的对策

（一）2012年重点吸引资本流入，活跃国内资本市场

由于2012年全球资本流动总体呈减少趋势，流入中国的资本变少，游资进入中国炒作的空间收窄。同时，也意味着中国可利用的外资也较少。中国应对资本流动的重点不是“堵截”，而是“引进来”，“走出去”。

一方面，要做好“引进来”工作，充实国内短期资本。近期，新兴经济体之间的资本流动不断加强，中国可以利用多种合作机制，更多地吸引亚洲其他新兴经济体、拉美、非洲和中东新兴经济体的直接投资投入中国基础设施建设，也可降低合格境外机构投资者计划准入门槛，提高境外资本投资额度，充实国内基础设施建设资金总量、优化投资结构、活跃国内资本市场。同时，加大对欧元区银行、金融机构开放力度，适度、有序地吸引回撤欧元区的资金，继续提振中国资本市场信心。另一方面，要做好“走出去”工作，提高国内资本收益。中国应把握进入欧元区的机遇，既要收购欧元区成熟经济体的有效资产，又要加快投资欧洲新兴经济体的力度，主权财富基金应探索进入欧元区资本市场的时机和方式；同时，继续加强与非洲新兴经济体合作，不断拓展对非洲的投资领域，不能仅限于基础设施，还应研究进入非洲新兴经济体资本市场的可能性和途径。

（二）2013年做好资本流入回升的预案，防范短期资本流动风险

随着对解决欧债危机和美国经济回暖预期的增加，2013年全球市场信心将不断恢复，资本流动将加速上升。随着新兴经济体之间、新兴经济体与发达经济体之间的国际资本流动规模变大、频率加快，短期资本流动对中国经济的影响将不再仅仅是正面的，也许是更多负面的。一方面，资本流入将有利于优化要素结构和提高资源配置效率，但资本快速流入将引发通胀和影响汇率波动。另一方面，突然反转的大规模资本外逃可能会导致地区性金融危机，危及中国经济。

2013年，受物价水平、利差、资产收益率差、汇率水平及汇率预期影响，国内短期资本流动出现大幅波动可能性变大，政策重点应变为监控这些指标的动态变化，监控、对冲投机资本冲击，重点做好以下几项工作：第一，完善跨境资

本流动监测预警体系建设。跨境资本流动预警系统要瞄准以下重点领域：外债、外汇、证券投资和银行跨境交易、关联企业交易和国内资产价格。其中，应重点监控欧元区和美国的资本流入。第二，继续加强离岸人民币市场建设。人民币跨境贸易结算给跨国资本流动提供了便利，短期流动成为人民币汇率波动的主要影响因素。外部冲击首先影响离岸市场，然后影响在岸汇率。因此，应将监控链条提前，把重点放在离岸市场。同时，人民币对美元短期内还将继续升值，要加大对美元资本的监控力度。第三，建立对冲金融工具组合。应创新对冲金融工具，可考虑建立包括债券市场在内的“热钱池”对冲短期投机性资本。

同时，对国内资本流出，应制定分类指导措施。一类是本国资本，应为促进国内资本流出创造有利条件，继续加强与亚洲新兴经济体、非洲新兴经济体在资本市场、直接投资等领域的合作，特别是要继续在海外市场优化外汇资产结构。另一类是短期套利的外资游资，应建立防范未来“热钱”大规模流出的预案，应对热钱流出导致的实体经济、汇率和国内资产价格大幅波动。

（胡振虎）

全球经济增速放缓，复苏进程变数增加*

——2011 年全球经济回顾

2011 年对于全世界而言是不平静的一年。欧元区国家的主权债务危机蔓延到欧洲的银行体系，进而影响到实体经济，甚至殃及法国、德国的债信评级；美国“国债上限之争”几近迫使邦联政府部分停运，国会政治斗争的纷繁复杂再加上持续低靡的就业率给其经济复苏蒙上阴影；3 月 11 日的大地震及海啸给日本这个“核大国”① 以重创，灾后重建的巨额开销令其本就不堪重负的国家债务再增负荷；西方发达国家的宽松货币政策形成的“溢出效应”推高了新兴市场国家的资产价格，“廉价”美元和低借贷成本的欧元及日元全面出击国际大宗商品市场，将黄金送上了每盎司 1912.9 美元的新高②；国际粮食价格一路攀升，在年中甚至达到 3 年来的高位，加之库存持续下降，埋下了全球“粮慌”的种子；发达国家经济复苏乏力，市场需求不振，全球贸易随之受到影响，增速将从预期的 6.5% 降到 5.8% ③，各种贸易保护措施盛行，全球经济复苏的进程更加扑朔迷离。2011 年年初“冬季达沃斯论坛”的乐观情绪一扫而空，取而代之的是如惊弓之鸟般的资本市场经常性的过激反应，人们对“二次探底”的担忧普遍加深，全球经济未来面临着更多的不确定性。现就全球经济 2011 年的大体走势简单回顾如下：

一、年初，全球对经济复苏的判断较为乐观，但 1 季度实际增速已有下滑迹象

2011 年 1 月 13 日，世界银行发布《2011 年全球经济展望》指出，2010 年

---

* 本文写于 2011 年 12 月。

① 3·11 地质及核电灾难危机前，日本拥有 54 组核电反应堆，另在建 3 座，相对于其国土面积而言，反应堆密集程度全球居冠，是名副其实的核大国。

② 2011 年 8 月 22 日，国际金价扩大涨幅，首度升破每盎司 1900 美元，现货黄金收于每盎司 1906.89 美元，盘中更是高达 1912.09。12 月期货合约报每盎司 1912.90 美元。9 月 6 日，伦敦期交所报每盎司 1920 美元。

③ WTO 于 9 月 23 日发表声明，下调 2011 年全球商品贸易量增长预期，从 4 月份预期的增长 6.5% 下调至增长 5.8%。

全球经济平均增长为3.9%，较2010年年初预估值高出1.2个百分点，而2011年全球经济平均增长仍将达到3.3%，虽然较2010年有所回调，但仍旧保持了稳定的增速。当时的普遍看法是，全球经济复苏进程将保持稳步前行，理由如下：

一是美国2010年第4季度经济增长数据良好。根据美国商务部1月28日公布的数据，2010年第4季度，GDP增速按年率计算达3.2%，连续第6个季度实现正增长，非农业人口失业率降至9.4%，个人消费开支、出口、非居民住房固定资产投资等方面出现改善，经济复苏势头明显增强。美国经济总量在全球GDP占比最高①，约23.6%，同时拥有庞大的进口市场及科技、生产、创新体系。因此，其经济状况代表了西方发达国家甚至是全球经济的基本走势。

二是欧洲主权债务国家成功地完成新年第一轮市场融资。葡萄牙、西班牙和意大利分别于2011年1月12日和13日成功地发行了国债，获得新一轮的市场融资，超过100亿欧元，极大缓解了债券市场紧张情绪。普华永道对参加“冬季达沃斯论坛”的1200余名企业CEO进行调查之后指出，48%的受访者对未来12个月增长“非常有信心”，显著高于2009年调查时的31%，基本恢复到2008年金融危机前的水平。

三是新兴经济体在2010年依然保持了较高增速。世行报告指出，发达国家在2009年GDP下降3.3%，经济增速较新兴市场国家缓慢得多。在2010年和2011年，发达国家的经济增长率约为2.8%和2.4%，而发展中国家和新兴经济体的经济增长率分别为7%和6%。IMF也指出，新兴市场国家帮助引领全球摆脱衰退，并将继续在2011年推动全球经济增长。据该组织估计，新兴市场可能会在2011年实现6.5%的增长，比发达国家2.5%的增长率高出一倍以上。

然而，2011年1季度各经济体主要经济数据指标显示，美日经济增速已处下滑态势。

美国。1季度经济环比增速年化率为1.9%，较2010年第4季度下降1.3个百分点。房价指数更是下跌4.2%，跌穿2009年的低点，创下2002年以来最低水平，房价比2006年达到的峰值水平下跌了33%，跌幅超过“大萧条”时期的31%。研究表明，除非住房价格反弹，否则全美房屋建设在2014年前无法恢复，美国经济可能会被房地产市场拖累数年之久。

欧盟。1季度环比增长0.8%，同比增长按年率计算为2.47%。然而，欧元区CPI指数明显上升，2月份达到2.4%，3月份升至2.7%，通胀压力明显。同时，欧盟经常项目逆差达到388亿欧元，环比上升27.6%，同比上升40%，表明欧盟出口势头相对趋缓②。

日本。因3·11地震、海啸及核电危机拖累资本支出和民间消费，1季度日

① IMF数据：2010年全球GDP总量为61.963万亿美元，美国为14.624万亿美元。
② 欧洲统计局数据。

本经济增长环比下滑 0.9%，按年率计算下降 3.7%，为连续 2 个季度下行。这也是自 2008 年 4 月至 2009 年 3 月金融危机期间连续 4 个季度经济萎缩以来日本经济首次连续 2 个季度收缩。

二、2、3 季度，美欧日经济指标下行，全球复苏进程明显变缓

（一）美国经济增速出现疲软

进入第 2 季度，美国经济的一些不利数据开始披露：

1. 消费信心指数下行

房价的持续下挫严重影响了社会消费信心，6 月份美国消费者信心指数降至 58.5，为 2010 年 11 月以来的最低水平。

2. 失业率再次走高

6 月份，美国失业率又回升至 9.2%，345 个大都市的失业率都出现上升，约占全美城市总数的 90%，只有 20 个城市下降。

3. 国债上限之争及标普降级打击了市场信心

8 月 2 日，经过近半年的“国债上限”之争后，国会最终批准了“两步走”的额度增加方案①，但是国会政治斗争对市场信心以及美国民众造成了极大打击。国际评级机构标普于 8 月 5 日下调美国长期主权信用评级，美国资本市场陷入剧烈动荡，并传导至欧洲和亚洲市场。

4. 机构预估下调

2 季度，美国经济环比增长年化率为 1%，低于市场预期的 1.7%。6 月 23 日，美联储下调全年 GDP 增速预估，从 3.1%—3.3% 下调到 2.7%—2.9%。

8 月 5 日，高盛调降全年 GDP 增幅预期，从 1.8% 下调至 1.7%，称美国有三分之一的可能性重新陷入衰退。8 月 21 日，摩根大通下调第 4 季度 GDP 增速预期，从年化率 2.5% 降至 1%，2012 年第 1 季度从 1.5% 调降至 0.5%。8 月 24 日，花旗集团指出，美国 2011 年 GDP 增速将下滑至 1.6%，2012 年 GDP 增速预期也从 2.7% 下调至 2.1%。

（二）欧洲经济基本面恶化

1. 欧债危机持续发酵

2011 年第 2 季度后，希腊债务危机继续恶化，欧盟不得已制定了第二轮援助方案，贷款总额高达 1090 亿欧元。欧债危机久拖未决动摇了欧元区稳定性，令

① 8 月 2 日，美国国会通过国债上限调整法案，先增加 0.9 万亿美元的国债上限，随后再增加 1.2 万亿美元，不过必须与削减赤字挂钩。至此，美国国债上限从 14.3 万亿美元增加至 16.4 万亿美元。

本就缓慢的欧洲经济复苏趋于停滞。

2. 制造业下滑

5、6、7月，欧元区制造业连续3个月下滑，PMI降至50.4[①]，创下自2009年10月以来的最低水平，增长接近停滞。进入8月，素有欧洲“经济发动机”之称的德国综合PMI指数下滑至51.3，创下2009年7月以来新低。欧元区之外的英国，其7月份制造业也出现2年来的首次萎缩。这表明，欧债危机的负面影响已经向整个欧盟扩散，令欧洲摆脱债务困境的努力更加复杂化。

3. 失业率居高不下

6月份，欧元区和欧盟失业率分别为9.9%和9.4%。西班牙的失业率甚至达到了21%，欧盟总失业人口达到2247.3万。

2季度欧盟经济环比增长0.2%，同比增长1.7%，较1季度明显放缓。其中，德国环比增长由第1季度的1.3%下降到0.1%，法国则从0.9%下降到零。

（三）日本地震、海啸及核电事故的负面影响持续深化

2011年3月11日，日本东部近海发生9级强震及海啸并引发核电危机，日本经济、社会安全及稳定受到极大影响。此次灾难对日本造成的损失金额将达到1220亿至2350亿美元之间，GDP占比约为2.5%至4%[②]。日本灾后重建费用成本达1520亿美元[③]，为此安排的大量额外预算将进一步增加赤字，令其主权债务飙升，并加剧了外界对其债务违约的担忧。4月27日，标普公司宣布将日本长期主权债务评级前景由“稳定”下调至“负面”，穆迪称日本可能陷入第三个“失落的十年”，此后经济增长步伐将放缓。

另一方面，在地质灾害的影响下，日本的产业供应链出现部分中断，这对以制造业立国、高度依赖出口市场的日本形成巨大压力。上半年，日本出现8955亿日元贸易赤字，为2009年上半年后的首次。

2季度，日本经济增长环比下降0.3%，同比按年率计算下降1.3%，为连续3个季度下滑。IMF预计日本经济2011年将下滑0.7%；日本内阁则认为有可能接近零增长。

（四）新兴经济体面临巨大压力

1. 通胀问题

6月1日，国际金融协会（IIF）报告称，2011年流入新兴市场的民间投资资金可能达1.041万亿美元，超出先前预估的9600亿美元，给新兴经济体带来巨大的政策挑战，特别是面临通胀压力和资产价格上涨的国家。越南上半年CPI

---

① 一般认为，50是PMI的分界线，低于此值即表示进入衰退。

② 世行数据。

③ 日本《朝日新闻》7月16日指出，日本震后重建计划草案预计未来5年投入成本高达1520亿美元。

月均值为16.89%，超过2010年11.5%的水平，7月份CPI指数更高达22.16%。巴西CPI指数也升至6.52%，突破政府通胀目标管理范围①。

2. 国际经济环境日趋复杂

美国第二轮量化宽松向市场释放6000亿美元流动性，日本也继续实施总规模55万亿日元的量化宽松。美、日、欧洲还继续保持了低利率政策②。其结果就是国际大宗商品价格飙升，大幅提高了生产制造成本。另一方面，由于欧美先后爆发债务危机，经济增长趋缓，市场需求萎缩，极大影响了新兴经济体的出口经济。

3. 货币政策的调整难度加大

新兴经济体面临不断升温的通胀风险，不得不采取紧缩的货币政策给经济降温，但在一定程度上又会限制其经济的强劲复苏。

三、3季度末至4季度，世界经济不确定因素凸现，“二次探底”风险增加

（一）欧洲银行系统风险急增，欧债危机尚未根本好转

1. 银行系统危机显现

2011年9月14日，穆迪调降法国3家主要银行评级。9月21日，标普调降意大利7家银行的长期评级，并将另外8家意大利银行的评级调降至负面。9月23日，穆迪下调希腊8家银行的长期存款评级，并将所有希腊银行的长期存款和债务评级前景均调降为负面。10月7日，穆迪下调葡萄牙6家银行和12家英国金融机构评级；标普调降德克夏银行3种主要业务评级。至此，欧债危机开始大规模向银行业蔓延。

10月至12月，欧盟连续召开3次峰会，试图彻底解决欧债及银行系统危机问题。但由于欧盟内部分歧严重，最重要的制度立法工作最早也得在2012年3月才能完成，因而欧债危机可能继续恶化。

2. 财政紧缩效果有待观察

由于面临巨大的财政压力，欧洲各国纷纷采取财政紧缩政策，造成社会投资及消费下降，直接拉低了经济增速和就业率。10月份，欧元区失业率升至10.3%，欧盟失业率升至9.8%，整个就业形势较年初和年中趋于明显恶化。与此同时，欧元区10月CPI盘踞3年高位，同比上涨3%，为2008年以来的最大涨幅，连续第11个月超出欧洲央行设定的2%的通胀上限。

3. 增长预期下调

12月6日，欧盟统计局公布数据显示，3季度，欧盟经济环比增长0.3%，

① 巴西政府为2011年和2012年制定的通货膨胀管理目标为4.5%，并允许它上下浮动两个百分点。

② 美、日为“零”利率政策，欧洲央行则长期维持1%—1.25%的低利率。

同比增长1.4%，同时下调欧元区经济增长预期，预计4季度环比增长仅为0.1%，2012年第1季度将有可能出现停滞。法国央行则在12月8日发布报告称，法国经济今年4季度可能从3季度0.4%的增长下滑至零增长。IMF指出，2011年希腊经济将萎缩6%。

（二）美国经济有所回升，依然面临巨大财政压力

1. 经济指标缓慢回升

第3季度，美国GDP环比增速按年率计算达到1.8%，低于初期估值2.5%和市场预期，但高于2季度的1%，显示出较温和的增长，主要原因是季节性消费增加和政府投入增加。其中个人消费增加2.4%，明显高于前两季度的2.1%和0.4%。

2. 财政压力继续增加

10月7日，美国国会预算办公室公布数据显示，2011财年，政府财政赤字达1.3万亿，接近历史最高水平，表明美国仍然面临着巨大的财政压力。

3. 社会矛盾有所加剧

截至11月，全美共有1083个城市爆发“占领华尔街运动”，中低层收入人群对现行金融系统和社会财富分配体系严重不满，社会矛盾加剧。

4. 经济前景尚不明朗

12月1日，美联储发布经济褐皮书指出，由于制造业和消费者支出增长，美国整体经济活动呈现缓慢至温和增长。但是IMF预计，虽然美国经济增速将缓慢回升，但住房市场问题、高企的失业率以及预算问题将对美国经济造成拖累。

（三）日本经济有所恢复，但缺乏中长期可持续性

第3季度，日本GDP增速按年率计算约为6%，主要原因是灾后重建的投资拉动，但中长期看缺乏持续性。一是日元大幅度升值，严重削弱日本制造业利润。二是日本10月失业率攀升至4.5%，为3个月来首次恶化。三是新通过的2012财年预算高达96万亿日元，其中一般预算90万亿日元，其中靠发行国债筹款占比达到49%，进一步恶化了财政收支和负债率。10月28日，日本央行发布《经济与物价形势展望报告》，将2011年度实际经济增长率预期从0.4%下调至0.3%，2012、2013年度的经济增长率预期分别下调至2.2%和1.5%，理由是欧洲债务危机造成海外经济减速，企业生产和出口增长放缓。

（四）新兴经济体经济增速明显下滑，个别接近停滞

韩国央行发布数据显示，2011年前三季度韩国GDP同比增长分别为4.2%、3.4%和3.4%，全年经济增速难以达到4%。

印度经济第2季度增速为7.7%，降至18个月低点。为应对通胀，印度央行

收紧货币政策，加息抑制了印度的经济扩张，第3季度增速又下降0.8个百分点至6.9%。

巴西第3季度GDP同比增长2.1%，环比萎缩0.04%，这是2009年1季度以来该国经济首次出现环比萎缩，可以说接近停滞。原因是巴西为应对通胀而采取了货币紧缩措施。12月14日，巴西表示，由于来自欧美发达国家经济的不利影响日趋严重，2011年巴西经济增长将只有2.8%，2012年也将不超过3%，均明显低于官方的预测数字。

此外，3季度中到4季度，欧债危机持续恶化，部分新兴经济体采取紧缩政策，相当数量的国际资本遂采取获利了结的方式离场，明显从新兴市场流出。其中一部分投入美国资本市场避险，拉低了美国国债收益率，一部分则回流欧洲，参与金融救助。新兴经济体的汇率及资本市场深受影响。俄罗斯2011年外流资本预计达850亿美元[①]，卢布兑美元汇率比贬值13.7%。印度卢比自8月1日至12月15日，对美元贬值约18%，同期的巴西雷亚尔对美元贬值约17%，南非兰特对美元贬值约21%。

在资本市场上，2011年至12月中旬，MSCI[②]全球市场指数下跌7.96%，其中，新兴市场指数下跌幅度竟然达19.50%，跌幅远超全球平均值，金砖国家更是重挫23.14%。

（五）全球经济增长不确定性增加，增速趋缓

总体来看，由于市场信心普遍不足，社会需求疲弱，各国财政政策有趋向紧缩的态势，而货币政策却有进一步放松迹象。全球经济增长相对于2010年变数明显增加。特别是发达国家主权债务危机不断膨胀，已经严重拖累其经济复苏，甚至进入新一轮衰退。预计，发达国家2011年经济年增速仅有1.5%到2%，全球经济增长只能达到3%左右。虽然，发展中国家经济受到国内需求旺盛带动，基本已经恢复到危机前水平，2011年经济成长可望达到6%以上[③]，但其前期执行的经济刺激政策的副作用也开始显现。在发达国家“量化宽松”的溢出效应下，金融动荡与投机性资本流动带来的危机会波及发展中国家，因此尽管后者国内市场持续扩大，却仍难以避开国际经济动荡影响。

结论：纵观2011年全球经济形势，可以概括为发达经济体经济不振，痼疾仍未消除；新兴经济体通胀严重，结构急需调整；多种危机此起彼伏，风险系数不断增加；政策协调难度提升，全球治理任重道远。主要经济大国2011、2012年增长放缓已成定局，其中欧元区更将出现萎缩。

展望2012年，全球经济面临的挑战可能更加严峻。12月1日，联合国经济

① 俄财政部长西卢安诺夫12月预测。

② 摩根斯坦利指数。

③ 联合国9月7日数据。

与社会事务部发布的《2012 年世界经济形势与展望》报告指出，一些主要发达经济体的主权债务风险、金融系统的脆弱性、低增长和高失业率等负面因素相互交织，在政治因素的作用下产生恶性循环，令其再次陷入衰退的风险加大，并将拖累其他国家的经济增长。在联合国的基准预测模型中，即便欧盟能有效解决债务危机，美国能够出台中长期财政整顿方案，世界经济 2012 年增长也仅为 2.6%，低于 2011 年的 2.8%，更低于 2010 年的 4%。

2012 年，世界经济形势的复杂性将继续对我国经济产生不利影响。为实现中央经济工作会议“稳中求进”总目标，在落实好积极财政政策和稳健货币政策的同时，我们须密切关注国际经济形势的变化与走向，并针对国际经济新形势，及时加以分析与研究，妥拟对策建议，更好地服务于财经工作大局。

（吴 伟）

亚洲应对全球经济危机及转型研讨会观点综述*

2012 年 3 月 1 日，由亚太财经与发展中心（下简称“亚太中心”）与亚洲开发银行（下简称“亚行”）、亚行学院联合主办的亚洲应对全球经济危机及转型研讨会在亚太中心会议室举行。此次会议是 2012 年亚行年会的预备会。出席会议的中方单位有发改委、财政部、商务部、银监会、国研中心、社科院、北京大学等，外方除亚行外，还有印度国际经济关系研究委员会、美国哥伦比亚大学、伦敦经济学院、美国银行等机构。会议就亚洲、亚洲相关国家和中国应对全球经济危机及转型等进行了深入讨论。财政部国际司郑晓松司长、综合司汪义达副司长出席了会议并作主旨发言。国际司王忠晶副司长参加了会议讨论。

现将研讨会主要观点综述如下：

一、亚洲应对全球经济危机及转型

（一）亚洲应对全球经济危机及转型的经验和启示

虽然此次全球经济危机给亚洲经济造成了很大影响，但亚洲更应从中总结经验和启示：

第一，较 20 世纪 90 年代亚洲金融危机，此次危机未殃及亚洲金融部门，相反，亚洲金融部门的自强使亚洲能更好地应对危机的直接影响；

第二，保持经济强劲增长是应对危机的重要基础；

第三，加强外汇储备是自我防御的良好方式；

第四，1997 年后，强劲的世界经济推动了亚洲国家出口导向型经济增长以及资本流动增长；

第五，大量的储蓄和流动性进入了金融部门，但还没有进入实体经济。政策制定者对流动性的认识往往不准确，也晚于市场；

第六，政策制定者应不断关注既能应对当前危机又能确保中长期可持续经济

* 本文写于 2012 年 3 月。

增长的战略。

（二）亚洲应对全球经济危机及转型的现实压力：面临不确定性和脆弱性

全球经济危机已不仅仅是金融和经济危机，目前正逐步向社会、政治和生态领域扩散，全球正面临不确定性和脆弱性。全球再平衡压力变大，主要国家宏观经济政策协调难度加大，有些国家是应对债务危机，有些国家是防通胀，有些国家是保增长。欧债危机依然存在风险，美国复苏缓慢，全球金融市场复苏乏力，市场信心不振，大宗商品市场仍然面临剧烈波动风险。但是，亚洲总体形势较好，东亚发展最好。

目前，美国和欧盟虽然总体不容乐观，但将会出现缓慢复苏。希腊仍然面临债务违约风险，但债务危机最终可以得到解决。如果欧盟政治家选择将希腊留在欧元区，通过减免债务、增加流动性，解决欧元区债务危机，也许欧盟能保持零增长，有可能会避免巨大衰退的灾难性后果。

（三）亚洲应对全球经济危机及转型的挑战

亚洲必须应对美欧经济危机的短期冲击，但亚洲必须面对中长期挑战：

第一，改变由国际货币基金组织、世界银行、世界贸易组织等主导的国际经济旧秩序；

第二，随着亚洲经济在全球经济地位的提升，亚洲将担负更多责任和权利；

第三，亚洲需进一步稳定经济增长、提高居民生活质量、解决治理问题以及避免金融泡沫；

第四，仍然面临影响发展前景的负面因素：失衡不断恶化，就业弹性下降，环境恶化和资源枯竭需引起广泛关注；

第五，全球贸易保护主义盛行，出口愈发困难；

第六，亚洲贸易形式的改变显示了失衡的迹象。过去三年的数据表明，亚洲和欧美之间的贸易额已经下降，但亚洲区域国家之间以及亚洲与欧美以外国家间的贸易额增加。这可能是周期性的改变，也可能是结构性的改变；

第七，亚洲是全球资本流入的重要目的地，需要加强风险防范和控制；

第八，经济发展不平衡。一些新兴经济体，比如中国、印度，保持了较快增长，而另一些国家，比如日本，却正面临经济下行压力。

（四）亚洲应对全球经济危机及转型的措施

亚洲应致力于经济结构再平衡。在未来 5—10 年间，亚洲将稳步转型，将更加趋向于内需驱动型投资（地区间或南南之间），并将有利于促进亚洲发展。亚洲应对全球经济危机及转型是一个长期问题，建议中长期内采取如下措施：

在区域合作上：在本地区建立类似欧洲央行的机构，比如亚洲货币基金。更加注重亚洲区域合作，不应被美欧主导。加强气候政策的协调。

在公共管理上：应加强金融体系、金融监管以及社会安全网的建设。改善公共服务方式，加强农业和土地管理，有效利用水和化肥，保障食品供应安全，加强污染控制。实施改善产业结构的产业政策，加大政策支持力度。

在投资领域上：应盘活外汇储备，进行海外投资。加大环境保护、生物、信息技术、通讯等领域投资。亚洲有足够的储蓄，应进一步进行基础设施建设和房地产开发。

在出口政策上：虽然北美和欧洲是亚洲的重要出口市场，但也可考虑非洲和其他新兴经济体市场。

在金融政策上：不提倡短期宏观政策。在短期内，需要避免恐慌与泡沫，亚洲银行不应重演欧洲银行的过度借债行为。应建立泡沫防御机制。为避免市场恐慌情绪，应建立衡量银行泡沫的一些指标。中央银行应在提供流动性中发挥重要角色。华尔街模式没有成功，目前没有一个通行的模式。政府要管控石油行业和金融行业，保持传统金融工具与现代金融工具的适当比例。

二、中国应对全球经济危机及转型

（一）中国在亚洲应对全球经济危机中的作用和贡献

2008 年第四季度至 2011 年，为应对全球金融危机冲击及经济形势变化，中国政府实施了积极的财政政策，这一政策的基本特征是适度的扩张性，总量政策与结构政策并举，注重刺激消费和扩大政府公共投资相结合，注重促进经济增长与优化经济结构相结合，注重促进经济发展与加强和保障民生相结合，注重短期调控政策和长期发展政策相结合。

中国应对全球经济危机实施的经济政策取得了经济平稳较快发展，对亚洲和全球经济复苏发挥了重要作用。首先，中国积极参与全球经济政策的协调和全球治理结构改革，通过不断深化双边和多边经济、战略机制，对解决全球性问题和完善全球治理结构发挥了重要作用。其次，中国改革开放的成功经验和自身问题的解决对全球其他国家应对经济危机起到示范作用。中国改革开放 30 多年的成功经验以及有效应对全球经济危机采取的政策措施，有值得其他国家学习的地方。中国在减贫事业、节能减排、稳定物价方面的突出表现，为全球扶贫开发、清洁发展、缓解通胀压力作出了重要贡献。再次，中国在亚洲和全球的市场地位日益重要，有力地支持了亚洲经济和全球经济复苏。在亚洲，中国—东盟自贸区是目前发展中国家间最大的自贸区，中国是朝鲜、蒙古、日本、韩国、马来西亚、泰国、印尼的最大出口市场，也是朝鲜、蒙古、缅甸、柬埔寨的第一大外资来源地。在全球范围内，中国是全球消费最活跃的市场之一，带动了全球消费。

目前中国是澳大利亚的最大出口市场，美欧的第二大出口市场。

（二）中国经济转型的挑战

1. 正确看待中国经济发展中的不平衡、不合理问题

对中国经济发展过程中不平衡问题的看法：目前中国需要正确处理经济平稳较快发展、调整经济结构与管理好通货膨胀预期三者之间关系。这是新兴经济体面临的共同难题，需要在发展中不断解决。

关于中国经济发展过程中收入分配不合理问题，会议认为，收入不均等是全球问题，美国、亚洲和中东都面临这个问题。“让一部分人先富起来”和“先富总比共贫好”对保持中国经济增长动力是有利的。目前，中国需要实现由先富到共富。解决中国收入分配中的不合理问题，不能完全依靠税收制度改革，更需要通过不断深化金融、矿产等领域的产权改革，逐步改变收入差距过大问题。

2. 中国经济将面临下行趋势的挑战

在保持了30多年的高增长后，中国经济增速将出现小幅下降，主要有以下三个原因：第一，中国人口老龄化将造成劳动力供给减少，但是劳动力供给与工资上涨水平密切相关，2011年中国工资水平总体上涨了21%，因此劳动力供给近期不会减少，而是一个长期趋势；第二，劳动力由农村向城市转移已达到高峰期，城市的农民工占到城市就业总人数的35%。从长期来看，这一转移还会持续，但未来将会呈下降趋势；第三，随着中国科技和教育水平的不断提高，中国劳动密集型制造行业的比较优势将会下降。

3. 政府监管与推动金融创新的矛盾

有观点认为，美国次贷危机的根源在于过度金融创新，欧洲主权债务危机持续恶化更多地在于政府过度干预，比如西方监管者认为，由于大银行“大而不能倒”，因此应将大型银行分成若干小银行，但这会造成银行的集体倒闭。与之不同，中国的问题在于金融创新不足。事实证明，解决危机时，通过国有资本向民营经济释放流动性，可以帮助金融机构度过危机，而危机后应适当减少政府监管，降低金融部门准入门槛，允许更多民营资本进入金融等垄断行业，促进金融创新、活跃金融市场。

（三）对中国经济发展前景的看法

1. 不能用旧的西方经济学模型和理论看待中国经济发展

西方经济学理论和方法论是建立在旧的全球经济格局基础上，现在正面临全球经济一体化的新变化，需要适应新形势不断修改旧理论、发展新理论，确保客观分析中国经济发展前景。中国经济将在政策主动调整的基础上，出现顺周期的自然回落，将保持健康增长，不会出现硬着陆。

2. 中国经济发展只会给全球经济复苏和稳定带来积极影响

西方广为流传的“中国经济威胁论”会在实践中不攻自破。从总量上，按

照目前的增速，中国经济总量将很可能赶超美国，但在人均GDP、科技、教育、国际化以及军事力量上，中国还有很长的路要走。所以，美欧不会受到中国经济发展威胁，一个健康、可持续发展的中国经济，将会对全球经济复苏和亚洲经济发展作出积极贡献，同时中国经济的稳步发展与世界其他经济体的发展也是互利共赢的关系。

3. 中国经济增长动力仍然强劲

目前，中国正经历人口红利下降和人口老龄化，同时也存在农村劳动力向城市的快速转移。随着工业化和城市化进程加快，大约有2.5亿的农业劳动力由农村转入城市。一方面形成了充足的产业工人队伍，另一方面也为提高农业生产效率提供了便利条件。同时，中国还可以在科技、教育、能源、环保等领域获得长期增长潜力。

近期，中国经济增长不断释放积极信号：

第一，内生动力增强，消费和固定资产投资不断增长；

第二，国际收支和贸易渐趋平衡，贸易顺差减少，经常账户顺差减少，但都在合理区间内；

第三，物价涨幅回落至可控范围内；

第四，城乡居民实际收入稳步增加；

第五，财政实力增强，民生支出增加，支出结构优化。

（四）中国经济转型策略

1. 加强亚洲范围内的区域合作

随着亚洲新兴经济体的不断崛起和综合国力增强，亚洲范围内区域合作的迫切性和可能性不断增强。中国应不断发挥领导力，不断深化现有多边和双边对话和合作机制，增强区域内经济和金融协调能力，改变对美元的过度依赖，同时加强区域内资本账户管理，共同防范和应对金融风险。

2. 借鉴亚洲其他国家的发展经验

一些亚洲国家成功地实施了产业政策。在发展初期，产业政策的成功取决于模仿成功模式，比如仿效韩国、日本的雁行模式（flying geese pattern），或选择一些成功的产业。此时，私有部门仍不发达，因此，政府部门应起引领作用。如果金融机构也不够发达，政府则应在资本筹集中发挥至关重要的作用。同时，政府也可以借助公私合作（public－private partnership，简称PPP）管理模式，提高政府融资能力，这方面印度经验值得借鉴。

3. 强化基础和民生领域投资，继续工业化道路

投资领域：长期看，中国应由投资型经济体向消费型经济体转变。但是，短期内中国的人均资本水平远低于欧美等发达国家，基础设施、医疗卫生、绿色环保、保障房等民生领域仍有很大投资空间，因此，中国应继续加大基础和民生领

域投资水平，尤其是加强农业投入，加强土地管理、提高土地和化肥的利用率。可以把中国的农业模式拓展到亚洲其他国家和非洲国家。同时，中国的产业投资回报率也还有较大提升空间，中国的工业化道路还没有走完。发展可持续的现代工业经济，是提高中国综合国力的必要条件。作为一个发展中大国，中国不能走没有实体经济的道路。

投资方向：中国的工业产品投资可以转向亚洲其他国家和非洲。投资非洲对消化中国较高的储蓄率是很好的方向。中国在非洲有很多基础设施投资，是未来中国可以选择的投资重点。同时，只有在非洲的金融服务改善了，才能购买中国的产品和服务。因此，也可以考虑投资提高非洲的金融服务能力。

4. 实行结构性减税和结构性增税相结合的政策

与主要发达国家和新兴经济体比较，中国的税收收入占 GDP 的比例较低。如果要提高综合国力、公共服务能力和水平，中国还需要结构性增税。但是，对于小微企业、需要扶持和有利于科学发展的战略性新兴产业，需要结构减税。财政收入占 GDP 比重的高低主要取决于政府职能，也就是与政府提供公共服务的范围、数量和质量密切相关，而不能简单比较税收收入绝对数量的大小。因此，中国目前应实行结构性增税和结构性减税相结合的政策，同时提高财政支出效率。

5. 降低金融部门准入门槛，促进金融创新

全球经济危机告诉我们，虽然一些像雷曼兄弟公司一样的公司执行了严格的资本充足率，但还是倒闭了。同时，经济转型成功与否一般与金融市场结构和直接融资体系发达程度密切相关。实际上，中国金融行业长期以来执行了比巴塞尔Ⅲ更严格的金融监管，不是流动性过剩，而是流动性不足。因此，中国要不断优化金融市场结构，更多地发展直接融资体系，适度放活金融市场，尤其向民营资本开放；同时，设计并实施适合中国国情的金融监管体系，防范系统性金融风险。

6. 保持国有经济的适度比例

有中国特色的社会主义市场经济制度应被视为竞争优势。在危机中，社会主义市场经济制度比自由资本主义制度更有效，中央政府统筹的经济更加有效。不过，危机之后，应重新回归如何减少政策干预。目前，国有企业对政府影响越来越大。应该保持国企适度发展，无限制的国企发展应该被限制。在绝大多数经济领域，国有企业应该退出，让民营资本进入，从而提高资源配置效率。

7. 制定适应产业发展规律的支持政策

一个国家产业政策的成功与否取决于该国的产业政策是否适应了产业的发展特点和阶段。若本国政府的产业补贴规模较小，符合世界贸易组织的规则，外国政府不进行抵制，产业补贴政策可获得成功。当经济体趋于成熟，并接近技术领先者之后，政府就应适当作出调整，让私人部门发挥重要作用。对私营部门和资

本市场实行间接的产业支持政策，可以让政府部门与私人部门共担风险，也能提高私营部门认知水平与效率。

8. 积累人力资本，提升经济增长潜力

人力资本投资既能扩大生产潜力，又能对促进消费发挥重要作用，中国的人力资本回报率还有很大提升空间。与发达国家相比，中国的人均人力资本占总资本的比重仍然较低。中国应增加教育投入，但不应过分依赖财政资金，要充分发挥财政资金的引导和带动作用，推动私人部门对教育的投入。同时，应创新教育制度，通过大学生创业培训，提高大学生创业能力。

（胡振虎　宋　馨）

近期热钱撤离新兴市场现象分析*

热钱，也称游资、流资或投机性短期资本。多年来，新兴市场一直是热钱流入的目的地，过去10年间，仅流入新兴市场股市和债市的资金已达1.787万亿美元①。2008年金融危机爆发后，热钱加速涌入处于上升通道的新兴市场国家，当年流入亚洲的热钱规模达1220亿美元②，2009年猛增至3370亿美元。然而，近1年来，这种状况正在发生逆转，国际资本撤出新兴市场、重返发达经济体的态势愈加明显。

一、2011年热钱大举撤离

（一）新兴市场国家股票型基金资金连续净流出

热钱撤离首现于2010年4季度，2011年1月末、2月初出现真正拐点。2011年年初，高盛集团（Goldman Sachs）题为《资金从新兴市场流向发达市场》的报告指出，截至2011年2月9日当周，流入全球股票型基金的资金有28亿美元，主要流向美国、欧洲和日本等发达经济体，流出新兴市场股票基金的资金却有30亿美元。这是自2008年金融危机后，新兴市场首次出现国际资本净流出。新兴市场投资基金研究公司（EPFR）2011年2月18日公布的数据则显示，新兴市场股票型基金已连续4周资金净流出，仅此前1周，便有54.5亿美元资金流出其追踪的全球新兴市场股票型基金。与此同时，美国等发达国家股票型基金却已持续吸引123亿美元资金净流入。

资金净流出在2011年下半年表现更为明显。2011年3季度，新兴市场国家股票型基金再现持续资金净赎回，连续8周共流出180亿美元资金③。2011年10月7日，高盛发布报告称，新兴市场国家货币面临热钱急速涌出风险，欧债危机及其导致的世界经济下滑，可能使印尼盾、墨西哥比索等跌涨起伏较大的货币遭受新一轮抛售，资本大量流出亦将导致这些国家本币贬值。2011年11月25日，

---

* 本文写于2012年1月。

① 全球资金流向监测机构——新兴市场投资基金研究公司（Emerging Portfolio Fund Research，EPFR）公布数据。

② 国际金融协会（Institute of International Finance，IIF）公布数据。

③ EPFR公布数据。

EPFR 公布报告显示，在截至 23 日的过去 1 周，新兴市场股票型基金共有 27 亿美元资金净流出，而此前 1 周流出资金尚为 1.83 亿美元。同期，新兴市场债券型基金也经历了 2.05 亿美元资金净赎回。

（二）新兴市场国家货币集体贬值

外汇市场中多种新兴市场国家货币对美元同时贬值，也显示出明显的国际资本撤离趋势。美元再次受到追捧，许多拉美国家甚至掀起抢购美元风潮。以金砖国家为例，数据显示，自 2011 年 8 月至 12 月 15 日，巴西雷亚尔、俄罗斯卢布、南非兰特对美元贬值幅度分别为 17%、13%、21%，巴西民众纷纷兑换美元以避险。2011 年 12 月 15 日，印度卢比对美元汇率下探至 53.7 比 1，创历史新低，当年累计贬值达约 18%，而 2008 年金融危机期间其最高贬值幅度仅为 25%。除金砖国家以外的大部分新兴市场国家货币也呈现出不同程度贬值趋势。泰国央行副行长阿恰纳曾在 2011 年 9 月底表示，由于投资资金外流等原因已导致泰铢走软，泰国央行将在泰铢波幅过大时对外汇市场进行干预。

（三）新兴市场国家美元紧缺

随着国际资本回流及美元走强，新兴市场国家美元紧缺迹象显现。以阿根廷为例，2011 年前 3 季度，共有 182.45 亿美元流出，仅第 3 季度当季流出的资金便已高达 84.43 亿美元，为历史最高水平。为抑制资本外流，阿根廷央行于 2011 年 9 月 19 日向期货市场投入 10 亿美元，但在政府经济政策用尽和欧债危机加剧的情况下，资本外逃却更加明显。为应对这一难题，进入 12 月，阿根廷央行加紧购买美元以充实外汇储备，22 日其在汇市购买的美元数额达 4.13 亿，为近 9 年来在汇市进行的最高数额外汇交易。

二、2012 年热钱流向

2012 年，热钱流向很大程度上取决于欧债危机能否得到有效解决，而这存在不确定性。

一方面，欧债危机可能进一步恶化。虽然 2011 年 12 月的欧盟峰会已就解决欧债危机达成了新的协议，但其实施效果尚需时日才能显现。另一方面，受欧美市场动荡、新兴市场国家内部宏观经济政策调控等影响，以金砖国家为代表的新兴市场国家经济增速将在 2012 年普遍放缓。根据联合国 2011 年 12 月发布的《2012 年世界经济形势与展望》，中国、印度 2012 年经济增速将分别降至 8.7% 和 7.6%，均较 2011 年下降约 1%。增长率的下降意味着货币政策或将进一步宽松，资产价格也将随之下降，新兴市场国家对于热钱的吸引力将大大削弱。较之于新兴经济体，若 2012 年全球经济能够保持 4%—5% 的增长水平，美国经济表现或将超过2011年，实现2%的增长，引导更多国际资本流向美国。

但是，若2012年欧洲能够找到有效途径解决欧债问题，促进全球经济回暖，不能排除2012年后期国际资本回流新兴市场的可能。正如国际金融研究所（The Institute of International Finance，IIF）发布的最新报告所预测，2012年流入新兴市场国家的短期国际资本或从2011年的1.05万亿美元升至1.08万亿美元。

三、热钱撤离的主要原因

（一）投资者对新兴市场经济预期不佳

资金流出，最重要的一个原因是投资者对新兴市场的经济前景预期下降。由于新兴市场通常对出口依赖严重，全球经济危机中，很难做到独善其身，自身经济状况势必受到影响。国际货币基金组织（IMF）预测数据显示，2011年新兴市场国家经济产出增长率将从2010年的7.3%降至6.4%；12月25日，IMF总裁拉加德则表示，金砖国家未来可能面临更多不稳定因素；野村证券首席经济学家保罗·谢尔德预计称，2012年新兴市场国家经济增速将降至5.6%。

此外，2011年以来，国际粮食、国际大宗商品及能源价格攀升使得新兴市场国家通胀压力不断增加。新兴市场地区虽已采取货币紧缩政策，但仍不足以控制通胀发展的趋势。随着欧债危机的恶化及新兴市场通胀形势的加剧，逃离新兴市场资产、买进相对安全的美元，成为越来越多投资者的理性选择。受此影响，北京时间2011年12月29日，美元指数一度高涨至80.77点。

（二）欧洲主权债务危机的“蝴蝶效应”

除了避险因素，造成近期国际资本回撤的最直接原因是欧洲主权债务危机导致近期欧美经济动荡，欧美市场急需大量流动性资金，前两轮量化宽松货币政策下进入新兴市场的大量热钱急于回欧美救市。这使得来自欧美方面的卖盘对新兴市场资产造成打压。为筹集急需的资金，现金拮据的欧美各家银行正日益寻求出售所持大量新兴市场债券和其他资产，进而造成了新兴经济体资金的流出。

（三）美国经济趋好加速美元回流

2011年欧盟及欧元区经济增速放缓，2012年1季度将有可能出现停滞。与之形成对比的是，美国经济呈现出缓慢复苏势头，一定程度上加速了美元回流美国本土。从数据看，2011年前3季度，美国GDP环比增幅分别为0.1%、0.3%、0.5%，呈温和上升趋势；12月份美国非农业人口失业率降至8.5%，创下2009

年2月以来最低水平[1]。近期蓝筹经济指标（blue chip economic indicators）对50位经济学家的调查也显示，专家们普遍预测美国经济将在2012年持续增长，且增速会高于2011年。这些无疑有利于恢复消费者信心、提振消费并促使制造业扩张，从而加速美元的回流。

四、对新兴市场国家影响利弊兼有

（一）负面影响

1. 货币贬值，股市下跌

近期拉美等新兴市场货币持续走低已经说明了热钱撤离的负面影响。美元指数从2011年4月底的73震荡走高至12月的80、81，导致全球资本重组，大量资金流出新兴市场国家转而投向美元，以致新兴市场国家本币贬值、国内资本市场相应大跌。2011年9月，印度卢比贬值7.5%，俄罗斯卢布贬值9.9%，南非兰特贬值13.9%，巴西雷亚尔贬值14.2%，而韩元3季度也贬值9.4%，同时上述国家的股市也纷纷下跌。

2. 资产价格剧烈波动，阻碍经济增长

热钱的流入通常导致流动性过剩，形成通胀压力，推高资产价格，造成经济过热。数据显示，规模庞大的热钱流入，已使亚洲股票、债券市场，以及固定资产和其他资产价格飙升。衡量亚洲货币（除日元外）整体表现的彭博—摩根大通亚洲美元汇率指数（Bloomberg JP Morgan Asia Dollar Index，ADXY）显示，随着2008年金融危机热钱集中涌入亚洲新兴市场国家，该地区整体汇率指数从2009年101.34震荡走高至2011年7月的120.23，其后随着热钱流出而大幅下跌至2011年10月的114.58。

当热钱大规模撤离，不仅会造成股票、债市及汇市动荡，也会导致资产价格剧烈波动。很多日本人称上世纪90年代为“失去的十年”，部分原因就是由热钱大规模涌入涌出引起的。上世纪80年代，大量热钱流入日本，其房价、股价急速上涨。随着1991年热钱大举撤出，日本房地产价格暴跌、股市崩盘，以至其整体经济在上世纪90年代长期处于零增长甚至负增长。

3. 破坏金融体系稳定性，造成金融危机

不论国际游资进入或撤出某个领域，都有可能引发“羊群现象”，使巨额的游资汇聚投资或撤离，极易引起投机气氛较大的资产价格大幅波动，如房地产价格迅速回落、债券价格以及股市大幅震荡等，很可能进而引发系统性金融风险，严重威胁对象国的金融稳定及社会政治经济生活的稳定。回顾1994年墨西哥金

---

① 2012年1月6日，美国劳工部发布该数字。

融危机和1997年东南亚金融危机，热钱的快速进出都在其中起到了推波助澜的作用。在金融市场全球化进程的今天，若不能及时采取应对措施，热钱的出逃必会使新兴市场国家经济受到更大冲击。

（二）正面影响

热钱撤离可部分缓解通胀，增强对货币供应扩张和信贷规模增长控制的作用。

许多国家对热钱采取严格的监管措施，原因之一便是它可以直接投资于热门商品，甚至恶性投机于某个商品，引发局部的物价上涨。此外，热钱的大量涌入更会影响对象国的货币供应量，造成货币供应量增多、流动性泛滥的危险，进而引发通货膨胀。事实上，近年来热钱的流入也影响了商业银行的储备金规模，而商业银行储备金的变化同样会对货币供应量造成影响。所以，当国际资本撤出新兴市场，新兴市场国家的通胀压力将得到一定程度的缓解，其货币供应扩张与信贷规模增长也将得到有效控制。

五、中国应积极应对热钱流出

（一）热钱流出中国的几种方式

抛售股票、转让或出售土地及房产是目前我国热钱流出最明显的渠道，除此之外，还可通过变相合法渠道和地下渠道实现投机性短期资本的转移。

1. *海外并购*

根据国家发改委的规定，从2011年3月14日起，资源类境外投资重大项目需要审批的金额起点从3000万美元提升到3亿美元，非资源类境外投资重大项目需要审批的金额起点从1000万美元提升到1亿美元，央企境外投资直接适用备案制，不需要经过审批。随着审批手续逐步简化，海外并购成为热钱流出的主要途径之一。

2. *跨境银行的特殊服务*

跨境银行的特殊服务主要包括内保外贷和内存外贷。内保外贷是指总部在国内的母公司，通过向内地的银行机构提供担保，让其在境外的分支机构从这家银行的境外分支机构中获取贷款。内存外贷是指先在境内银行存进款项，再从境外获得贷款。银行通常只是根据企业提供的相关申请资料作出判断，只要资料完整，便很容易通过。

3. *虚假贸易*

虚假贸易即通过虚报进出口物品的价格实现资金转移。通常所选物品是国内鼓励进口或被冠以高新技术名号的产品，这样不仅能够顺利通过海关，有时甚至能够得到地方政府的进口补贴。

4. 国内私有信贷（地下钱庄）

国内私有信贷即通常所说的地下钱庄，是紧急且数额巨大的资本转移较为安全可靠的方法，但成本也相对较高。境内的地下钱庄通常在香港开有兑换店，内地客户将资金存入他们的指定账户，地下钱庄便可同时在香港将资金存入客户指定的账户，完成资金从内地到境外的转移。

除了上述渠道，热钱流向更直观的体现是外汇占款的变化。外汇占款与贸易顺差和实际使用外资间的差额是衡量热钱入境规模的主要指标，10 月末我国外汇占款余额为 25.486931 万亿元人民币①，较 9 月下降 248.92 亿元，为 2007 年 12 月以来首次出现月度净减少。这引发了广泛的对热钱大规模撤离中国的担忧。另据中金公司估算，10 月热钱流出中国的规模约为 1800 亿元人民币。

（二）应对策略

1. 有效防范

热钱的流入或流出，都会对我国经济造成一定影响，要时刻保持防范意识，提前做好防范措施。之前央行不断提高存款准备金率便起到了一定防范作用，减缓了国内资产在热钱持续流出时所受冲击。

2. 积极利用

实际上，若措施得当，热钱流出不仅有助于控制物价，也是消除内地房地产泡沫的好时机，还为我国明年的货币政策调控提供了空间。

首先，热钱流出将缓解国内流动性过剩局面，有利于我国抗击通胀、控制物价。其次，热钱流出可消除国内房地产泡沫。房地产是热钱涌入我国后的聚集地之一，一定程度上造成了房价虚高，导致房地产泡沫。热钱流出，有助于房地产泡沫逐渐减小，推动房地产市场健康发展，实现其软着陆。最后，在目前我国实体经济信贷过紧的情况下，热钱流出为货币政策调整提供了空间。央行已在今年 12 月 5 日起下调银行存款准备金率 0.25 个百分点，这是三年来我国首次下调存准率，被看作是宏观调控放松的体现。随着热钱流出，存准率将获得更多下调空间。

3. 动态监测

由于热钱的频繁进出会增加我国经济发展不确定性，对跨境资本流动需要采取动态监测，可考虑在国际收支、经常项日和资本项目等部门建立跨境资金流动监测制度，定期对跨境资金流动开展非现场监测。

（王苇航）

① 央行 11 月 21 日公布数据。

G20 戛纳峰会主要成果及各方反应*

2011 年 11 月 3—4 日，20 国集团（G20）第 6 次峰会在法国戛纳举行。中国国家主席胡锦涛出席，财政部部长谢旭人和副部长朱光耀陪同与会。此次会议以“新世界、新思维”为主题，分 5 个阶段讨论了世界经济形势、“强劲、可持续和平衡增长框架”、重大和紧迫的经济金融问题、国际货币体系改革等。会议通过了“戛纳行动计划”，并发表了《二十国集团戛纳峰会宣言》。各方予以高度关注，反响不一。现将主要情况简介如下，供参考。

一、峰会主要成果

峰会主要有 6 大议题：重振经济、国际货币体系改革、打击农产品价格高位振荡、规范金融市场、提供发展援助、世界经济治理。经艰难磋商，最终达成 9 大项共计 32 个要点的公报。在“戛纳行动计划”中，G20 成员一致同意：发达经济体将根据各自不同国情，采取措施提振信心、促进增长，并实施明确、可靠、具体的财政整顿措施；新兴经济体将在必要时调整宏观经济政策，保持经济增长势头，减轻通胀压力，增强应对资本流动冲击的能力，成员国都应进一步推动结构改革，提高潜在增长率并扩大就业。

二、各方反应

（一）国内媒体评价积极

新华社、人民日报等媒体转引了外交部长杨洁篪讲话，指出此次 G20 峰会内容丰富、形式多样，在中方及有关各方共同努力下，取得了总体积极平衡的成果。

同时，国内众多媒体引用了中国代表团发言人马朝旭的四点评述，指出 G20 峰会取得了丰硕成果。首先，峰会重点讨论了欧洲国家的主权债务问题。解决欧债问题主要靠欧洲自己的努力，一些国家建议通过 IMF 等渠道协助欧洲和其他地

* 本文写于 2011 年 11 月。

区应对金融领域的挑战。其次，峰会强调在当前全球经济进入困难时期的背景下，G20 需要进一步加强宏观经济政策协调，共同支持经济复苏，恢复市场信心。第三，峰会讨论了国际货币金融体系改革、大宗商品价格波动、国际贸易和发展等问题，达成了一些重要共识。第四，新兴市场国家积极参与有关讨论和磋商，为峰会取得成果发挥了重要的建设性作用。

（二）中方发挥的作用得到充分肯定

欧洲国际政治经济中心主任弗雷德里克·埃里克松指出，中国国家主席胡锦涛在峰会上的讲话十分恰当。在欧债危机问题上，中国做了应该做的事情。欧洲自身应证明其对危机范围和应对危机之道有明确的认知，欧洲必须建立一套信用体系。

澳大利亚经济学家约翰·斯卡拉称，胡主席指出，当前我们所面对的确实不是一场单纯的经济金融危机，这场危机暴露了若干体制机制、政策理念、发展方式的弊端。胡主席讲话对如何化解当前世界经济面临的风险挑战提出了积极建议，受到全球高度重视。

印度中国问题研究所主任斯里马蒂认为，胡主席在峰会上强调“保增长、促稳定应成为 G20 峰会的当务之急”，这符合 G20 推动世界经济增长、有效解决欧债危机的形势需要。中国向世界传递了合作共赢的精神，主张共同提振市场信心，努力促进世界经济增长。

巴西利亚大学国际关系学院教授普罗科皮奥表示，欧洲是中国、俄罗斯和巴西重要的贸易伙伴。欧洲债务危机的蔓延也将损害金砖国家的经济发展。在这次峰会上，金砖国家加强协调与合作，维护了新兴市场国家的共同利益。

巴西亚洲和太平洋地区研究所所长塞维利诺指出，中国等金砖国家在应对世界经济金融危机问题上都持有积极主张，强调解决欧债危机应主要依靠欧洲自己，只有努力扩大生产、增加就业，才能为各国经济复苏提供坚实支撑。中国等金砖国家的立场和主张不仅有利于欧美国家，也有利于发展中国家，再次显示出金砖国家在促进全球经济增长方面所发挥的重要作用。

美国前国务卿基辛格表示，中国和西方国家在全球经济治理方面有必要加强合作，共同应对全球经济治理问题。

（三）主要国家及国际机构的评价具有建设性

德国总理默克尔在峰会后坦承，G20 峰会没有达成任何关于怎样通过 IMF 来帮助解决欧元区债务危机的协议，也没有成员国承诺将会投资欧洲金融稳定工具（EFSF）。下一阶段（欧盟）将制定出关于 EFSF 的指导原则，然后所有 IMF 成员国将被邀请以适当的方式自愿参与 EFSF，G20 成员是否能够参与进来还将依赖于这个指导原则。

英国首相卡梅伦会后表示，最糟糕的事莫过于谁也不清楚到底该同意什么。IMF 的职责是帮助困难国家，而非支持汇率体系。他表示，欧元区国家应该采取果断措施保持汇率稳定，而他已经成功保护了英国纳税人的口袋。

意大利总理贝卢斯科尼虽然在峰会前递交了财政改革方案，也被迫同意邀请 IMF 以每个季度进行评估的方式来公开监督其政策的执行，但在会议期间却公开质疑 IMF 参与救助意大利的必要性。

美国前财长萨默斯称，G20 如果无视市场动荡，仅在口头上赞扬欧洲最近达成的协议，发誓维持当前的全球增长轨迹，要求盈余国家作出调整，那将会造成灾难。世界经济现在面临的危险不亚于过去 30 年间的任何一次危机。

国际货币基金组织总裁拉加德表示，希望成员国竭尽所能确保 IMF 融资，以满足成员国对金融救助的需求。她希望 IMF 重启与希腊的谈判，并核查意大利财政改革措施的实施情况。2012 年初将向 IMF 理事会提交改善监管的具体建议。她表示将于 11 月 7—12 日出访俄、中、日三国①。

世行行长佐利克称，G20 启动了重建全球经济信心的进程。作为 187 个成员国的代表，世行关注着欧元区危机溢出效应对发展中国家的影响。此次危机已经给发展中国家的增长前景投下阴影，后者在过去 5 年里为世界经济的增长提供了三分之二的贡献。此次峰会重新审视了 IMF 在应对此次危机中可以使用的资源，同时达成协议，欧元区应采取更多措施避免危机蔓延。

（四）全球主流媒体质疑会议实际成效

美国《华尔街日报》指出，持续两天的 G20 峰会乏善可陈，欧洲虽在争取外援注资以纾困其资金困境方面失败了，但峰会领导人们仍对 IMF 发挥积极作用予以期待。意大利允许 IMF 监督其财政改革进程是峰会的一个重大进步。美国总统奥巴马虽然带着解决欧洲债务的意愿而去，但他的角色却被边缘化了，并空手而归。

美联社表示，在本次 G20 峰会上，中国和巴西等新兴力量正在取代美国和欧洲，在全球事务中发出更有力的声音。发展中国家希望该机制能调整关注焦点，更多地讨论如何增长就业、发展农业及应对极端气候变化。下届峰会将在墨西哥举办，表明发展中国家正在致力于长期变革，以谋求全球经济体系更加平衡。

彭博社称，G20 峰会上对 IMF 救助犹豫不决将导致欧洲债务危机失控。在峰会上，领导人们并没有给欧洲“签发新支票”，而是要求其自己克服已经长达两年的债务危机。全球经济的决策者们表示，IMF 需要拿出一个细节明确的资助“欧洲金融稳定工具”（EFSF）的方案。法国总统萨科齐指出，这样的方案在明年 2 月前难以出台。

---

① 中、日、俄分别为世界前三大外汇储备国，截至 2011 年 7 月，三国外储数字分别约为 3.22 万亿、1.14 万亿和 0.51 万亿美元。

英国广播公司报道，欧洲困境未解，G20 既没有达成萨科齐所期望的结果，也没有让欧元区以外的国家满意。美国总统奥巴马之前曾说，解救欧元还有 6 周时间，现在 6 周已经过去，欧元脱困依旧遥遥无期。英国抱怨德国不愿掏钱，并表示中国虽然有能力出手相助，但看不出有什么充分理由让中国这么做。

三、几点看法

（一）全球经济形势更趋复杂，复苏进程放缓成为普遍共识

当前全球经济面临的不稳定、不确定因素在增加。2011 年第二季度以来，美国经济增长乏力，欧洲债务危机恶化，欧盟经济增长放缓，新兴经济体通胀加剧，全球经济增速逐渐下降。IMF 以及经济合作组织（OECD）纷纷下调 2011 及 2012 年的全球经济增长预期。IMF 在 9 月 20 日发布的 2011 年下半年《世界经济展望》报告中预测，2012 年全球经济将增长 4.0%，较 6 月份的预测下调 0.5 个百分点，发达经济体增速下滑是调降全球经济增长预期的主要原因。

（二）峰会议题较多，成员国利益关切点明显不同

此次峰会就 6 大主要议题、9 个方向进行大范围、多角度讨论，内容丰富，形式多样。然而，发达经济体与新兴经济体的关注点明显不同。前者更关心的是欧洲债务危机的脱困路径，寻求外储盈余国家注资，整顿和稳定国际金融市场；后者则将重点放在促进就业、发展贸易和农业、保持经济持续增长、促进国际货币体系改革尽快完善、避免国际大宗商品剧烈波动等方面。这表明，在保持全球经济稳定增长的大目标前提下，G20 成员的利益着眼点将逐步细化和异化，协调困难将进一步加大。同时，新兴市场国家的力量在此次峰会上受到更为广泛的关注，特别是加强了内部协调，整体作用明显加强。

（三）首次明确国际货币体系改革进程，人民币将面临更多挑战

此次峰会虽然没有点名提出要求人民币加速升值，但在峰会公告的第 5 点强调了“拥有大量经常账户结余的国家承诺进行改革，增强国内需求，并使汇率具有更大的灵活度”，第 9 点则明确指出，“将致力于更快速行动，构筑一个更由市场来决定的汇率系统，提升汇率的灵活度以体现经济的基本面状况，避免汇率长时间失准，限制通过低估币值来进行竞争”，同时第 9 点还再次强调“将进一步推动汇率改革，减少储备的过度积累”。显而易见，第 5、9 点对人民币有较强的针对性。此外，公告第 8 点首次明确了特别提款权（SDR）组成方案的改革时间点，“为体现货币随着时间推移的角色变化和特点，SDR 的组成将在 2015 年甚至更早时进行再评估，而符合现有标准的货币才能进入 SDR 的‘篮子’”。根据第

8点的基本要求，人民币的诸多指标符合进入SDR“篮子”的标准，这也是对人民币国际地位的充分肯定。但是，进入SDR“篮子”就必须实现充分的可自由兑换[①]，完成国际化进程。从2015年这个时间点来看，人民币能否或者是否需要完成国际化进程都将是一个非常复杂的课题和严峻考验。

（四）欧债危机难以通过G20机制解决，而发展中国家对G20寄予更大期望

峰会前，中国财政部副部长朱光耀曾指出，欧洲金融稳定基金（EFSF）的两套杠杆化方案（即主权债务保险机制以及设立可以吸纳中国等国资金的特殊用途工具）都不是非常成熟的构想。这一观点得到与会国家特别是“金砖国家”的普遍支持，并最终在公告中第5点、第10点[②]和11点[③]中得到了突出体现，即在欧盟展开积极自救的前提下，多数成员赞成通过IMF对欧实施援助。

总的来看，西方发达国家对此次峰会未能就援助欧洲达成任何协议表示强烈的失望，并不得不面对和承认新兴市场国家力量的壮大及其对世界经济的贡献。发展中国家则对胡主席的讲话表示高度赞扬，对G20改革世界货币体系、实现全球经济平衡和稳定增长方面的作用寄予更多期望。

表1　G20历次峰会主要成果一览

峰会地点	时间	主要成果
华盛顿峰会	2008.11	在金融危机席卷全球的背景下的G20首次峰会，就金融危机起源、加强合作反对贸易保护主义、支持经济增长等问题达成共识，并就应对世界金融和经济问题的措施达成一项行动计划，包括提高金融市场透明度和完善问责制、加强管理、促进金融市场完整性、强化国际合作以及改革国际金融机构等
伦敦峰会	2009.04	会议就国际货币基金组织（IMF）增资和加强金融监管等议题达成多项共识，同意IMF和世界银行等多边金融机构提供总额1.1万亿美元资金，提出有必要对所有具有系统性影响的金融机构、金融产品和金融市场实施监管和监督，并首次提出把对冲基金置于金融监管之下。同意对拒不合作的“避税天堂”采取行动及实施制裁。在金融机构改革方面，决定新建一个金融稳定委员会取代金融稳定论坛，并与国际货币基金组织一道对全球宏观经济和金融市场上的风险实施监测

① SDR当前的货币“篮子”包括美元、欧元、英镑和日元，皆为可自由兑换货币。

② “支持IMF推出新的预防流动性额度（PLL），向……国家提供依情形逐渐增加的、更为灵活的短期流动性……支持IMF推出一个单一工具，满足其成员国的紧急援助需要”。

③ “将确保IMF继续拥有足够资源扮演系统性角色，服务于所有成员国的利益……确保能及时动员更多的资源，……包括双边性地增加对IMF和SDR的贡献，自愿向IMF的诸如管理账户等特殊结构捐款”。

续表

峰会地点	时间	主要成果
匹兹堡峰会	2009. 09	会议在国际金融机构改革治理结构方面取得重大突破。与会领导人同意将IMF和世行两大机构的份额向发展中国家分别转移5%和3%，以提高发展中国家的代表性和发言权。金融监管方面，会议提出对金融高管薪酬进行改革、把金融衍生产品纳入管理、实行跨国金融监管等建议。此外，还就经济刺激方案退出机制、世界经济形势走向、实现长期可持续发展等问题进行讨论。会议发表的《领导人声明》确定了二十国集团峰会将形成机制化，并将作为协商世界经济事务的主要平台
多伦多峰会	2010. 06	确定了增长的主调，信守并履行了“强劲、可持续和平衡增长框架”和金融监管改革等主要日程，在发达国家削减财政赤字、国际金融机构治理改革、反对贸易保护主义等问题上提出了一些具体的时间表，并强调了二十国集团的首要任务是确保和加强经济复苏。会议发表了《二十国集团多伦多峰会宣言》，强调采取下一步行动，推动世界经济强劲、可持续和平衡增长
首尔峰会	2011. 04	会议通过了《二十国集团首尔峰会宣言》。与会各方就“首尔行动计划”达成共识，同意通过采取全面、合作和各自的政策行动，推动共同目标的实现
戛纳峰会	2011. 11	会议通过“戛纳行动计划”，并发表《二十国集团戛纳峰会宣言》，在重振经济、国际货币体系改革、打击农产品价格高位振荡、规范金融市场、提供发展援助、世界经济治理等方面达成多项成果。首次明确国际货币体系改革中SDR的改革时间表。支持发达经济体将根据各自不同的国情，采取措施提振信心、促进增长，并实施明确、可靠、具体的财政整顿措施。新兴经济体将在必要时调整宏观经济政策，保持经济增长势头，减轻通胀压力，增强应对资本流动冲击的能力，成员国都应进一步推动结构改革，提高潜在增长率并扩大就业

（吴　伟）

跨太平洋战略经济伙伴协定（TPP）变化历程、最新动向及分析建议*

2011 年 11 月 12 日，“跨太平洋战略经济伙伴协定”（TPP）第 2 次领导人会议（以下简称第 2 次峰会）在美国夏威夷檀香山举行，发表了《TPP 领导人声明》等框架性成果文件，标志着“新一代自贸框架”在亚太地区已经基本成形，并从作为实现亚太自贸区的“可能路径之一”变为“现实路径”。由于 TPP 第 2 次峰会选在“亚太经济合作组织”（APEC）第 19 次峰会期间（11 月 12—13 日）召开，遂成为各方关注的焦点。日本首相野田佳彦于 11 月 10 日明确表示将加入 TPP 准入谈判，加拿大、墨西哥等 APEC 成员也表达了加入 TPP 的意愿。

现将相关情况简介如下：

一、TPP 第 2 次峰会

TPP 此次峰会发布了 3 个成果文件，分别是《TPP 领导人声明》（以下简称声明）、《TPP 商贸部长报告》（以下简称报告）及《强化贸易和投资，支持就业、经济增长和发展：TPP 协定纲要》（以下简称纲要）。

《TPP 领导人声明》由澳大利亚、文莱、智利、马来西亚、新西兰、秘鲁、新加坡、美国和越南（以下简称 P9）9 国领导人共同签署。它首次宣布，“涵盖 9 个国家的宽泛性的 TPP 框架已经建立”。同时，它指出，“P9 国家有着共同的愿景，即建立一个广泛的、下一代的区域协定，使投资、贸易自由化，并致力于解决新的和传统的贸易问题以应对 21 世纪的挑战”。声明强调，TPP 将成为自贸体系建设史上的一个典范，为今后其他自贸协定的制定竖立一个更高的标准。声明也承认，由于各国存在地理和发展水平上的差异，在谈判进程中会涉及很多较敏感的问题，不过，各国将提供各种资源和便利以完成协定的收尾工作。声明最后指出，TPP 有意向整个亚太地区扩展，谈判小组将保持与其他跨太平洋伙伴的协商，以利于他们未来加入 TPP。

《TPP 商贸部长报告》由 TPP 领导人批准，主要阐述了 TPP 协定框架体现的

* 本文写于 2011 年 11 月。

5 大特点，即：广泛的市场准入、区域协定、跨领域贸易（cross - cutting trade）问题、新的贸易挑战和动态协定（living agreement）。

在市场准入方面，报告指出，各国已经同意将达成一项协定，旨在消除贸易及投资的关税和其他壁垒。各国已经意识到，这样做可以推进贸易和投资，创造并保持就业。各国的目标在于达成广泛的市场准入协定，免除商品关税，提升服务水平，提供更多就业，创造商机并惠及消费者。

在区域协定方面，报告指出，TPP 小组已经同意建立一项全面的区域协定，以促进成员国间的贸易、生产和供应，创造就业机会，提升生活水平和福利。报告在贸易协定中首次提出，各国将承诺解决与区域内生产及供应链相关的问题，包括海关协作和生产标准。9 国还同意单独制定一份关税明细表，列出原产地的通用原则，方便企业更加充分地利用该协定。这一措施有助于建立区域商务网，可以增强成员国的竞争力，并鼓励各国利用 TPP 内部的产品。

在跨领域贸易问题方面，成员国同意遵行"协调一致"原则，促进竞争和商业便利化，推动中小企业全面利用 TPP 协定以增加在 TPP 区域内的贸易和投资。

在新的贸易挑战方面，各国同意将 TPP 的部分谈判视为全球贸易中出现的新挑战。因为新技术不但会产生新的贸易和投资机会，也会带来新的贸易问题。各国将在协定中予以考虑，以推动这些领域的贸易和服务，从而使所有成员国均能受益。例如，在数字经济方面，像"云计算"就带来了前所未有的问题。解决它们将有利于使用该技术，特别是为中小企业服务。

在动态协定方面，各国一致认为，TPP 是发展和动态的。成员们正在制定的是一项具有现代技术水平的协定，大家期望可以保有更新协定的能力，以提高其适用性。TPP 正在建立一个架构、多项制度和进程，使 TPP 协定具有演变能力，以应对未来贸易、技术和其他突发问题及挑战。

《强化贸易和投资，支持就业、经济增长和发展：TPP 协定纲要》由 P9 共同确定，对《报告》体现的内容进行了细化，除阐明 TPP 的特性外，对其适用范围、法律文件所涉及的领域和准备进程、关税明细表等做了进一步的阐述和解释。其中，以法律文件这一项最为详细，涉及项目主要有：竞争力、合作及能力建设、跨境服务、海关、电子商务、环境、金融服务、政府采购、知识产权、投资、劳务、法律事务、货物的市场准入、原产地原则、卫生及植物检疫标准（SPS）、技术贸易壁垒（TBT）、远程通讯、临时进入、纺织及服装和药品贸易。在关税方面，纲要指出，P9 正在拟定一份通用的 TPP 原产地原则，并力争做到简单高效。在政府采购方面，成员国将进行国家间谈判，以确保成员国能最大程度地进入彼此的政府采购市场，同时也兼顾所在国的关切。

最后，三个成果文件都提到，将在 2011 年 12 月初再次举行谈判，届时将制定出 2012 年附加谈判日程。

二、TPP 发展历程回顾

TPP 最初由智利、新加坡、新西兰 3 国领导人在 2002 年 APEC 第 10 次峰会期间倡议发起，之后文莱加入。2005 年 6 月，智利、新加坡、新西兰、文莱（以下简称 P4）签署该协定，次年 5 月生效。TPP 协定包括货物贸易的市场准入和相关规划，其中最为核心的内容是关税减免，即成员国 90% 的货物关税立刻免除，所有产品关税将在 12 年内免除。

2008 年 11 月 APEC 峰会期间，澳大利亚与秘鲁宣布将加入 TPP。2009 年 11 月赴新加坡参加 APEC 峰会前，美国总统奥巴马宣布美国将加入 TPP，越南和马来西亚随即宣布将加入。

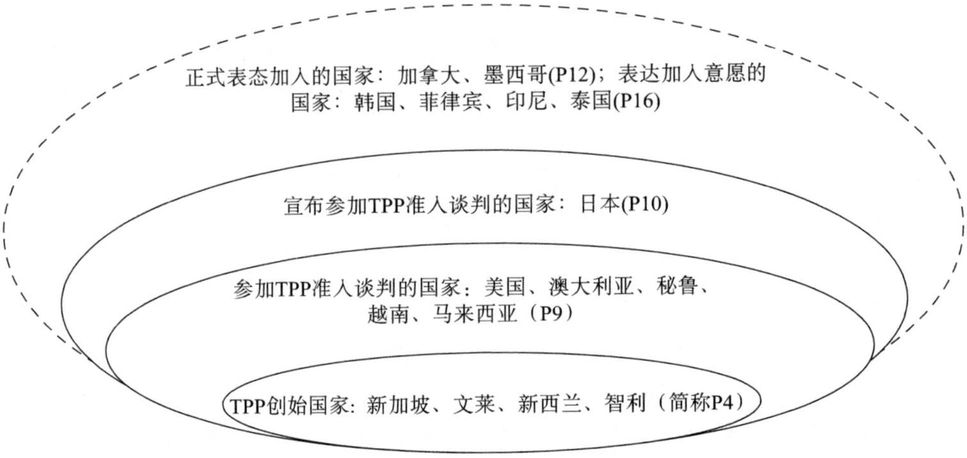

图 1　TPP 现有和潜在成员国示意图

2010 年，APEC 峰会发表了《领导人关于茂物目标审评的政治声明》、《领导人增长战略》和《建立亚太自由贸易区的可能途径》3 个文件，TPP 作为实践亚太自贸区构想的可能路径之一被正式写入文件。TPP 首度获得 APEC 官方认可，从而提升了知名度和影响力。

2010 年 3 月，美国、澳大利亚、秘鲁、越南和 P4 国家在澳大利亚举行 TPP 首轮准入谈判，各国就深入理解 TPP 的宗旨和合作方式达成共识，为后续谈判定下基调，美国则专门强调了劳工管理和就业问题。6 月，参加首轮会议的国家在智利举行第 2 轮 TPP 谈判，各方着手制定市场准入谈判的框架，开始研究 TPP 与现有自贸协定（FTA）之间的关系，并提出“横向协调”问题，包括监管机制协调、给予中小企业优惠待遇等。10 月，第 3 轮谈判在文莱举行，各国决定吸纳马来西亚加入，参与谈判的 24 个小组完成部分协议草案起草工作。12 月，第 4

轮谈判在新西兰举行。

2010 年 11 月，日本内阁会议通过“经济合作基本方针”，核心议题是就加入 TPP 与美国、新西兰等国家展开磋商。2011 年 1 月，日本开始与包括美国在内的 3 个 TPP 国家进行接触，日美首轮正式磋商于当月在华盛顿举行。

2011 年 2 月，TPP 第 5 轮谈判在智利首都圣地亚哥举行，目标是在 11 月举行最后一轮谈判时结束收尾工作，法律细节的确定工作将放在 2012 年。

2011 年 3 月，TPP 第 6 轮谈判在新加坡举行，取得了重大进展。谈判涵盖所有领域，包括货物、服务、投资和政府采购，并从更长远的角度研究了如何保持 TPP 协定的活力。

2011 年 6 月，TPP 第 7 轮谈判在越南举行，一般为期 5 天的谈判进程被延长至 10 天，表明此前谈判进程并不顺利。

2011 年 9 月，TPP 第 8 轮谈判在美国芝加哥举行，会议在撤销关税及知识产权等领域仍有问题未得到解决，协定草案拖至下一轮，部分参加国对日本迟迟未作出是否加入 TPP 的决定表示担忧。

2011 年 10 月，TPP 第 9 轮谈判在秘鲁首都利马举行。各国共派出 850 人与会，其中包括 600 名代表和超过 200 名私人行业代表，参与程度之高刷新了以往 8 轮谈判的纪录。其中，关税谈判进展过半，卫生谈判进展程度约 60%—70%，在法律文本、中小企业、监管一致性、竞争力和发展等方面取得重要进展，总体谈判进程超过 50%。不过，知识产权等复杂议题的谈判形势依然严峻。

2011 年 11 月 10 日，日本首相野田佳彦正式向美方表示，日本将加入 TPP 准入谈判，美方表示欢迎。

2011 年 11 月，P9 成员国在 APEC 第 19 次峰会期间，举行各国谈判代表、外贸部长和领导人 3 次级别不同的会议，以确定结束谈判的工作进程。会后发表《TPP 领导人声明》等 3 个文件，标志着以美国为主导的 TPP 基本框架已经形成。

三、几点看法

（一）在美国的大力推动下，TPP 发展进程加快，前景不容小觑

TPP 从 2002 年最初动议发起到 2005 年 P4 形成，历时 4 年。此后一段时间，新成员准入谈判一直没有进展。2009 年 11 月，美宣布将加入 TPP。在美推动下，P9 成员仅用 19 个月就完成了 9 轮准入谈判，并于 2011 年 11 月发表《TPP 领导人声明》，创造了世界自贸区建设史的纪录，特别是该协定所涉及的领域之多、复杂程度及技术标准之高远超以往的自贸协定。随着 P9 框架的形成以及日本、加拿大、墨西哥正式表态加入，TPP 已经从最初建立亚太自贸区的几种“可能路

径”之一上升为“现实路径”，影响力逐步扩大。

（二）TPP 对我国外贸及区域经济发展规划构成一定挑战

TPP 的发展成熟对我国在该地区的外贸布局和发展战略构成一定挑战。

首先，TPP 的影响力逐步扩大。TPP 正式成员国为 9 个，经济总量已经超过 APEC 成员国的一半以上。日本加入后，该比例将升至67%。如果计入加拿大、墨西哥等国，占比超过四分之三，基本左右了亚太地区的总体经贸形势。其次，对我外贸及经济增长造成压力。2010 年，美国与中国、日本、韩国及 P8① 的双边贸易量分别为4570 亿美元②、1810 亿美元、880 亿美元和1710 亿美元。中美贸易中约60%以上是在华外资企业实现的。一旦 TPP 的法律文件准备完毕，贸易机制正式启动，在成员国间零关税的诱惑下，部分在华外资企业可能从中国撤资，向 P9 成员国特别是其中的发展中国家进行产业转移。我国经济增速、出口贸易可能将受到严重影响。第三，TPP 在一定程度上削弱了东盟、10 +1、10 +3 的地区号召力，对我区域经济发展规划构成挑战。目前，东盟中已有 4 个国家加入了 TPP，菲律宾、泰国、印尼则表达了加入愿望。本来就脆弱且不平衡的东盟内部可能会进一步分化。如果，日本、韩国加入 TPP，则以 10 +3 为主线的东亚区域经济一体化将充满更多变数。

（三）TPP 仍有许多问题需要克服

尽管 TPP 取得了进展，但仍面临一些不确定性。一是不完整性。作为 P9 成员最重要的贸易伙伴，中国未加入这一机制，导致其区域合作架构不完整，弱化了总体经济效能和实际影响力。另外，APEC 框架内加入或正式表态加入 TPP 的成员仅占一半左右，多数发展中国家及欠发达国家尚在观望，意味着 TPP 在整个亚太地区尚不是一个完整自贸架构。二是互补性不足。P4 国家经济总量偏小，主要以港口和资源经济为主，对美输出能力较低。澳大利亚支柱产业是矿业、农业和服务业，也不能与美国形成经济互补优势。越南、马来西亚、秘鲁则属于新兴市场国家，出口产能有限。日本对美输出以高端工业制成品为主，与美企竞争激烈。因此，从现阶段看，TPP 成员国间的经济互补性并不高。三是谈判困难。美国与新加坡、智利、澳大利亚、秘鲁签订有 FTA，与新西兰、越南、文莱则没有。这种情况在 P9 成员国中普遍存在。另外，美国谋求主导优势，特别是在清洁能源、高端制造业、农业、现代服务业及知识产权领域与 TPP 成员争执激烈，引起较强的对立和抵触情绪。

① P9 成员国中除美国以外的其他 8 国。

② 数据来自美国商务部。中国商务部数据显示，中美 2010 年贸易额为 3800 亿美元。

四、几点建议

综上分析，我国应及早运筹策略，针对 TPP 的特点，巧为周旋，拓展东亚地区一体化新局面。

一是我国应以更为开放的态度对待 TPP，应因对策可视情而动。在 APEC 第 19 次峰会上，胡锦涛主席指出，“中方支持以东亚自由贸易区、东亚全面经济伙伴关系、跨太平洋战略经济伙伴协定（TPP）等为基础，稳步推进亚太自由贸易区建设，实现亚太区域经济一体化目标。”中国以开放态度探讨加入 TPP 的可能性，争取影响 TPP 的规则制定，同时强化在亚太、中亚、东亚的区域合作，不仅符合亚太区域贸易自由化的现实需求，更可赢得道义上的主动，并削弱 TPP 本身的政治色彩。

二是充分利用当前中国的地缘政治经济优势，拓展东亚地区一体化新局面。在继续支持东盟主导的同时，在 10+3 基础上，发挥我国的引领作用，开创东亚经济合作的新局面。美国试图运用 TPP 作为其地缘政治战略的重要工具，打造所谓 21 世纪亚太高品质自贸协定，以主导亚太经贸机制的重组方向。我国应沉着应对，把工作重点放在提升东亚经济一体化上，既化解美国利用 TPP 的经济影响，又牵制其将 TPP 转化为地缘政治影响力的意图。

三是在谋划、强化东亚经济一体化的同时，不应简单贬低 TPP 的区域经济作用，区域主义理论和定量分析成果都表明，较大区域的经济一体化效应大于双边和次区域一体化作用。

四是重视 TPP 和东亚经济一体化的中长期竞争后果以及两者合作、归并的可能性。两个机制的竞争性是客观存在的。从短期来看，两者的合作主要体现为个体成员分别参与两种机制的合作。从中长期来看，两者能否最后归并合一，既要视 2020 年后亚太发展态势，又要看中美两国的政治意愿。我国应抓住时机，妥拟对策，为在亚太区域治理进程中发挥建设性引领作用早做准备。

表 1　TPP 发展历程大事记

时间	重要事件
2002 年	智利、新加坡、新西兰 3 国领导人在 APEC 第 10 次峰会期间倡议发起 TPP，之后文莱加入
2005 年	智利、新加坡、新西兰、文莱（简称 P4）签署 TPP 协定
2006 年	TPP 协定生效
2008 年	澳大利亚和秘鲁在 APEC 第 16 次峰会上宣布将加入 TPP 谈判
2009 年	美国在 APEC 第 17 次峰会前高调宣布将加入 TPP 谈判，越南和马来西亚随即宣布加入，至此，正式参与 TPP 谈判的国家达到 9 个，即 P9

续表

时间	重 要 事 件
2010 年	APEC 第 18 次峰会上，P9 成员与日本首相举行首次领导人会议，也被视为 TPP 第 1 次峰会；TPP 也首次被写入 APEC 峰会的成果文件，列为实现亚太区域内自贸协定的一种可能路径。这表明 TPP 首次获得 APEC 官方承认，在整个亚太地区的影响进一步扩大
2010—2011 年	P9 国家前后举行 9 轮密集谈判，为 2011 年最终形成 TPP 框架奠定了基础
2011 年	11 月 10 日，日本宣布加入 TPP 谈判。加拿大、墨西哥正式表达了加入意愿
2011 年	11 月 12 日，APEC 第 19 次峰会上，9 个成员国举行第 2 次领导人会议，发表《TPP 领导人声明》等成果文件，标志着 TPP 框架已经正式搭建完成，细化工作、附加谈判及正式法律文件将有望于 2011 年底和 2012 年完成

（吴　伟）

TPP 近期谈判进展及日本、墨西哥、加拿大参与动向*

2012 年 3 月 9 日，跨太平洋战略经济伙伴协定①（以下简称 TPP）第 11 轮谈判在澳大利亚墨尔本结束，P9 成员国②确认将于 2012 年内达成最终协定。与此同时，日本、墨西哥和加拿大也积极展开与 P9 成员国的事前磋商③。如果 TPP 的 9 个成员国按计划在 2012 年内完成所有谈判甚至启动该机制，亚太地区的经贸格局将发生重大变化。另一方面，如果日本、墨西哥、加拿大于 2012 年正式启动 TPP 准入谈判，将从根本上改变 TPP 在 APEC 框架内的力量对比，特别是日本的加入将导致东亚地区政治经济格局更加复杂，为我国倡导的中日韩自贸区建设和以“10 + 3”为主轴的东亚经济一体化带来新的变数。因此，我们似应对 TPP 的动向保持高度关注，并积极应对，及时妥拟对策。

一、TPP 成员国近期谈判成效显著

2011 年 1—10 月，P9 成员国共进行了 10 轮谈判。

2011 年 11 月 12 日，在美国檀香山 APEC 领导人第 14 次非正式会议期间，TPP 的 9 个成员国发表联合声明，表达了共同打造 TPP 的决心和行动步骤，同时提出将加快谈判进程。

2011 年 12 月 5—9 日，P9 成员国第 10 轮谈判在马来西亚吉隆坡举行。此轮谈判是在 P9 成员达成基本共识的基础上举行的，共召开了 9 个小组会议，涉及原产地规则、服务、投资、知识产权、工农业产品及纺织品关税等问题，成员国之间举行了双边谈判，缩小了在法律文本和市场准入方面的分歧，取得了进展。

2012 年 3 月 3—9 日，P9 成员国第 11 轮谈判在澳大利亚墨尔本举行，共 500 多人出席。各方就削减关税、投资、技术性贸易壁垒、劳工事务、知识产权保

* 本文写于 2012 年 3 月。

① 也有译作“跨太平洋伙伴协定”。

② 新加坡、新西兰、文莱、智利、美国、越南、马来西亚、澳大利亚、秘鲁 9 国。

③ 此步骤也称事前协议。按照 TPP 规则，新成员加入必须征得现有成员的一致同意。因此，在正式启动多边谈判前，新成员须与所有成员进行双边磋商就谈判条件达成事前协议。

护、原产地法规等20多个领域进行了磋商，再次确认了在2012年内达成最终协定的目标。不过，P9成员国在某些领域仍存在明显分歧。如美国倡议的投资者与东道国解决争端的ISDS条款①、消除国营企业和民营企业差别等条款，遭到澳大利亚和新加坡等国的反对。

二、日本、墨西哥和加拿大参与TPP动向

（一）日本加强参与TPP的力度

2011年11月12日，日本正式宣布将加入TPP准入谈判。根据TPP规则，新成员正式展开准入谈判前必须获得现有成员国的一致同意。为此，日本在2012年初展开了密集的事前磋商。

2012年1月开始，日本陆续派出由外务省、经济产业省、农林水产省等部门组成的TPP事前协议队分别前往越南、文莱、秘鲁和智利等成员国。目前，日本已经获得上述4国的理解和支持。

2012年2月，日本又陆续向澳大利亚、马来西亚、新加坡、新西兰派遣政府代表团，为加入TPP谈判启动前期磋商。

2012年2月7—8日，日美间首轮TPP谈判事前磋商在华盛顿举行。美国方面由助理贸易代表卡特勒主持，日本则由外务省经济局长八木毅等出席。美国首先对围绕日本加入TPP一事已进入双方谈判阶段表示欢迎，其次通过转达美国国内产业界各方意见的形式，提出希望日本开放保险、农产品及汽车三个领域的市场。日方表示，应对农产品等影响较大的品种和领域给予特殊关照。

2012年2月21—22日，日美间第二轮TPP谈判事前磋商在华盛顿举行。双方就商品及服务、投资、知识产权等TPP涉及的21个领域分别进行了讨论。美方向日方通报了P9成员国谈判情况，日方则通报了与其他国家缔结或正在谈判的双边自由贸易协定内容，并介绍了日本国内有关TPP的舆论动向。美方没有就开放农业市场、汽车、保险等高度关注的问题提出具体要求。日方表示，双方“在技术层面进行了深入讨论”，将在研究此次磋商结果后协调下轮磋商的日程。

（二）墨西哥与P9成员国首轮事前磋商进展顺利

2011年11月，墨西哥正式表示将加入TPP谈判，之后进展迅速。一是墨西哥与P9成员国完成了首轮事前磋商，并得到各国的积极响应。墨西哥经济部长费拉里称，尽管还要与美国、秘鲁、马来西亚和新加坡4国就细节继续磋商，但

① “投资者与国家争端解决”（ISDS）条款。通过这一条款，外资企业能够以一国法律损害企业权益为由，援引国际法相关规定起诉该国政府，谋求国际仲裁。

总体来说已经没有问题。二是墨西哥政府参与TPP的决定得到其国内各领域和产业团体广泛支持，政治阻力较小。

作为北美自贸区的一员，墨西哥决定加入TPP的主要考虑如下：一是可降低对美经贸依存度。墨西哥出口总额中80%面向美国，积极推动加入TPP，可加强与迅速成长的亚洲的经贸关系，令出口规模增加1800亿美元。二是通过TPP，发挥墨西哥作为“亚洲和美国贸易的桥梁作用”，提升自身的区域经济及政治影响力。

（三）加拿大已与美国就TPP举行高级磋商

2011年11月14日，加拿大明确表示准备加入TPP谈判。2012年2月15日，加美就TPP议题举行首轮高级双边磋商。双方通报了各自国内关于加拿大加入TPP的反馈意见以及加拿大与其他TPP成员国磋商的情况。3月19日，加美在华盛顿举行第二轮磋商。

三、P9成员国当前的工作策略

（一）引入新的谈判方式以加快进程

2011年11月，P9成员国在《TPP领导人声明》中指出，将加快推动谈判进程。主要做法如下：一是小组谈判梯次举行，集中力量，寻求突破。在2011年12月马来西亚第10轮谈判时，P9成员国一改以往20多个工作组同时展开谈判的做法，仅挑选出9个工作小组进行谈判，以集中精力，逐个突破，在短期内取得成效。此次会议上，P9成员国宣布达成了最终协定的大致轮廓。二是制定谈判路线图。第10轮谈判时，P9成员国首席谈判代表举行会议，制定了谈判路线图，为20多个谈判小组制定了详细工作计划及闭会期间的活动安排。三是美国与部分成员国举行双边谈判。作为TPP的核心主导力量，美国在2012年3月前与部分TPP成员国密集举行双边会谈，在法律文本和关税方案方面取得了较大进展。

（二）对日本加入TPP的基本态度

一是对日本加入TPP持欢迎态度，但意见不一；二是不希望日本拖延谈判进程；三是不同意日本提出的需要特别对待的“特例项目”。具体情况是：

美国。自2009年美国总统奥巴马在日本高调宣布将加入TPP谈判之后，美国成为TPP的主要推动力量，并积极向日本施压，动员其加入。然而，美国对日本的“市场封闭”持尖锐批评态度。2012年3月1日，美国助理贸易代表卡特勒访日时明确指出，日本能否加入TPP谈判的根本问题在于是否具备实现高水平贸易自由化的体制，是否具有解决疑难问题的政治意愿。与此同时，美国副国务卿奈兹也指出，“日本应尽可能以高标准参加（TPP）谈判”。

澳大利亚和新西兰。两国对日本加入TPP谈判持欢迎态度，但有保留意见。澳新要求日全面开放国内农产品市场，而日本则坚持小麦和肉等农产品应作为“特例项目”，保留进口关税。

越南、文莱、新加坡、智利、马来西亚和秘鲁。越南和文莱是P9成员国中最早正式表态支持日本加入TPP谈判的国家。越南甚至明确表示，吸收日本加入十分重要，在推进亚太地区经济整合方面，越日两国是无法分割的经济伙伴关系，越南将全力支持日本加入TPP。

马来西亚总理纳吉布表示，“在区域内拥有强大经济实力的日本的加入对于TPP是有益的”，从而以官方态度表明了对日本的支持。

新加坡在2011年11月即发表官方声明，以“极其欢迎”的字眼表达对日本加入TPP的强烈支持。智利、秘鲁也表示支持日本加入TPP谈判。

同时，以马来西亚和美国为代表的P9成员也表达了不希望因日本加入TPP而使整体谈判进程拖延的态度，同时认为，已经在P9成员国间达成的协议，日本必须全部遵守。

总体来看，截至2012年2月28日，日本已经完成了首轮与P9国的事前磋商，获得6国同意，但美国、澳大利亚、新西兰未明确表态，同时日本国内政府与业界对TPP问题的意见尚未完全统一。

（三）对墨西哥、加拿大参与TPP谈判持欢迎态度

墨西哥。P9成员国对墨西哥加入TPP谈判普遍持欢迎态度，特别是借助北美自贸区①成员的优势，墨西哥参与TPP谈判的进程可能较日本更顺利一些，甚至有可能超过日本率先启动TPP的准入谈判。

加拿大。虽然目前没有关于加拿大加入TPP的进一步详细信息，但就加拿大作为北美自贸区成员这一特殊身份来看，其加入TPP谈判的进程将较日本容易一些。但是，加拿大与澳大利亚、新西兰两国在农产品特别是乳业制品贸易方面一直存在争议，这有可能成为加拿大必须要面对和克服的问题。

四、几点看法

（一）TPP法律文本草案有可能在2012年完成

2011年11月13日，马来西亚总理纳吉布表示，参与TPP谈判的国家确定正

① 1994年1月1日成立，成员包括美国、加拿大和墨西哥，其宗旨是取消贸易壁垒，创造公平竞争的条件，增加投资机会，保护知识产权，建立执行协定和解决争端的有效机制，促进三边和多边合作。该协定计划用15年的时间，分3个阶段取消关税及其他贸易壁垒，实现商品和劳务的自由流通。

式达成该协定的最终期限为2012年7月。2012年3月的第11轮谈判中，与会各国再次确认了这一目标。截至目前，P9成员国已经完成11轮谈判。按照美国贸易官员的说法，谈判取得重要进展，为TPP取得早期谈判结果奠定了良好的开端，并有望于2012年底前达成目标。

不过，TPP法律文本草案能否如期达成仍存变数。首先，美国倡议的投资者与东道国解决争端的ISDS条款、消除国营企业和民营企业差别条款等，遭到澳大利亚、新加坡等国的反对。其次，美国于2011年提出在TPP协定中加入劳工条款，保证实施《国际劳工组织1998年关于工作的基本原则和权利宣言》所提出的劳工权利。这对于越南、马来西亚和秘鲁等依赖低附加值出口贸易的国家有一定的压力，越南表示反对将劳工标准作为变相贸易壁垒的做法。第三，TPP中涉及医疗技术知识产权方面的提议将限制部分国家使用仿制药，从而增加医疗成本，面临着较大的谈判阻力。

（二）日本何时开启TPP准入谈判存在不确定性

其一，日本面临国内较大的政治压力。在是否加入TPP的问题上，日本国内一直存在争议。以现任首相野田佳彦为代表的支持派认为加入TPP是日本不可错过的机会，虽有挑战，但更存机遇。加入TPP可以扩大工业产品出口，拓宽海外市场，避免国内产业“空心化”。以农业界为代表的反对派则认为，日本对进口大米征收的关税为778%，黄油为360%，小麦为252%，加入TPP后，将全部降为零关税。廉价农产品涌入日本，将对日本的农户造成致命打击。日本农林水产省研究认为，如果日本对19种主要农产品废除关税，那么GDP将减少7万亿日元，粮食的自给率也将下降到14%，将有340万人失业。

其二，P9成员国立场仍未统一。根据事前磋商的会议概要，澳大利亚和新西兰对日本加入TPP谈判持保留意见，部分国家要求日本对90%—95%的产品立即取消关税，其余产品关税应在7年内逐步取消，且均未提及例外问题，这与日本希望令本国农产品得到特别保护的要求尖锐对立。同时，即便是竭力推动日本加入TPP的美国也对日本重点保护的农产品、汽车和保险领域提出了严格要求。美国贸易代表柯克2月29日向美国议员表示，只有当美国确信日本能达到美国为TPP设定的高标准后，才会接受日本加入TPP谈判。

其三，法律程序问题。日本与美国最早于2011年1月开始就加入TPP问题进行接触，双方的事前磋商于2012年2月展开。但双边正式谈判必须获得美国国会授权[①]方可进行。如果日美能在3月底前达成谅解，美国政府向国会提出谈

① 根据美国宪法，与外国举行正式谈判或缔结条约必须得到国会授权。TPP协定属于自贸协定（FTA）的一种，必须经过国会批准后由总统签字才能成为法律得到执行。

判申请，国会需要3个月时间进行听证讨论并进行投票。即使在最顺利的情况下，日本最早也只能于6月底或7月初与美国举行正式谈判，而P9成员国均不希望由于日本的加入而导致多边谈判重新进行。

综上，日本在2012年年中启动TPP准入谈判的可能性很小，最快也得在2012年年底才可启动。同样，基于类似的原因，墨西哥和加拿大在2012年年中前开启TPP准入谈判的可能性也较低①。

（三）TPP扩容已成趋势并有可能在APEC框架内占据主导地位

2002年，TPP由智利、新加坡、新西兰3国发起，之后文莱加入。2005年，上述4国签署TPP协定。2008年，澳大利亚与秘鲁宣布加入。2009年，美国宣布将加入，越南和马来西亚随即表态加入。2010年，APEC峰会发表了《建立亚太自由贸易区的可能途径》，TPP作为实践亚太自贸区构想的可能路径之一被正式写入文件，首度获得APEC官方认可。2011年，日本、加拿大、墨西哥宣布将加入TPP谈判，韩国和东盟部分国家也表达了类似意愿。

从TPP发展进程来看，以美国于2009年宣布加入谈判为节点，在3年的时间里，参与或即将参与准入谈判的国家从6个迅速扩展到12个，GDP总量合计达24.843万亿美元，占全球GDP总量61.963万亿美元的40%②，在APEC的21个成员GDP总量中占比更是高达71.16%。由此可以判断：TPP扩容已成趋势，并有可能在APEC框架内占据主导地位。

TPP迅速扩容的原因如下：第一，美国的强力推动，美国在亚太地区依然拥有强大的经济影响力和政治号召力；第二，TPP获得APEC官方承认，前景变得明朗，吸引力增加；第三，APEC框架下的整体自贸区建设趋于停顿，而各成员体要求加快FTA建设的需求仍然强烈；第四，后危机时代，亚太地区已经成为世界上最具经济活力的区域，该区域的多个新兴经济体均保持了较高的经济增速，并渴望加强彼此间及与发达经济体间的经贸合作；第五，TPP作为新一代的自贸协定标准，对成员的生产及贸易体系提出了统一和规范性的要求，不但有利于各类资源在TPP内部的流动和配置，更有利于提升成员国在整个世界贸易体系中的竞争力；第六，相对于北美自贸区、东盟、10+3等已有或正在建设中的FTA而言，TPP具有横跨太平洋东西两岸的地理架构优势，发展潜力更大；第七，部分亚太国家出于对中国迅速崛起的担心，希望在该区域强化美国的介入因素以平衡中国的影响力。

---

① 美国贸易代表办公室（USTR）表示，鉴于吸收新的参加国将会拖延TPP谈判进程，当前谈判将在现有成员国间进行。

② 数据来源：IMF2011年4月发布的全球经济体GDP统计。

表 1　　APEC 框架下（准）TPP 成员与非 TPP 成员的 GDP 明细表

经济体名称	GDP 总量（单位：百万美元）
美国	14624184
日本	5390897
加拿大	1563664
澳大利亚	1219722
新加坡	217377
文莱	11963
智利	199183
秘鲁	153594
越南	101987
马来西亚	218950
墨西哥	1004042
新西兰	138003
TPP（准）成员 GDP 合计	24843566
中国	5745133
中国香港	226485
中国台湾	426984
泰国	312605
印尼	695059
俄罗斯	1476912
菲律宾	189061
韩国	986256
巴布亚新几内亚	8809
非 TPP 成员 GDP 合计	10067304

资料来源：IMF2011 年 4 月发布的全球经济体 GDP 统计。

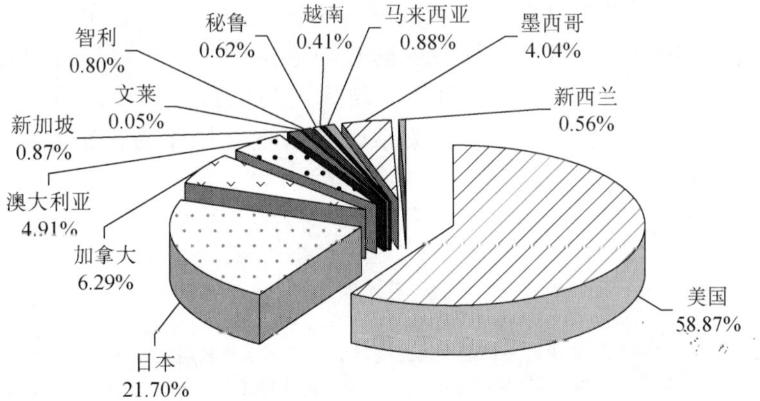

图 1　2010 年 APEC 框架下（准）TPP 成员的 GDP 总量对比图

资料来源：IMF。

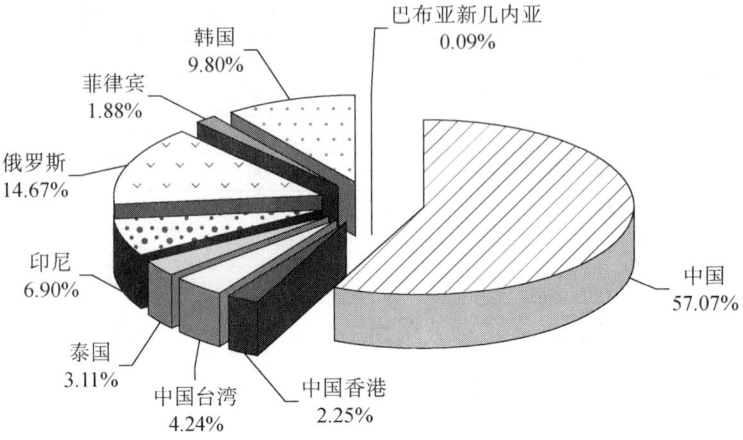

图 2 2010 年 APEC 框架下非 TPP 成员的 GDP 总量对比图

资料来源：IMF。

（四）TPP 的快速发展使东盟面临内部分化压力

东盟经过 50 年的发展[①]，虽然取得长足进步，但其内部依然存在各种矛盾。成员国政治、经济以及法律体制均不相同，经济发展水平相差悬殊，部分成员经济结构相似，内部的同质性竞争、领土争议等问题时时困扰东盟的进一步发展。TPP 的兴起更使东盟内部呈现出分化倾向：新加坡和文莱同为 TPP 创始成员；越南和马来西亚正在进行 TPP 准入谈判；印尼、菲律宾和泰国表达了加入 TPP 的期望，但未获得主要成员的积极回应；老挝、缅甸和柬埔寨 3 国则因距 TPP 标准太远而无法加入。

面对东盟内部可能出现的分化倾向，东盟秘书长素林于 2012 年 2 月 24 日提出：东盟各国应全力以赴，加快内部经济整合，在 2015 年建成东盟统一大市场[②]；东盟经济一体化应优先于 TPP，只有实现经济一体化，东盟才能作为一个整体在未来的亚太区域 FTA 谈判中占据有利地位；区域内贸易自由化主导权如被美国掌控，东盟一体化建设恐将步入歧途。马来西亚贸易部长姆斯塔帕也表达了类似的忧虑，并将马对外经贸关系以紧密程度排序为：东盟、“10 + 3”、“10 +6” 和 TPP。

① 1961 年，马来西亚、菲律宾和泰国 3 国在曼谷成立“东南亚联盟”。1967 年，印度尼西亚和新加坡加入，5 国共同签署了《曼谷宣言》，宣布成立“东南亚国家联盟”（简称东盟），随后马来西亚、菲律宾、泰国 3 国同意由东盟取代“东南亚联盟”，并将其发展成为一个政府间、区域性和一般性的国际组织。

② 2007 年东盟在新加坡签署宣言，重申到 2015 年在东盟地区内形成统一市场和生产基地，在其框架下实现货物、服务、投资和技术工人的自由流动，以及更自由的资本往来。

五、中国面临的挑战和对策

（一）TPP 对我国已构成挑战

第一，TPP 的快速发展离不开美国的强力推动，是其“重返亚洲”战略布局中的一个部分，除了分享亚洲高速经济增长成果外，美国更看重的是掌握亚太区域未来经贸发展进程的主导权，削弱中国在该地区的影响力。

第二，从 APEC 框架内部来看，TPP 已经与中国倡导的以“10 + 3”为基本核心的“东亚自由贸易区”、“东亚全面经济伙伴关系”① 形成鲜明的路径对比，且进展迅速，成效显著，对后者甚至东盟一体化都构成极大的外部压力。

第三，东亚各国虽然长期受益于中国经济的快速发展，但出于历史、文化、领土、经济及意识形态等诸多方面的原因，始终对中国存有戒心，希望借助外部力量平衡甚至制约中国。TPP 的出现为这些国家提供了针对中国的“平衡手段”。

第四，中国台湾地区已经明确表示准备加入 TPP，对我如何在此背景下处理两岸关系提出新的挑战。2011 年 11 月，中国台湾地区首度表明加入 TPP 的意愿。2012 年 2 月，中国台湾地区领导人称计划加入 TPP，即在未来 4 年将“加入TPP 的标准做为努力方向，争取让台湾在 10 年内加入，与世界各国并驾齐驱”。随即，美国在台协会主席薄瑞光予以回应，称虽然“台湾在两岸经贸关系有很大进展，但也需要在中国以外的亚太区域有更好的贸易关系，在贸易议题方面，应该保持更宽广、自由化的立场”。薄指出，台湾应在农业政策、制药产业、金融部门等更加自由化以做好加入 TPP 的准备，而不应该在亚太新的贸易架构下落于人后并被边缘化。

（二）几点对策

一是加速推进中日韩自贸区建设，巩固我国在东北亚经贸合作中的核心地位。中日韩三国的 GDP 规模为 12.122 万亿美元，在全球 GDP 的占比约为 19.56%，在 APEC 的 GDP 占比约为 34.73%②。但是三国的贸易依存度只有 25%，远低于北美自由贸易区的 40%—70%，有极大潜力可挖。目前，中日韩三方应继续保持合作势头，加强彼此间协作，力争在短期内启动中日韩自贸区谈判。

二是提出导向性战略主张，突出“亚洲一体化建设”的政治经济价值。我

---

① 2012 年 8 月 13 日在印尼万鸦老闭幕的东盟与中日韩（10 + 3）经贸部长会议和东亚峰会（10 + 6）经贸部长非正式会议上，建立亚洲区域范围自由贸易区的倡议再度被提上日程。会上，中国和日本提出了加快“东亚自贸区”（10 + 3）和“东亚全面经济伙伴关系”（10 + 6）的联合提案。

② 数据来源：IMF2011 年 4 月公布的全球各经济体 GDP 统计。

国当前倡导的国际区域经济合作战略除了谋求经济发展的规模效应、确保资源供给等利益考虑外，更多的是对政治及外交利益的考虑，即通过加强经济纽带，缓和“中国威胁论”、抑制“台独”倾向、改善周边环境，但鉴于当前新的亚太政治经济环境，在亚洲地区明显缺乏足够号召力。对此，我应及早拟定“亚洲一体化建设”的战略主张，推动亚洲整体价值观的树立，提升地区号召力。

三是以开放态度探讨加入 TPP 的可能性。一方面，我们应敦促美方按中美于今年 2 月份达成的《关于加强中美经济关系的联合情况说明》，及时与中方充分分享 TPP 方面的相关信息；另一方面，我国在 TPP 问题上似应采取更加积极的行动，探讨启动相关谈判的可能性和策略。我国参与 TPP 准入标准的制定可部分抵消 TPP 对“10 + 3/6”的消极影响，在一定程度上削弱 TPP 的政治色彩，也可扩展与南美及周边地区的经贸合作，同时有利于从市场准入的标准倒逼国内产业结构调整，进而提升国际竞争力及可持续发展能力。

（吴　伟）

国际社会对影子银行监管的进展及对我国的借鉴与思考*

影子银行给金融机构以规避金融监管的机会，对金融安全构成了威胁。2008年全球金融危机爆发后，国际社会加强了对影子银行的国际协调和监管。G20首尔峰会和戛纳峰会提出了对影子银行监管的方向和路径，美国在近两年出台了金融监管法案，欧盟则于3月19日发布了《影子银行绿皮书》，阐述了影子银行的内涵、特征、风险防范和国际监管最新进展。我国金融监管部门也于2011年将影子银行风险列为金融业重要的系统性和区域性风险，提出"从机制和源头上打消影子银行套利动机并防范风险传递"。本文着重介绍金融稳定理事会（FSB）、美国和欧盟等对影子银行监管的最新动向和进展，简要分析我国影子银行相关情况，并提出应对之策，供参考。

一、影子银行监管的国际背景

G20首尔峰会和戛纳峰会均提出对影子银行问题进行有效监管，要求FSB与其他国家标准制定机构合作，共同就加强影子银行监管提出建议。FSB目前正就制定影子银行监管规则广泛征求意见。2011年4月，FSB发布了《影子银行：内涵与外延》报告，就影子银行体系的内涵、风险成因、监管思路、监管方式等进行阐述。FSB指出，只要影子银行的监管水平低于金融体系的其他部门，加强银行监管制度就会导致大量的银行业务超出传统银行业的界限并转为影子银行。为进一步分析并提出有效政策建议，FSB设立了五个工作组，召集了包括欧盟、美国、中国和日本等成员体的专家，分别对各国制定的监管措施进行商议。

作为实施金融监管改革的重要力量，欧盟委员会于2012年3月19日发布了《影子银行绿皮书》，阐述了影子银行的内涵、特征、风险机制、监管挑战及国际社会监管影子银行的最新进展。

* 本文写于2012年4月。

二、FSB 和欧盟对影子银行的定义、分类和风险分析

（一）影子银行的定义

FSB 认为，从广义角度来看，影子银行体系是指游离于传统银行体系之外的信用中介组织和信用中介业务，其期限/流动性转换、有缺陷的信用风险转移和杠杆化特征增加了系统性金融风险或监管套利风险。狭义来看，FSB 将影子银行定义为“在正规银行体系之外运行的，包括实体和业务活动在内的信用中介体系”。FSB 认为，影子银行由“影子银行实体”和“影子银行业务”两部分组成。“影子银行实体”从事的主要业务包括：（1）接受存款类资金；（2）到期转移或流动性转移；（3）信用风险转移；（4）直接或间接信用杠杆。

据 FSB 初步测算，全球影子银行体系的规模由 2002 年的 21 万亿欧元增至 2010 年的 46 万亿欧元左右①。这一规模是金融体系总规模的 25%—30%，或银行总资产的一半。美国影子银行体系占其金融体系的比重更为显著，达 35%—40%。然而，根据 FSB 的预测，2005 年至 2010 年，欧盟金融中介资产规模占全球影子银行体系的比重强劲增长，而美国这一比重却在下降。从欧盟成员国来看，2005—2010 年，英国该比重由 10% 上升至 13%，德国由 4% 上升至 5%，法国和意大利分别保持在 6% 和 2% 不变。

（二）影子银行的主要类型②

按照 Pozsar③ 等人（2010）的划分方法，美国的影子银行体系分为政府支持的影子银行体系、“内部”影子银行体系和“外部”影子银行体系三个子体系。所谓政府支持的影子银行体系，主要是指房利美和房地美等政府支持的企业（GSE）及其金融活动。所谓“内部”影子银行体系，主要是指从商业银行体系派生出来的、附属于商业银行的各类金融控股公司（FHC）及其开展的商业银行的表外业务活动。所谓“外部”影子银行体系，主要是指“多样的经纪人——交易商”（DBDs）、独立的非银行专业机构以及私营信用风险承载方及其信贷中介活动④。

欧盟委员会认为，属于影子银行的机构主要有：（1）进行期限/流动性转移业务的特殊机构，如证券化工具（商业票据融资）、特殊投资工具（SIV）及其他特设机构（SPV）；（2）货币市场基金（MMFs）及其他类型的存款性投资基

① 《影子银行绿皮书》，欧盟委员会，2012 年 3 月。
② 《影子银行绿皮书》，欧盟委员会，2012 年 3 月。
③ 经济学家 Zoltan Pozsar，IMF 访问学者。
④ 王达，“论美国影子银行体系的发展、运作、影响及监管”，《国际金融研究》，2012 年 1 月，P37—38。

金；(3）杠杆化投资基金或提供信用的投资基金，包括交易所交易基金（ETFs)；(4）提供信用担保或进行期限/流动性转移业务的金融机构；(5）发行或为信用类产品提供担保的保险公司及再保险公司。

（三）影子银行的主要风险

FSB认为，首先，影子银行可能导致系统性金融风险。传统银行机构与企业、居民等资金供给者共同投资于影子银行发行的金融产品，尤其当传统银行体系和影子银行机构投资于同一类资产时，两者之间的关联行为加剧了顺周期性的杠杆累积效应，增加了资产价格泡沫风险。其次，影子银行体系存在监管套利风险。从影子银行作为信用中介的特征来看，影子银行具备传统银行的类似性质，但它既未受到与传统银行同等的监管标准限制，也不能获得官方流动性支持和存款保险保护。

与传统银行机构相比，部分影子银行经营无需考虑风险成本内部化问题，具备融资方面的比较优势。这可能为监管套利提供空间，并损害银行业监管效率，提高金融体系的杠杆化水平和金融风险。此外，传统银行机构自身可以利用影子银行提高杠杆率，规避资本充足性和流动性监管要求。

影子银行业务与传统银行部门紧密联系，任何监管疏漏都可能导致严重的溢出效应。风险可以通过各种渠道由影子银行传入银行部门，包括通过直接借款和或有债务渠道，或由金融资产和实体资产价格波动造成的资产大量出售等行为。

三、FSB和欧盟关于监管影子银行的政策建议

（一）FSB

FSB对影子银行监管政策的设计和实施提出了一些原则建议。FSB建议，监管措施需增强针对性和适应性，应高效并具有远见，应可测评和可审查①。

1. 对影子银行的监管应限定在信用中介的框架下

FSB认为，影子银行体系监测对象范围应限定在信用中介的框架之内，仅包含从事信用发放的机构和业务活动，或通过表内外交易发挥信用中介功能的机构和业务活动。例如，如果传统银行体系之外的纯股权交易或外汇交易不是信用中介链的组成部分，则不属于影子银行体系的监测范围，而债券和结构型/混合金融产品等信用中介业务则符合影子银行体系的广义内涵。

2. 关注影子银行可能导致的金融风险

FSB认为，应关注影子银行可能导致的系统性金融风险和监管套利风险，加

① 中国人民银行合肥中心支行金融稳定处课题组：“金融稳定理事会关于加强影子银行监管的政策建议及对我国的启示”《金融发展评论》，2011年第8期。

强对促进期限/流动性转换和杠杆化机构的监管。

影子银行体系中部分机构以隐性或显性方式提供流动性便利和财务担保来降低影子银行体系中其他机构的短期融资成本。承担风险敞口的机构包括银行、财务担保公司、抵押贷款保险人以及其他提供风险保障的销售机构，而不承担风险敞口的机构包括信用评级机构等。

（二）欧盟

欧盟委员会认为，欧盟各国官方机构应在考虑FSB监管原则的基础上尽力取得三方面的平衡：其一，间接监管，即规范银行体系与影子银行间的关联；其二，现行规范的拓展与修订；其三，直接针对影子银行的新规则。同时，还应补充非监管性的措施。

欧盟委员会要求监管机构：

首先，主管部门应能正确识别影子银行并对其进行监测。目前全球范围内银行与非银行金融机构内在关联方面的数据非常缺乏。国际组织及各国有关机构之间应建立影子银行识别与监管措施信息的采集与沟通流程。为分享信息并及时监测，这些机构间应紧密合作。

其次，主管部门必须制定出监管影子银行的正确方式。欧盟委员会认为合理的影子银行监管应包括如下要素：（1）在适当层面进行，如国家层面或欧盟层面；（2）程度相当；（3）考虑目前的监管能力和经验；（4）与宏观审慎框架相结合。此外，主管部门应正确理解潜在的信用中介链，正确评估其系统重要性，考虑宏观审慎原则对新金融产品与业务的含义，并正确认识影子银行体系与其他金融部门的关联。

四、美欧监管影子银行的主要进展

（一）美国

2010年7月，美国总统奥巴马签署了《多德-弗兰克华尔街改革与消费者保护法案》，旨在加强宏观审慎性金融监管和消费者保护。从内容上看，相当一部分条款都与影子银行监管相关。

美国成立了以“金融稳定监管委员会”（FSOC）和“消费者金融保护局”（CFPB）为代表的一系列新金融监管机构并由前者统一协调，从而加强对具有系统重要性金融机构的监管，识别和防范系统性金融风险进而维护金融稳定。该法案规定，金融稳定监管委员会一旦认定某类金融机构或金融交易可能威胁整个金融系统稳定，便有权建议美联储对其进行更为严格的金融监管。

其次，该法案创立了“沃尔克规则”（Volker Rule），即限制大型金融机构（主要是商业银行）及其附属机构开展自营交易；限制其拥有或投资于对冲基金和私募股权基金（投资总额不得超过银行一级资本的3%）；分拆商业银行的掉期交易等高风险的衍生金融交易等等。“沃尔克规则”的制定无疑大大加强了对由商业银行控股公司主导的“内部”影子银行体系的监管。

最后，全面加强对资产证券化和各类金融衍生产品交易以及对冲基金、私募股权基金和信用评级机构的监管。如要求资产规模超过1000亿美元的大型对冲基金和私募股权基金必须在美国证券交易委员会登记、披露交易信息并接受定期检查，同时限制金融机构大量持有各类复杂的金融衍生产品等等。这对规范“外部”影子银行体系的运作具有十分重要的作用①。

（二）欧盟

当前，欧盟正在拟定针对影子银行的监管措施。关于监管影子银行的立法建议也已列入2012年欧洲议会和欧盟理事会的议事日程。一些成员国也就影子银行监管业务制定了补充规则。

1. 直接监管

对部分影子银行业务进行直接监管：欧盟已经实施了直接规范影子银行机构和业务的措施。例如，就投资基金而言，另类投资基金经理指令（AIFMD）已经解决了部分影子银行问题。要求资产管理公司监管流动性风险并运用流动性管理系统。运用新的杠杆率测算方法，监管当局可以更直接对回购协议或证券借贷等业务进行监管。

2. 间接监管

通过银行业和保险业的监管措施来对影子银行进行间接监管。例如，重审资本充足指令，并对2011年11月签发的国际财务报告准则进行修正。

3. 扩大监管范围

将目前的审慎监管规则的范围扩大至影子银行业务。欧盟已计划扩大目前的规则范围至更多的机构和业务，以全面覆盖监管对象、应对系统性风险并增加未来政策规避的难度。比如，为辨认影子银行风险，对欧盟委员会2011年10月20日拟定的金融工具市场指令（MiFID）进行修订，并扩大其政策框架范围，增加非权益性工具的透明度；同时，赋予有关国家机构及欧盟证券与市场管理局更强有力的干预权力。

为对欧盟监管措施以外的金融机构和业务进行监管，一些成员国也出台了一些国家层面的补充规则。

---

① 王达，“论美国影子银行体系的发展、运作、影响及监管”，《国际金融研究》，2012年1月，P40—41。

五、我国影子银行的主要情况

（一）我国影子银行的内涵

我国金融市场仍处于产品结构简单、衍生品市场不发达、杠杆使用受到严格限制的初级阶段，并未形成与发达国家类似的影子银行体系。但另一方面，我国确实存在涉及传统银行体系之外的机构及业务的信用中介体系。

目前我国尚没有关于影子银行的权威定义，其内涵和种类也亟待进一步研究。有学者认为，只要涉及借贷关系和银行表外交易的业务都属于影子银行①。中国的影子银行主要指银行理财部门中典型的业务和产品，特别是贷款池、委托贷款项目、银信合作的贷款类理财产品②。从事影子银行业务的机构主要有：私募基金、融资贷款类金融机构③、开展银信理财合作的投资公司等④。有专家认为，中国的影子银行包括两部分：一部分主要包括银行业内不受监管的证券化活动，以银信合作为主要代表，还包括委托贷款、小额贷款公司、担保公司、信托公司、财务公司和金融租赁公司等进行的“储蓄转投资”业务；另一部分是不受监管的民间金融，主要包括地下钱庄、民间借贷、典当行等⑤。

（二）我国影子银行的主要风险

我国影子银行导致的金融风险主要存在于委托贷款、银信合作及融资贷款类准金融机构等机构从事的“类影子银行业务”。其中银信合作的金融风险主要有：一是银行的隐性担保和声誉风险；二是资本不足风险，银行将资本移出表外，“规避”了准备金等资本监管要求；三是集中风险和政府投融资平台公司违约风险。

对于银信合作等影子银行业务，银监会已出台相关文件，对银信理财合作业务做了进一步规范，要求对信托公司融资类银信理财合作业务实行余额比例管理，并要求商业银行于2011年年底前将相关表外资产转入表内，并要求信托公司对银信合作贷款按照10.5%的比例计提风险资本。

对于融资贷款类准金融机构等机构从事的影子银行业务，目前尚无法律或行政法规予以规范，现有规定的法律层级和效力不高；其经营风险易由银行渠道向

---

① 易宪容，中国社科院金融研究所金融发展室主任。

② 袁增霆，中国社科院金融研究所金融产品中心副主任。

③ 指从事金融活动但不是由金融监管部门直接监管的企业。目前，我国融资贷款类准金融机构包括小额贷款公司、典当行和融资性担保公司等。

④ “影子银行”的法律涵义及在我国的具体表现形式，《金融发展评论》，2011年第9期。

⑤ 刘煜辉，中国社科院金融所金融实验研究室主任。

正规金融机构传递，放大金融风险，扰乱金融秩序；作为银行信贷的“替代选择”，客观上会抵消国家宏观调控的效果。

（三）我国影子银行的规模估算

关于我国影子银行业务的准确规模尚无权威的统计。野村证券的一份研究报告称，2010 年中国影子银行放款规模达到 8.5 万亿元，占银行贷款总量的 18%。2012 年 4 月 5 日，德勤发布《2012 年中国银行业十大趋势与展望》报告称，中国的影子银行规模在 11.5 万亿元人民币左右，约占银行信贷规模的 20%。

此外，委托贷款、信托贷款等人民币贷款之外的融资规模从侧面反映了影子银行业务的规模。2012 年央行公布的数据显示，2011 年我国社会融资规模为 12.83 万亿元，其中，人民币贷款增加 7.47 万亿元，人民币贷款之外的融资规模为 5.36 万亿，占比 41.8%。2011 年金融机构通过委托贷款、信托贷款及未贴现的银行承兑汇票方式新增表外融资合计 2.52 万亿元，占同期社会融资规模的 19.7%。

六、几点思考

从各国经验来看，采用单一监管方式难以达到理想效果。影子银行体系监管政策应遵循审慎平衡原则，构建和完善宏观审慎的风险监测机制，并完善相关统计制度，加快监管影子银行的法律法规的立法进程。同时，监管政策应具有前瞻性和灵活性，必须考虑金融市场调整和发展中可能出现的问题。

（一）建立宏观审慎的风险监测机制

随着金融业的快速发展，银行、保险、证券机构业务彼此融合，行业间的界线越来越模糊。澳大利亚昆士兰大学经济学家奎金认为，当前全球对影子银行的监管系统依旧脆弱，若不能恰当应对，可能难以避免下一次全球金融危机[①]。鉴于影子银行系统的复杂性，他建议对金融业功能进行拆分，让普通银行回归低风险基本业务。

中国金融业实行分业监管，虽然明确了“一行三会”的监管职责，但对游离于监管之外的影子银行，尚未制定整体的监管框架。应尽快将影子银行监管问题纳入相关监管协调机制，统筹监管政策，明确监管主体和职责分工。

监管主体应对影子银行体系的宏观审慎性进行评估，建立宏观审慎的风险监测机制，开发全面反映金融体系内部状况、金融体系与实体经济之间联系的金融监测指标体系。

① 约翰·奎金：“下一次全球崩溃”，《国家利益》，美国，2012 年 4 月 17 日。

（二）完善影子银行关联业务的统计制度

目前，监测宏微观影子银行体系仍存在很多困难，相关研究和统计工作仍较薄弱。例如，我国传统银行与影子银行的往来业务缺乏相关统计标准和统计数据，不能准确评估两者之间的关联程度，难以制定有针对性的政策来降低影子银行的系统性风险。

应尽快明确影子银行机构和业务的统计范畴，加快建立覆盖全面、标准统一、信息共享的金融业综合统计体系，构建银行、证券、保险及境内外业务相互协调的统计体系。

一方面，应将金融统计范围由传统银行体系拓展至影子银行体系，完善传统银行与影子银行关联业务统计制度，建立健全社会融资规模总量统计制度；另一方面应建立健全信息共享机制，加大信息共享力度。加快实现各监管机构、交易所等统计标准的统一，以便定期汇总、分析并做好监测工作。

（三）未雨绸缪，加强对影子银行的立法工作

当前，我国影子银行相关立法尚不适应监管需要。同时，我国影子银行运作透明度较低，缺乏有效信息披露规范要求。应加快推进委托贷款、资产证券化、金融衍生品交易、银信合作、民间金融发展等方面的立法工作，明确相关制度安排，加快推进金融基础设施建设，尽快出台监管影子银行的法律法规。明确对影子银行机构不同的影响程度和风险水平，实行动态比例监管，建立有效的风险防火墙机制。

（四）通力合作，完善宏观审慎管理的基础性框架

G20 首尔峰会提出了建立和完善宏观审慎管理的基础性框架，旨在防范系统性金融风险、维护金融稳定。影子银行监管无疑是宏观审慎管理的基础性框架的重点。对影子银行体系中具有系统重要性的机构应建立明确的资本充足率监管要求，并建立杠杆率的动态调整机制，将明确的杠杆率作为宏观审慎性约束框架的一部分。

基于宏观视角的监测有助于把握影子银行体系跨期演变的总体概况，并为监管当局提供风险警示信息，有助于评估影子银行体系和非金融部门的融资脆弱性。危机后 FSB 等国际组织和有关国家已把一些国际公认的政策工具加以归纳完善。应加强与有关国际组织和有关国家相关机构关于影子银行识别与监管措施信息的沟通，通力合作，及时分享监测信息。

（周　波　宋　馨）

美韩自贸协定生效对区域经济的影响及我国之对策*

2012年3月15日，美韩自由贸易协定（FTA）正式生效。这是美国与东亚主要经济体签订的第一个FTA，也是继2011年7月1日韩国—欧盟FTA生效后又一重要事件。在美国全面推进“重返亚太”战略的背景下，美韩FTA具有多重影响，不仅强化了前者对东亚地区的经济渗透能力，同时对我国倡导的中日韩自贸区建设将产生一定的干扰作用。此外，美韩FTA生效和TPP快速发展的叠加影响，将对东亚多个经济体产生冲击和示范效应，进而从更深层面影响亚太经贸和政治格局的演变进程。

一、美韩FTA简述

（一）进程回顾

2006年2月，美韩开始前期谈判，同年6月开始第一轮协商。2007年6月草签FTA协议。2008年执政的美国民主党政府对协议部分内容不满[①]，美国议会未能批准该协议。韩国则在牛肉进口问题上态度强硬，双方陷入僵局。2009—2011年，美韩再次展开磋商，重新修订FTA。2011年10月和11月，美韩FTA分别获得双方国会批准。美国允许韩国保留对大米、肉类等敏感农产品的贸易壁垒，韩国则向美国的汽车等制造业和服务业开放。

（二）主要内容

该FTA以北美自由贸易协定（NAFTA）[②] 为蓝本，取消贸易中85%的工业

---

* 本文写于2012年4月。

① 主要是涉及美国汽车、纺织品市场开放以及美国牛肉对韩输出等问题。

② 1989年，美国和加拿大两国签署《美加自由贸易协定》（North American Free Trade Agreement）。1991年2月5日，美、加、墨三国总统同时宣布，三国政府代表从同年6月开始就一项三边自由贸易协定正式展开谈判。1992年8月12日，美、加、墨三国签署了北美自由贸易协定。1994年1月1日，协定正式生效，自生效之日起在15年内逐步消除贸易壁垒，实施商品和劳务的自由流通。

品关税，其余15%的关税将在3—15年内逐步取消。内容涉及农产品、纺织品、原产地、海关清关制度、卫生检疫制度、技术壁垒、投资、服务、金融、电子商务、竞争性政策、政府采购、知识产权制度、劳工问题、环境和透明度问题等19个领域。

在双边贸易及市场准入方面，美韩FTA规定，任何一方不得对自贸区内的货物提高或新设关税，现有关税将逐步取消；在农业方面，韩国同意取消2003年美疯牛病爆发后对美牛肉进口的限制，以换取韩国大米市场的例外保护，同时各方将确保关税配额（TRQ）的透明性，顺应市场要求，降低交易成本，真实反映最终用户的选择；任何满足美韩政府法律及行政要求的代理商、零售商、餐馆、酒店、食品批发商等，除非另作说明，均可提出配额分配要求，申请费用仅限于实际成本；在通关及贸易便利化方面，任何一方都应根据法律要求及时放行，条件允许的情况下，货物应在抵达后的48小时内通关放行；在电子商务方面，任何一方不得对搭载于电子设备或以电子方式传输的区内原产地数字产品征收关税或其他费用；在劳工问题方面，各方均需遵循《国际劳工组织（ILO）关于工作权利及基本原则的声明》。

二、美韩FTA产生的背景和意义

美韩FTA从谈判至生效，历时6年，是美国自1992年以来签署的最大规模FTA，也是与亚洲国家签署的最大规模的FTA。在当前复杂的国际政治及经济背景下，它对美韩两国都意义深远。

（一）美韩FTA形成的背景

金融危机的经济背景。美韩FTA谈判始于次贷危机前，当时国际经济环境较好，双方拓展经贸合作的意愿虽然积极但并不迫切，加之各自均面临一定政治压力，美韩虽然草签了协议，但在各自推动立法程序方面却较为消极。2008年金融危机爆发，美国面临扩大出口、调整经济结构、去杠杆化和“空心化”等经济难题。亚太地区经济虽然也遭遇困难，但仍处于快速发展阶段，且市场潜力巨大。为迅速扩大亚太特别是东亚市场，美国选择韩国为突破口，加快推动美韩FTA。2009年11月，奥巴马访韩，与韩达成共识，次年6月，奥巴马表示应尽快消除美韩FTA的分歧。2011年底，美韩国会分别予以批准。

美国重返亚太的战略背景。2011年，伊战结束，美国得以抽身，加快“重返亚太”战略的步伐。美国务卿希拉里·克林顿指出，未来10年美国将“把外交、经济、战略和其他方面大幅增加的投入锁定在亚太地区”。2011年11月，奥巴马首次参加东亚峰会，强调美国是“太平洋大国”，将长期“驻留”亚太，通过“坚持核心原则”和与盟友及伙伴的紧密合作，在“塑造”

亚太地区未来中发挥“更大和更长远的作用”。韩国是美国在亚太地区的传统军事盟国①。美韩 FTA 在军事、政治同盟的基础上，进一步强化了双方经贸同盟。

TPP 迅速发展的亚太经贸新格局背景。2002 年，TPP 由智利、新加坡、新西兰 3 国发起，截至 2011 年参与或即将参与准入谈判的国家扩展到 12 个，GDP 总量合计达 24.843 万亿美元，占全球 GDP 总量 61.963 万亿美元的 40%②，在 APEC 内 GDP 占比高达 71.16%。在 TPP 快速发展的情况下，美韩都有加快 FTA 生效的意愿。

（二）美韩 FTA 对美韩双方均意义重大

1. 对美国的意义

一是经济利益——帮助美国扩大出口。美贸易代表办公室强调，美韩 FTA 是美近 20 年来最具经济重要性的 FTA，有助于实现奥巴马提出的五年“出口倍增”计划。韩国的关税减让将使美国 GDP 每年增加 100—120 亿美元，美对韩的商品出口每年将增加 100 亿美元③。

二是政治利益——配合美国推行的“重返亚太”战略及 TPP，建立美国主导的亚太政治、经贸新秩序。相较而言，对于美国来说，美韩 FTA 的政治影响要大于经济利益。

2. 对韩国的意义

一是完善韩国对外贸易结构。2011 年 7 月 1 日，韩国与欧盟的 FTA 正式生效，经济规模超过北美自贸区。美韩 FTA 的生效使韩国成为第一个同时与欧盟和北美签订 FTA 并投入运行的亚洲国家，外贸结构进一步完善。

二是促进韩国的经济增长。韩国发展研究院（KDI）指出，借助美韩 FTA，输美产品将持续增加，年均增长约 12.9 亿美元，未来 10 年的 GDP 可提升 5.7%，就业人口将增加 35 万。

三是强化国际竞争力。韩欧、韩美 FTA 的生效使韩国成功进入欧美两大自贸体系，对外投资及技术合作的吸引力将显著增强，有助于推动与其他国家 FTA 的签订。此外，通过 FTA，韩国服务业市场及相关监管法规实现了自由化，将极大增强韩国在服务业领域的国际标准和竞争力。目前，韩国对外签署的 8 个 FTA（参见表 1）的相关贸易额占贸易总额的 40%，在东亚的经济地位得到明显加强。

---

① 至今约 2.85 万美军部署在韩国 41 个基地中。

② 数据来源：IMF2011 年 4 月发布的全球经济体 GDP 统计。

③ 美国际贸易委员会预测。

表 1　　韩国已签 FTA 列表

名称	签订国家（地区）	签订时间
韩国智利 FTA	韩国—智利	2002. 10. 24
韩国新加坡 FTA	韩国—新加坡	2005. 08. 04
韩国欧洲自由贸易联盟① FTA	韩国—欧洲自由贸易联盟	2005. 12. 15
韩国东盟② FTA	韩国—东盟	2006. 05. 16
韩美 FTA	韩国—美国	2007. 06. 30
韩泰 FTA	韩国—泰国	2009. 02. 27
韩印全面经济伙伴协定	韩国—印度	2009. 08. 06
韩秘 FTA	韩国—秘鲁	2010. 11. 14
韩国欧盟 FTA	韩国—欧盟	2010. 10. 05

综上，美韩 FTA 虽然是经贸领域的共同协定，但其意义已经超越了经济范畴，不但巩固了美韩同盟，更是满足了美韩不同的战略需求。虽然就其本身而言，FTA 是双方相互妥协的产物，并非完整和均衡的自贸协定，但是美韩双方部分实现了既定目标，“以经促政”，使美韩同盟关系更加巩固。

三、美韩 FTA 对区域经济的影响

（一）对东亚地区经济体的冲击及示范效应

1. 日本

一是经济上的冲击。韩日两国的经济增长都较依赖出口，韩国电子及汽车工业迅速发展，已经成为日本在国际市场上强有力的竞争对手，甚至形成了此消彼长的局面。美韩 FTA 的生效，再加上日元升值、国内人力成本上升等因素，日本汽车和高科技产品在美国市场将面临前所未有的压力。

二是贸易地位上的冲击。2002 年，日本外务省公布了《日本的 FTA 战略》，提出了建立 FTA 的基本原则和构想，但行动迟缓。日本工业界认为，韩国已经成功构建了“全球 FTA 网络”，较日本取得了极大的贸易优势，令后者在海外市场处于不利地位。此外，日本在新能源、新材料等高附加值生产制造领域长期奉行“留在本土”的原则，以防止技术外流。关税障碍却直接造成价格劣势，进

① 欧洲自由贸易联盟（European Free Trade Association——EFTA）又称“小自由贸易区”。1960 年 1 月 4 日，奥地利、丹麦、挪威、葡萄牙、瑞典、瑞士和英国在斯德哥尔摩签订《建立欧洲自由贸易联盟公约》，即《斯德哥尔摩公约》。该公约经各国议会批准后于同年 5 月 3 日生效，欧洲自由贸易联盟正式成立，简称欧贸联，总部设在日内瓦。现有成员国仅为：冰岛、列支敦士登、挪威与瑞士。

② 当时未含泰国。

一步损害日企的海外竞争力。

面对美韩 FTA 生效所带来的冲击，日本拟采取如下对策：

一是积极推动日加 EPA[①] 谈判。2012 年 3 月 25 日，日本首相野田佳彦与到访的加拿大总理哈珀表示将就签订日加 EPA 举行谈判。这是日本首次与 G8 成员国举行类似谈判。如果谈判成功，日本将直接进入北美统一大市场，获得与韩国在北美势均力敌的贸易地位。

二是加快参与 TPP 的准入谈判。日本经产省表示，在韩美、韩欧 FTA 生效的前提下，如果日本不加入 TPP，也不与欧盟和中国签署 FTA，可能令日本 GDP 减少 10.5 万亿日元，失业人口增加 81.2 万人。日本如果要重新获得对韩均势，必须认真考虑加入 TPP，同时与欧盟就 EPA 谈判达成共识，否则日企只能向海外进行产业转移，造成国内产业空心化。

三是适时展开中日 FTA 谈判。鉴于中国已经成为日本第一大贸易伙伴，同时韩国在 FTA 领域取得快速进展，日本决定就签署 FTA[②] 事宜与中国展开研究。日本贸易界普遍认为，“与中国的贸易自由化已刻不容缓”。在 2012 年 5 月 13—14 日的中日韩峰会上，日本将根据韩国态度[③]与中国就 FTA 展开协调。

四是借助他国 FTA 扩大海外基地出口。由于对外 FTA 进程落后，同时日元波动风险剧烈，日本企业扩大海外生产并将出口比重向海外基地倾斜趋势明显，即利用他国缔结的 FTA，选择最有利的海外生产和出口基地，扩大当地生产及出口。日本经产省指出，日本制造业从海外生产基地向第三国出口的规模已经由 2001 年的 617 亿美元上升到 2010 年的 1888 亿美元，2011 年度将达到 2000 亿美元。

2. 中国台湾

中国台湾地区的经济结构及出口导向政策与韩国较为接近，经济发展水平相当，其输美产品与韩国存在着“同质竞争性”。美韩 FTA 对台湾冲击较大，使其面对“贸易移转”压力，特别在电子、纺织、成衣、机械、塑料等产业影响更为明显，影响台湾出口金额约 118 亿美元，占其海外贸易 34.1%[④]。与此同时，美韩 FTA 使韩国对外资更为开放，有利于吸引外资，据测算每年可增加 22—32 亿美元，在一定程度上可能挤占赴台投资额度。对此，中国台湾拟采取以下措施：

一是深化与大陆的经贸合作。2011 年 10 月 14 日，台湾地区领导人马英九表示，与大陆签订“两岸经济合作框架协定”（ECFA）即是应对美韩 FTA 的措施

① EPA 即经济伙伴协定，类似于 FTA，内容更为广泛。

② 中日韩三国自 2010 年 5 月开始了有关三边 FTA 的共同研究，2012 年 3 月发布了敦促尽早生效谈判的研究报告。

③ 韩国反对在 2012 年 5 月份生效中日韩三方 FTA 谈判，也反对为该谈判设置时间表。

④ 此项数据引自中国台湾地区媒体。

之一。ECFA有利于台湾借助大陆制造的成本优势提高在欧美市场的竞争力。

二是推动“台美贸易及投资框架协定”（TIFA①）。马英九表示，将推动台美TIFA尽早签订。美国商务部副部长桑切斯则于2012年3月14日回应，美台有绝佳贸易基础，对签订TIFA感到乐观，它将给台湾带来正面作用和许多利益。

三是从长期着眼考虑与美签订FTA或加入TPP。台湾地区领导人已经明确表示，与美签订FTA是长远目标，并把加入TPP列入未来10年目标。

3. 东亚其他国家

美韩FTA具有一定的排他性，对东南亚的出口制造业形成挑战。以泰国为例，韩国出口到美国的汽车零配件关税将从8%降为零，而泰国出口到美国的同类产品关税最高达30%。此外，由于美韩纺织品及服装关税已经取消，印尼、越南、孟加拉、菲律宾、柬埔寨、泰国的纺织品与服装均将受到较大影响。为了应对美韩FTA的冲击，更多东亚国家将会主动朝着以美国为主要对象的双边及多边FTA迈进。

（二）对东北亚经贸格局的影响

美国曾是韩国最大贸易伙伴，但2003年以来，降至中国、日本和欧盟之后，位列第四。美国在韩进口市场份额中占比从10年前的21%下降到9%，双方经济合作基础有所削弱。美韩FTA的生效将有利于美重拾对韩经济影响力，进而左右东亚经贸格局的未来演变进程。从目前韩国对中日韩FTA的消极态度判断，美韩FTA已经开始发挥干扰作用。

（三）对亚太区域经济合作的影响

目前，WTO的多哈回合已经陷入停滞，亚太整体自贸区的建设未见显著成效，TPP扩容已经成趋势，甚至可能将在APEC框架下发挥主导作用。从亚太经贸全局来看，美韩FTA成为TPP在地理结构上的有效补充，即在太平洋东西自贸框架的基础上，强化了美国在东北亚的经贸影响力。

此外，韩国已经与TPP的9个成员国中的6个②签订了FTA。美韩FTA与TPP均脱胎于北美自由贸易协定，具有较强的兼容能力。从TPP准入谈判的规则来看，韩国只需与TPP的另外3国达成共识并做适当调整，即可加入。

综上，在美国“重返亚太”的战略背景下，在美韩FTA示范作用的影响下，同时也是出于“平衡”中国的考虑，亚太地区经济体加入美国主导的双边或多边FTA的意愿有可能高涨，或将加速TPP的扩张，彻底改变当前的亚太区域经

① 台美TIFA可以视为FTA的前奏，自1994年制定谈判框架，成为双方重要的年度谈判之一。其间，围绕美方提出的知识产权保护、农业、电信和药品四大问题以及美国牛肉出口台湾等问题，曾几度中断。2010年，双方开始重新接洽。

② 美国、智利、秘鲁以及东盟框架内的新加坡、马来西亚和越南。

济合作格局。

四、美韩 FTA 对中国的挑战及对策

（一）对中国的挑战

美韩 FTA 的贸易转移效应将不利于我国对外出口。我国的机电产品、化工产品、家具、陶瓷、玻璃、塑料及农产品在美韩进口市场中与韩美产品处于竞争关系。美韩 FTA 将令双方贸易成本快速降低，我国同类出口商品的低成本优势则递减。同时，以制约区外国家为目的的原产地规则对我国产品进入设置了新的障碍，非常不利于我对美韩出口。

美韩 FTA 的政治影响力将令东北亚政治经济形势更为复杂。该协定不仅有利于美韩加强双向贸易与投资，更有助于强化美韩“军事同盟和经济同盟”，使两国经济、外交、安保同盟关系发展到更高层次，对中国周边安全带来不利影响。美国国会研究处指出，美韩 FTA 在增强美韩贸易关系的同时将牵制中国在亚洲地区的影响力。

在美韩 FTA 的影响下，日本可能加速参与 TPP。美韩 FTA 对亚太地区经贸一体化可能起到“倒逼”作用。日本有可能向美国靠拢，加快参与 TPP，沿着美国设定的方向推进，固化美国在东亚地区的政治经济影响力，进一步确立 TPP 在“亚太自贸区”建设中的绝对优势。

亚太经济体推动 FTA 可能形成高峰，新的经贸格局正在形成之中。在美韩 FTA 与 TPP 的双重作用下，中国一直倡导的“10+3”为主轴的东亚区域合作有可能面临分化，在东北亚地区的影响力受到削弱。美国希望通过该协定牵制韩国进入“中国经济圈”，加强自身同东亚市场的联系，同时打乱中日韩 FTA 建设计划，逐步确立以美为主导的亚太经贸新格局，形成实质上的针对中国的新贸易壁垒。

不过，美韩 FTA 的生效也有可能从侧面对日本及中国台湾地区形成压力，反而增强后者与中国大陆地区签订 FTA 及投资协定的动力。

（二）几点对策思考

东北亚经济一体化建设可分阶段进行。针对推动中日韩 FTA 阻力较大的现实，可以与韩、日分别商谈 FTA。据韩国国际经济政策学院测算，中韩 FTA 可在7—10 年内令韩国 GDP 增长3.17%，高于美韩 FTA 的2%。此外日本对中国一直抱有较强的竞争心理，一旦中韩 FTA 建成，日本必定迫切希望与韩国也签署 FTA，进而最终完成中日韩 FTA 的建设，东北亚地区的经济格局也将大为改观。

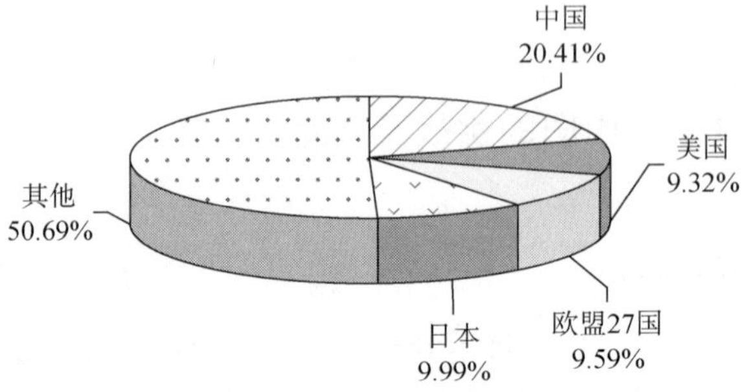

图 1　2011 年中国、美国、欧盟、日本及其他国家在韩国外贸中的占比

以开放的姿态对待并参与 TPP，从其内部化解对中国的围堵。当前，全球经济复苏快慢不一，发达国家和新兴市场国家都面临拓宽海外市场的需求。各国积极组建多边自贸区的意愿进一步加强了全球经济一体化的趋势。中国应积极应对 TPP，相机参与谈判，从其内部化解对我的事实贸易壁垒。

强化在亚太、中亚、东南亚和东北亚的区域合作。一是可以在战略全局上对美主导的区域 FTA 保持一定程度的均势；二是加强与不具备 TPP 准入资格的国家在经贸领域合作，推动区域合作，赢得道义上的主动；三是利用这一时机，加快培育亚太地区的边缘市场，逐步提高在本地区的主导能力。

加快产业升级和内部改革，提升国际竞争力。中国产业还处在整个东亚产业结构链的中低端。中国应加快结构调整，提高自身的技术水平和在国际产业分工中的地位，吸收发达经济体的技术和管理模式，弥补内部市场建设中的不足，提高在国际 FTA 谈判中的对话实力。

（郎　艺）

第三部分

欧债危机

简析欧盟2011年10月第二次峰会主要议题及成果*

2011年10月26—27日，欧盟当月特别峰会①第二次会议在布鲁塞尔举行，就10月23日未完成的第一次峰会议题再次进行讨论，会议取得重大进展。此次峰会通过了全面可持续性的欧洲债务一揽子应对方案，主要包括：提高银行体系核心资本金充足率至9%，扩大“欧洲金融稳定工具”（EFSF，亦称“欧洲金融稳定基金”），将希腊主权债务减记50%。鉴于欧盟在世界经济体系中的重要地位和作用，其财金政策的重大调整都会对全球经济复苏及G20框架制度的演变产生一定影响。同时，其危机解决方案在很大程度上必须得到G20国家的积极配合才能有效实施。因此，此次欧盟峰会的主要议题及成果必将成为2011年11月3—4日G20戛纳峰会的关注焦点。现将相关情况简析如下，供参考。

一、欧盟峰会主要议题及成果

此次欧盟峰会是10月23日峰会的延续，属于欧盟就重大问题进行讨论的特别峰会。主要议题有三个，如下：

（一）银行体系注资问题

2009年10月，希腊主权债务危机爆发，随后几经反复，迅速向其他国家扩展。由于欧洲各国银行习惯于彼此持有主权债券，因此，主权债务危机最终传导至银行系统，并于2011年9—10月被集中披露。国际三大评级机构分别下调希腊、意大利、法国、西班牙等国家近60家银行的资信评级（参见表1），欧元持续下行。银行体系的动荡引发资本市场对其抗风险能力的高度怀疑，欧盟被迫采取一系列措施提供流动性，借以稳定银行体系，包括：欧洲央行联合美联储、英国央行、日本央行和瑞士央行在3个月内向欧洲银行提供无限量贷款②；欧洲央

---

* 本文写于2011年10月。

① 欧盟峰会是欧盟的最高决策机构，由各成员国政府首脑和国家元首组成。每年6月底和12月底举行正式峰会，3月和10月举行特别峰会，如有必要也可举行临时特别峰会。

② 具体投标时间分别定于10月12日、11月9日和12月7日。

行重启抵押资产债券①的收购；欧洲央行重新发放12个月期银行贷款。通过上述行动，欧盟通过市场环节向欧洲银行体系进行大量融资，迅速提高其资本充足率。

表1　三大评级机构下调欧洲多安银行资信评级

评级机构	补评级银行	评级下降情况	评级时间
穆迪	法国农业信贷银行；法国兴业银行	法国农业信贷银行的长期债务和存款评级下调一级，从Aa1下调至Aa2；法国兴业银行长期债务评级降至Aa3，前景为负面	9月14日
	希腊8家银行	下调该国8家银行的长期存款评级，并将所有希腊银行的长期存款和债务评级前景下调为负面	9月23日
	英国12家金融机构；葡萄牙9家银行	下调英国12家金融机构信用评级；9家葡萄牙银行的高级债务与存款评级下调一至两个等级，并将其中6家银行的独立评级下调一或两级	10月7日
	西班牙长期主权债务评级	西班牙长期主权债务评级下调两级，从Aa2降至A1	10月18日
标普	意大利15家银行	意大利7家银行的长期评级，展望为负面，并将另外8家意大利银行的评级展望自稳定调降至负面，其中包括意大利资产规模最大的裕信银行	9月21日
	意大利24家银行和金融机构	下调24家意大利银行和金融机构评级	10月18日
惠誉	意大利、西班牙主权信用评级	惠誉宣布下调意大利和西班牙的主权信用评级，对欧元区的第三和第四大经济体施加了新的压力。惠誉将意大利的长期主权债务评级从AA－下调至A＋，同时将西班牙的长期主权债务评级从AA＋下调两级至AA－，前景展望为负面，意味着两个国家评级还有可能进一步下调。	10月7日

然而上述举措属于临时性非强制措施，并未对欧洲银行抗风险能力的核心指标——资本金充足率作出硬性指令性调整。在此次峰会上，欧盟领导人经过艰辛努力，最终达成一致，要求欧洲90家主要商业银行在2012年6月底前必须将资本金充足率提高到9%。这一指标甚至较2010年通过的“巴塞尔协议Ⅲ”② 还要

① 资产抵押债券（Asset－Backed Securities，简称ABS）是以资产（通常是房地产）的组合作为抵押担保而发行的债券，是以特定“资产池（Asset Pool）”所产生的可预期的稳定现金流为支撑，在资本市场上发行的债券工具。

② 该协议是应G20集团领导人委托，于2010年11月通过，要求截至2019年，商业银行资本金充足率必须达到7%，以增强风险抵御能力。

严格。据测算，欧洲银行业目前的资金缺口为1060亿欧元①，其中债务问题国家需要补充的额度较大，占比较高，德法需补充的额度较小，占比也较低（参看表2和图1）。

表2　　需要补充资本金主要银行国别及额度

银行国别	资本补充额度（单位：亿欧元）
希　腊	300
西班牙	262
意大利	147
葡萄牙	78
法　国	88
德　国	52
总　计	约1060

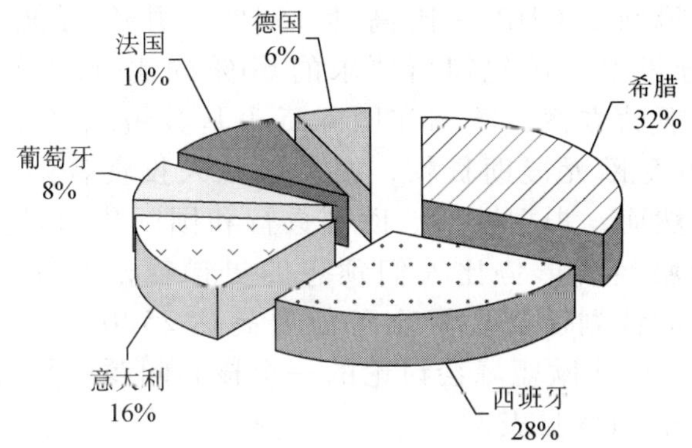

图1　欧洲主要国家银行资本金补充额度对比

（二）EFSF扩容问题

欧洲金融稳定工具（EFSF）建立于2010年5月，规模为4400亿欧元，与国际货币基金组织提供的2500亿欧元以及欧盟国家市场融资获得的600亿欧元共同构成金融稳定机制，主要是用于欧盟主权债务问题国家，向其提供贷款解决债券融资问题，但不允许在二级市场上购买问题国家债券。后经多次修改，功能逐步扩大，可以参与一、二级债券市场。但是由于第一轮援助希腊及爱尔兰计划耗资巨大，EFSF目前所剩额度仅为2500亿欧元左右，难以应对欧债危机的扩大化形势。

此次峰会就EFSF的扩容问题达成了原则性一致，基本思路是实现“EFSF

① 10月26日，欧元兑美元约1：1.39。

的杠杆化操作”，即以其目前现有资金向高比例债券提供担保。虽然具体技术细节需要在11月的欧盟财长会上进一步确定，但根据已经掌握的情况来看，主要是两种方式：第一种是按20%—25%的比例，用EFSF剩余资金额度为新发债券提供“信用增级”，投资者购买债券时可以购买“风险保险”，从而使债券获得EFSF的担保，当债券出现违约损失时，债权人可以从EFSF获得至少20%的面值补偿；第二种是依托EFSF成立“特别用途工具”（也有称“特别用途投资工具”，缩写为SPV/SPIV），吸纳欧盟以外民间或主权基金以充实EFSF可用资金额度。

（三）希腊主权债务减记问题

2009年10月希腊主权债务危机爆发后，2010年5月欧盟与IMF达成协议，联合对希腊展开第一轮救助。希腊虽然实施了财政紧缩政策，其债务占比仍然居高不下，截至2011年7月，希腊主权债务余额已经达到破纪录的3500亿欧元，GDP占比高达158%，并有可能在2013年突破185%，远远高于欧盟财政纪律所要求的60%的比例。当月，欧盟出台的新的针对希腊的援助方案，欧洲和国际货币基金组织（IMF）为希腊提供第二轮总额1090亿欧元援助贷款，银行等私人投资者则自愿接受21%的希腊国债损失。然而，根据欧盟、欧洲央行和国际货币基金组织公布的最新报告来看，希腊经济形势比人们预想的更糟糕，若仅以21%的损失减记，则第二轮救助计划所需要资金可能要高达2520亿欧元，这是欧盟和IMF无法接受的。此次欧盟峰会讨论的一个核心问题就是再次对希腊主权债务减记比例进行修改（参见表3）。

表3　私人债仅减记幅度与第二轮救助希腊计划所需资金对比

私人债仅减记幅度	第二轮救助计划所需资金（单位：亿欧元）
21%	2520
50%	1140
60%	1090

最终，在欧盟的巨大压力下，欧洲主要银行与欧盟达成带有明显“妥协”性质的协议，即将希腊主权债券的减记比例定在折中的50%。据初步估算，希腊债务由此减记1000亿欧元左右①，其与商业银行的债券互换将在2012年1月进行。此外，希腊还将获得1300亿欧元新的官方贷款。

① 由于减记是配合债券置换（即中短期债券置换为长期债券）和展期执行，并参考当时市值及利率，因此并非债务余额的折半。

二、各方反应

（一）希腊及主要发达国家

希腊。希腊总理帕潘德里欧称，欧盟峰会就解决债务危机达成的协议为希腊实施改革、摆脱债务危机赢得了时间，减轻了普通老百姓的负担。虽然加重了希腊银行业负担，但受此影响的银行业和退休基金不会出任何问题。新协议需要希腊继续进行结构改革和紧缩措施，但近期不会出台新的紧缩措施。另外，随着债券置换计划在2012年1月开始实施，2013年希腊将在衰退四年后首次出现原始财政盈余。

法国。法国总统萨科齐表示，欧元区领导人就解决债务危机达成一揽子协议使欧洲避免了一场灾难。若希腊破产或欧元崩溃，欧洲乃至世界经济都将受到重大影响。他也指出，允许希腊加入欧元区是一个“错误”，但法国仍对希腊通过自身努力和外界救助走出危机具有信心。受债务危机影响，法国将对2012年经济增长率预期从1.75%下调至1%。法国还需通过减少公共开支或增加财政收入等手段弥补更多财政缺口。

德国。德国财政部副部长阿斯姆森称，欧盟峰会作出的一系列决议必须被尽快全力执行，以期发挥最大限度的效果。西班牙和意大利已作出了重要的承诺，必须付诸实现。德国政界、银行业和金融市场也表现出乐观情绪。德国经济部长罗斯勒称，峰会决议为欧盟条约的修改打开了一扇大门。

日本和美国。日本财务大臣安住淳对欧盟峰会达成的协议表示欢迎，认为这是“向前迈出的一大步”。美国总统奥巴马表示，欧盟峰会极大地抚平了市场先前的不安情绪，这是欧元区关键性的一步，欧元区危机如何得以解决肯定会影响美国经济，目前对于欧元区来说最重要的是确保欧盟峰会协议得以全力执行。

（二）国际组织

国际货币基金组织（IMF）。IMF总裁拉加德对峰会达成的协议表示欢迎，并指出：私人部门参与对于改善希腊债务的可持续性至关重要，IMF将批准向其发放新一轮贷款，希腊必须推进其承诺的经济改革。欧洲金融稳定基金（EFSF）功能的扩大可以增强欧洲防范传染的能力，并有助于确保主权债务市场的正常运作。欧元区就补充银行资本金和加强银行融资的协调机制达成一致是一项重大进展，加强银行的资本缓冲则是关键。欧元区内部经济和财政协调应加强，以体现其经济联盟与货币联盟。IMF将继续发挥作用，支持解决欧元区面临的挑战，帮助其恢复全面的潜在增长。

欧元集团[①]。其主席容克表示，欧盟峰会的最终决定是一个具有突破性意义的决定，但强调任何结论都不应该增加欧洲央行的负担，解决危机的责任在于各国政府。欧元区需要一个稳定的基础来决定如何进行银行资本的调整，扩大EFSF规模也需要一个肯定的决定。

欧洲央行。欧洲央行行长特里谢再度呼吁成立欧洲共同财政部。他表示，与2011年6月份他首次提出这项建议时相比，目前成立欧洲共同财政部的理由更充分。欧洲央行管委会成员暨卢森堡央行总裁称，欧元区对于不严守预算规则国家所实施的制裁应提早着手，但不会对后者造成严重损害。

（三）新兴经济体

俄罗斯方面对欧盟峰会协议表达了谨慎的欢迎。俄罗斯表示，更愿意通过国际货币基金组织（IMF）为欧元货币联盟提供帮助。俄总统经济顾问阿卡狄德沃科维奇称，市场认为峰会决议所采取的措施相当充分，但很难说这些措施在长期来看会是足够有效的。

巴西政府表示不会为欧洲注资。巴西政府于10月25日拒绝了为帮助缓和欧债危机而购买欧债的意见。巴西财政部长曼特加称，巴西没有参与欧洲主权债务的购买计划，呼吁欧洲解决自己满目疮痍的财政问题。曼特加认为，欧洲各国不需要巴西为其提供资金，巴西也没有这种想法，欧洲应该在内部找寻解决方法。曼特加称，巴西愿意通过国际货币基金（IMF）为欧洲提供援助。

（四）评级机构

国际评级机构惠誉认为，欧元区债务危机不可能迅速得以化解。惠誉主权评级全球负责人托尼·斯汀格称，债务危机不会迅速得以化解，希腊政府破产并发生债务违约已不可避免，西班牙和意大利的前景也令人担忧。穆迪和标准普尔这两家评级机构上周均表示由于法国经济增长前景疲弱以及或有负债攀升，可能下调法国的主权债信评级。

（五）业内专家

美国经济学家鲁比尼表示，英国、美国和欧洲等全球最大发达经济体陷入衰退的可能性超过50%，欧元区问题将持续很长时间，同时欧元区可能已经开始出现衰退。他表示，来自欧元区最大的风险是其问题可能蔓延，同时可能出现影响超过雷曼兄弟倒闭的无序主权债务违约，欧元区需要进行更大力度的财政整合以阻止未来危机发生。

① 欧元集团并非一个组织或机构，它是欧元区财长的月度例会机制，旨在为欧元区成员间的经济政策协调提供一个平台，其主席主持召开每月一次的欧元区财长会。

（六）市场反应

市场反应较为积极，截至北京时间 10 月 27 日下午，欧洲斯托克 50 指数上涨 5.0%，德国股市涨 4.5%，法国股市涨 5.2%，意大利股市涨 4.8%，西班牙股市涨 3.9%。欧元对美元涨 0.8% 至 1.4022。现货原油涨 2.8% 至每桶 92.8 美元。避险资产则遭到抛售，美元指数下跌 0.7%，十年期美国国债收益率上涨 8 个基点至 2.29%，十年期德国国债收益率上涨 13 个基点至 2.16%。北美股市：美股开盘大幅走高，标普 500 指数开盘涨 1.57%，纳指开盘涨 2.75%，道指自 8 月份以来首次重返 12000 点上方。泛欧绩优 300 指数扩大涨幅，上涨 4.1%。

三、几点看法

（一）欧债问题仍将长期存在并产生消极影响

此次欧盟峰会虽然达成全面协议，取得了重大进展，但鉴于欧债问题的复杂性，特别是当前全球经济缓慢复苏过程中大量的不确定性，欧债危机的严峻性将长期存在并产生消极影响，理由如下：

一是欧元区国家的主权债务已经成为普遍面临的问题。根据“马斯特里赫特条约”（简称“马约”）的规定，欧元区各国主权债务及赤字的 GDP 占比分别不能超过 60% 和 3%，而现实情况是，由于欧元区国家经济发展的长期不平衡以及各国曾普遍实施宽松的财政政策，截至 2010 年，各国主权债务及赤字占比纷纷冲高，大幅度超过“马约”的规定（参见图 2、3），并非短期的财金政策调整即可解决。

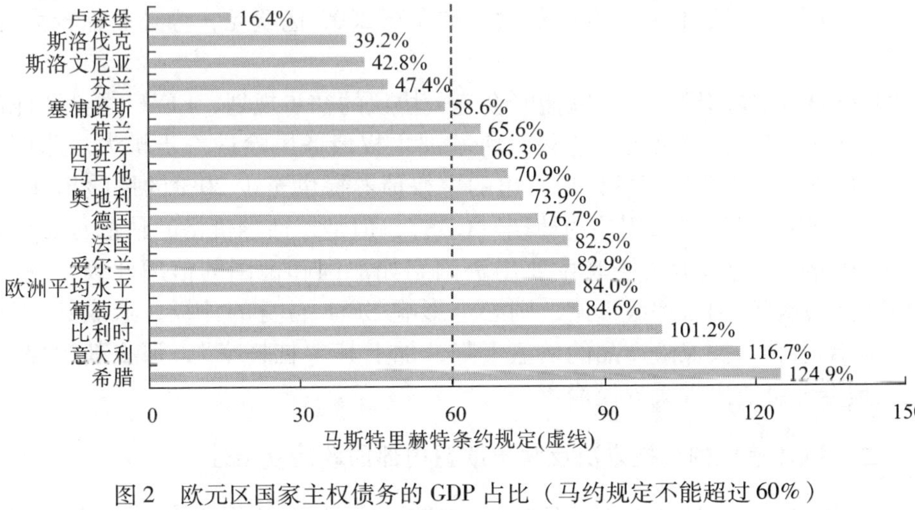

图 2　欧元区国家主权债务的 GDP 占比（马约规定不能超过 60%）

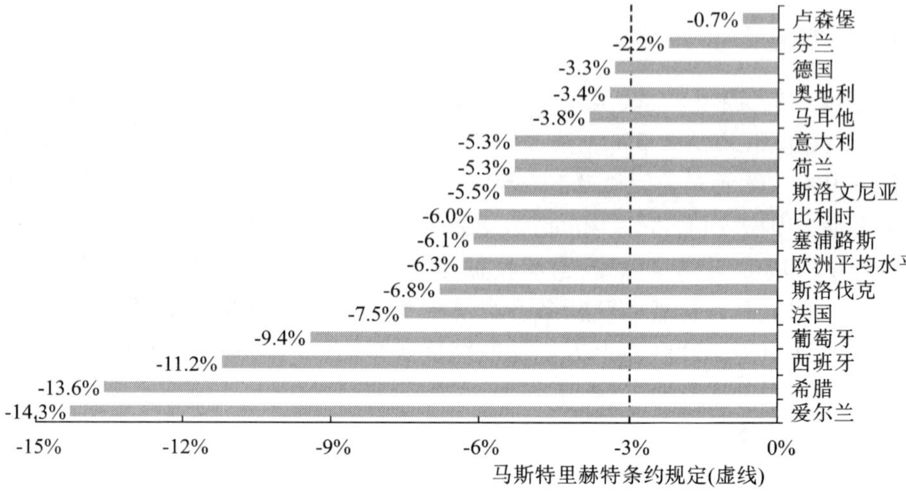

图 3 欧元区国家预算赤字的 GDP 占比（马约规定不能超过 3%）

二是救助规模和减记标准争议较大。根据欧盟与 IMF 达成的协议，针对希腊的第一轮救助将于 2012 年结束。为达成救助效果，令希腊财政实现可持续增长，必须令希腊赤字的 GDP 占比在 2020 年之前降到 110% 以下。为实现这一目标，私人债权人手中的债券价值需要减记 60%，才能将第二轮救助资金规模维持在 1090 亿欧元的水平。然而，从欧盟峰会已经达成的协议来看，各方采取的是折中态度，即扩大了减记幅度（从 21% 加至 50%），但仍旧没有达到应有幅度，其结果是有可能迫使救助规模进一步扩大，对 EFSF 构成较大资金压力。

三是银行资本金的补充问题。此次峰会对希腊主权债券做了减记规定，接下来亦有可能对其他问题国家如爱尔兰和葡萄牙债务进行减记，在这种情况下，欧盟内部的银行体系在 9% 的资本金充足率的新要求下，将不得不进行第二轮资本金扩充，规模可能从目前的 1000 亿欧元扩大至 2000 亿欧元，势必面临较大的融资压力。

四是信用风险问题。按照欧盟峰会达成协议的初步规划，EFSF 的“杠杆化”扩容方式已经确定，这极有可能最终将欧洲主权债务风险进一步扩大。原因是，EFSF 以自身信用为问题国家以后卖出的主权债券提供至少 20% 的风险担保（实际上类似于特别版的“信用违约掉期”CDS），但是，债券价格的估值很难确定。由于 EFSF 的 3A 评级取决于其主要出资国家如法国和德国的信用评级，一旦这些财政状况较好的国家评级下调，则必定影响 EFSF 自身的评级，造成其自身保险的收益率上升，被保险产品的估值下降，加上其“杠杆率”，那么其担保的问题国家债券即可能出现大规模崩盘。

（二）欧债危机的久拖未决反映出欧盟内部的政治复杂性

一是各国分歧长期存在，政策协调难度加大。随着欧债危机的扩大和加深，救助规模不断上升，不断对欧盟国家提出新的财政和融资等要求。由于各国经济发展的不平衡性，欧盟内部分歧越来越大。此前多轮磋商的无果而终表明，欧盟各国因自身利益诉求不同而造成的矛盾无法在短期内化解。法国总理萨尔科齐和英国首相卡梅伦的激烈争论也反映出这一点。英国认为，欧元区问题已经威胁至欧盟成员国的经济前景，法国却认为英国对欧元问题干涉过多。

二是德法仍是欧洲问题解决的关键因素。综合来看，德、法两国实际上是欧盟峰会能否达成协议的关键。双方曾经在希腊债务减记幅度及 EFSF 的扩容及使用方式上存在不同看法：法国倾向于将 EFSF 银行化，认为希腊债务减记幅度不要高过40%（因为法国银行持有大量希腊债券，减记幅度越大，损失越高）。而德国则反对 EFSF 的银行化，并强调需要加大减记幅度从而增强救助计划的成效，同时德方还坚决反对欧洲央行继续在二级市场买债券。最终，法德双方经过多轮密集磋商，达成共识，最终促成欧盟一揽子协议的达成。

（三）或有利于欧洲政治整合

一是推动问题国家加大财政改革力度。此次峰会与之前的系列峰会对债务问题国家的财政政策提出了严格要求，希腊应欧盟要求已经于 2010 年开始了财政紧缩政策，意大利也在欧盟峰会前承诺拿出“加快结构性改革”的方案。这表明，欧盟实际上在一定程度已经开始要求其成员国让出部分主权（部分财政权），配合欧盟整体的财金政策调整，在一定程度上弥补了欧元区财政与货币政策相分离的制度缺陷。

二是欧洲财政部或见雏形。欧债危机暴露出的欧元区机制化不足问题目前已被成员国充分认识，采取果断措施维护欧元稳定及欧元区的稳定也成为各方共识，对欧盟现有条约修改，强化财政联盟的呼声渐高。欧盟委员会主席巴罗佐在 10 月第一次欧盟峰会上指出，欧洲未来的发展将寄希望于单一市场、先进的技术及新的贸易机会。德国总理默克尔表示，欧盟各国应有更广泛的欧洲意识，将加强欧元集团在经济与财政问题上的协调，甚至对现有条约进行修改。实际上，从欧债危机的解决路径来看，此次危机恰恰是启动了欧盟一体化的进程，从建立危机救援机制到建立 EFSF，从强化金融监管到严格财政纪律，欧盟峰会越来越多地行使着“欧盟财政部”的部分职能。

（四）欧盟新协议的有效推行无法离开 G20 成员的积极配合

当前，发达国家主权债务问题愈演愈烈。从 2009 年欧债危机至 2011 年美债危机，已经将发达国家长期奉行的宽松财政与货币制度的弊端暴露出来，凭借金融衍生产品的杠杆效应，依靠金融投融资和资本资产收益融资，发达国家债务经济在一定时期取得了巨大的收益，但也在其金融体系内部累积了巨大的风险，虚拟经济长期背离实体经济的后果最终触发这一危机。欧盟峰会虽然就当前的欧债危机拿出了一套方案，但是其实施无法离开 G20 成员的积极配合。首先，欧盟的核心国家均为 G20 成员，如德、法、英、意；其次，欧洲的融资需要离不开北美金融中心也就是美国的支持；第三，IMF 是解决欧债危机的主要角色之一，G20 成员均为 IMF 成员；第四，也是非常关键的一点，G20 当中的新兴市场国家，拥有欧盟解决债务危机急需的外汇储备，同时这些新兴市场国家尚未面临严重的主权信用问题；第五，通过与 G20 成员中新兴市场国家的贸易，既可以在整顿财政，实施紧缩的同时进口大量廉价商品，保持社会稳定，又可以瞄准新兴市场国家的市场提高出口和产出，实现经济健康增长。

四、中国对策

一是全盘衡量，积极参与。欧债危机的久拖未决，实际上为为中国介入欧洲市场、全面提升海外投资规模及水平、在更大范围内获取政治和经济收益提供了一个窗口期。全球经济的双速复苏、发达国家债务缠身、自身社会及经济矛盾的不断激化，令欧洲和北美在一个阶段内无法集中必要力量遏制新兴国家的崛起。相反地，他们更需要新兴市场国家的庞大外汇储备进行融资，需要后者的市场为其产业复苏提供外需条件。2010 年中国的海外投资水平已经位列世界第五，但投资水平和结构仍存在较大问题，投资收益不高。欧盟地区经济较为发达，技术储备和高质量资产较多，择机介入，将提升中国海外投资收益。同时，在政治上，响应欧盟的官方要求，协助缓解欧债危机，可以增进双方合作与了解，以期得到欧盟在双边和多边国际事务上更多的理解和支持。另外，即便从市场角度分析，如果坐视欧债危机继续蔓延，从而最终动摇欧元区，造成欧元崩溃，那么不但会导致欧盟区经济下滑令我国出口受挫，更为危险的是造成我国欧元资产大幅度缩水，并进一步凸显美元的全球货币霸主地位，不利于我国外汇资产的安全。

二是分析利弊，把握尺度。参与欧债危机的救助，必须审时度势，在介入方式、规模和时机上要慎重选择。在参与态度上，过于积极有可能造成对方猜忌，引发新一轮的“中国威胁论”，而过于消极也可能错失良机，引发欧洲市场的不必要动荡。因此，对于欧盟的要求，似应持一种“开放”态度，共同协商，以达互利共赢。

在参与方式上，从欧盟目前的协议来看，首先，参与银行体系资本金注资不太可能。西方发达国家金融体系的组织和监管十分严格，对外资持股要求很严，基本上持排斥态度。目的就是防止外部势力左右其金融系统。其次，希腊债务减记几乎与中国无关。因为其前期债券基本都为欧洲各国银行持有，减记条款也是为它们量身定做的。第三，参与 EFSF 是中国可能的主要选项。无论是 EFSF 为债券提供担保，实现“杠杆化”扩容，还是通过 SPV/SPIV 对外融资，中国都可以战略投资者的身份购买债券予以支持。但是，需要重点考虑和对待的是 EFSF

的风险性问题。即使在欧盟内部，关于 EFSF 的使用方式及功能定位上仍存在分歧。另外，从技术角度看，EFSF 的信用风险是由法、德等主要国家提供的，因此，不能排除当它们经济陷入衰退时可能引发的债券和风险损失。所以，在介入规模上，中国必须有所控制，充分考虑市场风险。

另外，通过 IMF 向欧盟提供援助也是一种选择，其好处在于可以将风险系数降到最低，只是援助效果和时效性上可能会有所减弱。

三是利用时机，适当提出切实诉求。长期以来，中欧关系发展势头良好，欧盟是中国第一大贸易伙伴。但是，在市场经济国家地位以及对华军售问题上，欧盟长期以来不予以明确支持，这既有经济方面的原因，也有政治方面的原因，来自欧盟以外的干扰力量是不可忽略的因素。在当前形势下，如果将对欧援助与上述问题挂钩，很有可能陷入僵局。因此，我方应本着求真务实，先易后难的态度，可以提出一些较为现实的诉求，如要求欧方降低投资门槛，进一步消除对欧出口壁垒，加强经济技术合作，以推进进一步开放欧洲市场，获取切实收益。

（吴　伟）

简析欧盟2011年12月峰会成果*

2011年12月8—9日①，欧盟峰会在比利时首都布鲁塞尔召开，主要议题是在10月27日欧盟峰会及11月29日欧元区财长会达成协议的基础上讨论欧债危机的整体救助方案及财政整顿。12月9日，峰会通过《欧元区领导人声明》，通过“新财政协议”和“欧洲金融稳定基金”/“欧洲金融稳定机制”（以下简称EFSF/ESM）融资方案，在推进欧盟财政一体化以及解决欧债危机等方面取得重要进展。现将相关情况简析如下：

一、峰会背景及成果简介

（一）峰会背景

始于2009年10月的欧债危机自希腊爆发后，迅速扩展至爱尔兰、西班牙、葡萄牙和意大利。2010年5月，欧盟达成的救助协议建立了EFSF，并通过了ESM的结构设计，虽然在一段时间内缓和了危机形势，但并未从根本上彻底解决。2011年9月，随着欧洲银行体系危机爆发，债务危机已经扩散致整个金融体系，甚至影响了实体制造业，导致欧盟PMI指数下降。欧盟意识到，必须采取坚决果断的措施，对成员国的财政纪律重新约束，并着手建立财政联盟，弥补货币政策与财政政策分离所造成的制度漏洞。在此大背景下，欧盟采取了一系列行动：

10月份召开两轮特别峰会。首轮峰会于10月22—23日举行，未能形成一致结论，遂于10月26—27举行第2轮峰会，就10月23日未完成的第1轮峰会议题再次进行讨论，取得重大进展。此次峰会通过了全面可持续性的欧洲债务一揽子应对方案，主要包括：提高银行体系核心资本金充足率至9%，扩大EFSF规模及融资能力，将希腊主权债务减记50%。

11月召开欧元区财长会。此次会议上，欧元区国家就扩大EFSF规模、向希腊发放贷款以及增加IMF资金达成一致。欧元区财长同意扩大EFSF机制容量，并批准提高该基金融资能力的两个方案：一是引入主权债券部分风险“担保”；

---

* 本文写于2011年12月。

① 欧洲当地时间，较北京时间晚7小时。

二是联合投资。部分风险“担保”是指 EFSF 将为成员国发行的新债提供部分保险，为债券持有者提供主权债券本金额 20%—30% 的保额；联合投资是指创立一种或数种“联合投资基金”（Co - Investment Funds，以下简称 CIF），吸纳公共或私人基金，用于购入初级或二级市场债券。CIF 将通过买入初级债券的方式向成员国直接提供资金，该基金可被成员国用以银行资本重组，CIF 将承诺承担初次损失份额。预计，此两种杠杆化方案均将在 2012 年初正式运作。

欧洲央行两次下调主导利率。在欧盟首脑展开密集磋商的同时，欧洲中央银行也开始采取更为激进的货币政策，分别于 11 月 3 日和 12 月 8 日各下调主导利率 25 个基点，降至 1%，并首次介入欧元区银行的中期融资市场，向银行提供 3 年期贷款，接受评级为 A 的资产抵押证券作为担保品，旨在缓解欧元区信贷紧缩的局面。

然而，正当欧盟采取一系列自救措施的时候，国际评级机构却数次下调欧盟区银行及国家的信用评级，造成市场恐慌情绪持续升温。12 月 5 日，标普宣布将欧元区 15 国的主权信用评级列入负面观察名单，不仅包括意大利、西班牙等债务缠身的国家，也包括德国、法国、荷兰、奥地利、芬兰和卢森堡 6 个财政情况较好的国家。12 月 6 日，标普将 EFSF 的 AAA 长期信用评级列入负面观察名单，同时确认 EFSF 短期信用评级为 A - 1 +。标普还表示，基于 EFSF 现有结构，如果向 EFSF 提供担保的 AAA 级成员国当中有一个或多个评级被下调，那么在其他条件不变的情况下，EFSF 的发行人和发行评级也将被下调，并与当前 AAA 级成员国降级之后的最低等级保持一致。12 月 7 日，标普又将整个欧盟的长期主权信用列入负面观察名单，引起市场强烈震动。

（二）成果简介

在上述背景下，此次峰会取得重大进展，通过了《欧元区领导人声明》，共 16 条，涉及如下几个方面：

1. 达成“新财政协议”

声明第 1—10 条指出，“经济和货币联盟以及欧盟作为一个整体，其稳定和统一需要快速和有力地实施已经达成的协议……它需要管理能力更好的政府来加强财政纪律，进一步整合内部市场，增强竞争力和社会凝聚力”。各国同意“制定新的法律框架”，达成“新财政协议”。财政协议的主要内容包括：政府预算应实现平衡或盈余，年度结构性赤字不得超过名义 GDP 的 0. 5%；建立并落实各成员国政府债券发行计划事先报告制度；成员国超过欧盟委员会设定的 3% 的赤字上限①，将受到欧盟制裁，除非多数欧元区成员国反对；债务占比超过 60% 的国家，其债务削减数量指标的细则必须依据新的规定；欧盟将加强对成员的财政

① 欧盟《稳定与增长公约》要求成员国赤字的 GDP 占比不得超过 3%，债务占比不得超过 60%。

监督和评估，有权要求涉嫌违反《稳定与增长公约》的成员国重新修改预算；加强财政一体化；加强协调与管理，强化欧元区。

2. 强化 EFSF 和 ESM

声明第 11—15 条指出，将“强化 EFSF，调整 ESM，向 IMF 提供双边贷款”。

强化 EFSF 包括：迅速实施 EFSF 的杠杆化扩容方案；欢迎欧洲央行作为 EFSF 介入市场操作的代理机构；EFSF 将继续发挥作用，直到 2013 年中；如有必要，EFSF 将在未来继续为已启动的项目提供融资。

调整 ESM 包括：ESM 的实际借贷能力为 5000 亿欧元，并提前至 2012 年 7 月启动（前提是出资额 90% 的成员国同意后）；ESM 的投票规定加入紧急程序，欧盟委员会和欧洲央行为维护金融和经济稳定，可对金融援助作出紧急决定，达到 85% 同意多数即可；实缴资本和 ESM 已发放贷款的比率维持在 15% 以上；ESM 的有效放贷能力维持在 5000 亿欧元。

3. 向 IMF 注资，提高救助资金的融资规模

注资以双边贷款的方式提供，旨在提高 IMF 的救助能力。在声明通过的 10 天内，参加“声明”的欧盟成员国将以双边贷款形式向 IMF 注资 2000 亿欧元，其中 1500 亿欧元来自欧元区国家央行，500 亿欧元来自非欧元区国家。IMF 可以动用此项资金帮助陷入“债务危机”的（欧盟）国家。

二、几点看法

（一）达成协议是形势发展急迫需要，也源于法德及欧盟理事会的坚决态度

欧债危机的急剧恶化，超出了欧盟甚至是世界主要国家的预计，对世界经济的复苏造成重大影响，也因此成为 2011 年 G20 峰会及 APEC 领导人非正式会议的主要讨论内容之一。就欧盟内部而言，坐视欧债危机继续蔓延最终导致欧元区乃至欧盟解体，不但中短期将重创区域内贸易和经济，从长期看将彻底断送欧洲一体化进程，成本之高是多数成员国无法接受的。法国总理菲永曾表示，欧元区解体将导致欧洲大陆经历浩劫。

有鉴于此，一直期望在欧洲一体化进程中发挥主导作用的法德两国以及欧盟理事会维护欧元区稳定与完整的态度日趋坚决，并以加快欧元区内财政一体化的方式，修复财政与货币制度分离而形成的制度漏洞，从而最终解决欧债危机。

（二）全面修改欧盟条约面临阻碍，欧盟内部成员意见分歧较大

此次峰会的最初设想（即首选方案）曾致力于全面修改欧盟条约，但成员国意见分歧较大，导致只能以“缔结政府条约”（即新财政协议）方式来实现修改欧盟条约的目的。在 27 个成员国中，欧元区 17 国全面通过“新财政协议”，

非欧元区国家态度较为复杂：英国明确表示反对；匈牙利先表示不参加“新财政协议”，后又表示将向本国议会请示；保加利亚、丹麦、拉脱维亚、立陶宛、波兰、罗马尼亚表示加入倾向；捷克、瑞典则称必须征得本国议会同意[①]。

（三）细节问题仍待敲定，尚未成为最终法律

此次峰会通过的领导人声明本身并不是一个法律文件，它最大的意义在于协调和统一欧盟内部立场，并向全球资本市场以及各国政府释放一个强烈的信号，即欧盟多数成员国有决心有能力解决欧债问题。虽然此份声明的最终目的是将“新财政协议”写入成员国的法律，以强化财政纪律，完善制裁机制，实现更严格的监管，但是由于各国国情、经济面及财政策略和重点各不相同，且仍需要各国议会进行讨论，无疑增加了立法难度，能否在 2012 年 3 月前由各国正式签署为法律文件仍存变数。

（四）融资条款实际上承认了 EFSF 的风险性，注资 IMF 的措施意义深远

声明用近三分之一篇幅阐述“强化 EFSF”和“调整 ESM”，这表明，欧债危机的发展形势已经超出了当时建立 EFSF 和 ESM 的预期范围，急需扩大融资规模；单靠 EFSF 已经无力承担救助责任，ESM 需要加速启动，甚至与 EFSF 一起同时运行（至少一年，甚至更长）。

注资 IMF 的意义在于：第一，保障 IMF 在救助欧债国家时有足够的流动性；第二，加强资本市场信心；第三，向世界其他国家表明救市决心，同时示范其他国家向 IMF 注资[②]，增强 IMF 的救助力量；第四，也是非常重要的一点，即向 IMF 注资在欧盟成员国看来，远比向 EFSF 和 ESM 注资更安全，因为 IMF 的评级和威信要比后两者高得多，这等于在事实上承认了 EFSF 的风险性。

（五）峰会进程及成果或反映出美国因素的强大影响力

从美国的全球战略布局来看，欧元区或欧盟的解体并不符合其战略利益。一是将全面弱化西方发达国家阵营，不利于美国国家长期战略，也不利于其集中力量遏制新兴大国的崛起；二是将造成全球经济衰退，进而无可避免地殃及美国自身，激化美国自身的社会和经济问题；三是欧洲因此可能会陷入社会混乱乃至社会危机，矛盾冲突加剧，或将成为新的极端主义和势力的“策源中心”，引发地区甚至全球性冲突。但另一方面，美国也不希望欧盟借解决债务危机的契机，在欧洲一体化建设方面取得重大进展，最终威胁美国一超独霸的全球主导地位。基于上述考虑，美国在欧债危机问题上，一直模棱两可，进退有序：既不任凭其加

---

① 各国立场详见表 1。

② 声明第 14 条：欧元区与其他成员国将斟酌，并在 10 天内确认向 IMF 提供最多 2000 亿欧元双边贷款，以确保 IMF 拥有充足资源应对危机。我们正寻求国际社会作出类似贡献。

剧恶化，又不鼓励支持欧盟进行根本性制度建设和改革，而是进行可控的策略性“斡旋和推动”。

11月30日，美联储联手欧洲、日本、英国、加拿大、瑞士等央行，将美元流动性互换利率下调50个基点，并将互换协议延长至2013年2月1日①。此举旨在为欧洲银行系统提供美元流动性，缓和债务危机下市场恐慌情绪。12月6—8日，美国财政部长盖特纳访问欧洲，与欧元区几乎所有重要财政官员和相关国家领导人举行会见②，敦促后者采取更强有力的措施应对日益恶化的欧债危机。盖特纳强调“欧洲的成功对世界经济、美国经济的重要性”，并表示IMF对解决欧债危机具有重要作用。此外，盖特纳还给出3点建议：经济改革，为欧洲长远经济发展打下坚实基础；建立财政联盟，稳定欧元；财政支持，欧洲各国与欧洲央行应合作创立一个更强的“防火墙”来处理债务危机。需要指出的是，这是盖特纳3个月以来的第5次访欧，充分显示出美国对欧债危机的关注。然而，盖特纳却并未出席欧盟峰会，似又在弱化美国“干预”欧洲事务的“形象”。不过，从英国以修改欧盟条约“不符合英国利益”为由拒绝参与“新财政协议”来看，美国在推动欧洲一体化进程方面似是通过影响英国来发挥“反向作用”。

（六）评级机构在欧债危机过程中的角色值得玩味

目前，国际公认的专业信用评级机构主要有三家：穆迪、标普及惠誉③。其中，穆迪、标普为美资公司，惠誉是法国公司控股，但总部却设在美国和英国，具有浓厚的美资背景。据国际清算银行（BIS）的报告，在世界上所有参加信用评级的银行和公司中，穆迪涵盖了80%的银行和78%的公司，标准普尔涵盖了37%的银行和66%的公司，惠誉公司涵盖了27%的银行和8%的公司。

凭借在金融资产评级方面的垄断地位，评级机构不但可以左右市场动态，甚至可以通过信用评级来影响金融产品的定价和收益率，从而掀起全球资本市场的“惊涛骇浪”。从2007年开始的次贷危机至2009年的欧债危机，从2011年8月份美国长期主权信用首遭下调至9月份欧洲银行体系动荡，直至12月份欧元区国家及欧盟长期信用评级列入“负面观察名单”，全球资本市场的每一次剧烈震动都可以看到评级机构的身影。

鉴于三家国际评级机构的浓厚美资背景，很难排除美国政府或利用对评级机构的监管权力，影响其评级结果，进而干预欧洲资本市场以达到自身战略利益最

① 2010年5月，美国宣布重启与欧洲央行、加拿大银行、英国央行以及瑞士央行的临时货币互换协议，期限至2011年1月。

② 包括欧洲央行行长特里谢、法国总统萨科齐、德国央行行长魏德曼及财长朔伊布勒、西班牙新任首相拉霍伊、意大利新首相蒙蒂等。

③ 1975年美国证券交易委员会（SEC）又将这3家公司定为“全国认定的评级组织”（NRSRO），基本上奠定了其国际评级垄断地位。

大化的可能性。

从中短期看：此次峰会是在前两次峰会及欧元区财长会的基础上一次有效的拯救欧元区的努力，在欧元区内部达成了较为广泛的一致，可在一定程度上缓解当前的危机。由于欧盟内部成员国态度不一，且法律机制复杂，峰会只是暂时释放了良好未来预期。峰会主要成果是"新财政协议"，但仅涉及经济治理层面，并未提出有效地刺激经济增长，进一步强化金融特别是银行系统监管及健康性的措施①。国际评级机构仍有可能继续发表负面评级，造成市场波动，恶化欧债形势②。

从长期看：各国实施财政紧缩和改革，特别是在财政一体化方面取得重大进展，有利于欧洲的一体化进程，但是距离一体化的最终目标还有很长路要走，不确定性依然很大。在债务国家自身经济面未见根本好转的情况下，随着财政紧缩措施，其增长有可能进一步下滑，陷入"紧缩—下滑—债信评级调降—紧缩"的恶性循环，债务风险将继续提升。对欧盟各成员国自身而言，改革经济结构促进经济增长，强化成员国的自身竞争力，避免"过度金融化"是解决债务问题的关键因素，外部救助只能起到辅助作用。德法是欧盟经济的主要支撑力量③，经济、财政和信用情况较好，是欧盟能够推动实施欧元区结构性改革的关键因素。美国因素将继续发挥重要影响。

三、对策建议

鉴于当前现实情况，特别是考虑到欧元区主要国家的经济基本面，以及对欧债发展形势的中远期判断，拟可考虑：

一是适当参与 IMF 融资。优点在于可以保证投入资金的安全性，增加在 IMF 中的出资权重，同时也积极回应了《欧元区领导人声明》希望各国注资 IMF 救助欧盟"债务国家"的呼吁，维护了中国负责任大国的形象，巩固了中欧关系。不过，对注资规模、注资账户、款项最终用途及收益性必须慎重衡量和把握。

二是建立海外投资专项基金，引导和吸纳国内资本，针对欧洲技术储备含量较高及资产品质优异的项目，择机介入，进行有选择性的投资，在提高海外资产收益的同时，切实提升中欧经济合作的内容和质量。

三是继续深入观察、监测欧盟成员国经济发展趋势以及财政一体化执行情况，为我是否介入 EFSF/ESM 提供及时、准确和全面的参考依据。同时，关注美国政府和评级机构在欧洲问题上的态度、意见及动向，评估其对欧债及欧洲一体发展形势的作用及影响。

---

① 10 月份第 2 轮欧盟峰会曾对金融体系监管达成部分协议。

② 标普已表示，在欧盟峰会结束后的几天时间里将公布对欧元区国家的主权信用评级。

③ 标普数据：2011 年欧盟 62% 的预算收入来自欧元区，其中德法分别贡献 16% 和 14%。同时，欧元区和德法等主要国家的信用状况直接影响欧盟的评级前景。

表1　12月9日欧盟峰会上27国针对《欧元区领导人声明》的态度

欧元区国家	针对声明的态度
德国	欧元区国家全部通过
法国	
意大利*	
荷兰	
比利时	
西班牙*	
爱尔兰*	
葡萄牙*	
希腊*	
卢森堡	
奥地利	
芬兰	
斯洛文尼亚	
塞浦路斯	
马耳他	
斯洛伐克	
爱沙尼亚	
未加入欧元区的欧盟国家	**针对声明的态度**
英国	不赞同
匈牙利	先表示不加入，后表示要请示本国议会
瑞典	需请示本国议会
捷克	需请示本国议会
丹麦	表达加入倾向
立陶宛	表达加入倾向
拉脱维亚	表达加入倾向
斯洛文尼亚	表达加入倾向
保加利亚	表达加入倾向
罗马尼亚	表达加入倾向

注：标记*号的为债务危机严重的国家。

（吴　伟）

欧债危机救助的情景模拟、启示与中国政策选择*

欧债危机在持续发酵，欧元区危机仍在蔓延。欧债危机给我们带来的究竟是“危”还是“机”？我们需要根据对方作出不同反应的假定，前瞻性地预判我国应该采取的应对措施。同时，也应在获得启示的基础上，对我国宏观政策调整作出预案。

一、欧债危机救助的情景模拟

对欧债危机的救助，在短期内必须防止危机蔓延和扩散，防止主权债务危机向银行业危机转化，采取果断措施提振市场信心，恢复市场活力；长期内应重在构建市场力量，加强经济区内经济协调能力，尤其是政治决断力，变对危机国的外在输血式为内在造血式救助。我们应站在更高的起点上，通过前瞻欧洲经济形势和世界经济形势，预判不同救助方案下我方应该作出的选择。

（一）情景之一：以近期欧元区救助为基点

1. 欧元区可以采取的救助思路和近期动向

（1）欧元区可以采取的救助思路。从备选方案看，欧元区短期和中长期可选择实施的路径有：

第一种救助思路，各国在本国内实施财政、金融救助。从财政政策、金融政策和政策组合看，主要有以下几种：一是缩减财政开支。优点：对市场干预较少，缓解财政赤字压力；缺点：容易遭到政府、企业高层、反对党以及民众反对，比如法国实施提高增值税、加快落实退休制度改革等一系列财政紧缩计划，就遭到相关利益方的反对。二是开征金融交易税（托宾税）。优点：既能够打击外汇、金融期权和期货交易的投机行为，又能够筹集少量财政收入；缺点：征收量有限，但会降低欧洲竞争力，推升借贷成本。同时，会遭到其他国家的反对，并对金融市场信心造成不利影响。三是动用央行储备黄金。优点：各国都有储

* 本文写于2011年11月，发表于《中国经济时报》（2011年11月20日）。

备，具有一定可行性。缺点：各国储备规模不一定足够，同时容易造成国际黄金市场波动。四是银行私有化。优点：迅速化解银行不良资产，避免银行风险再次转到财政。缺点：市场积极性不高。五是减计债务额度。优点：只要市场主体自愿，短期内简便易行。缺点：相当于债务违约，冲击非常大，可能将大大恶化主权信用评级。

第二种救助思路，各国联合起来展开多边救助。一是扩大欧洲金融稳定基金（EFSF）规模。优点：吸引更多市场力量，实现风险共担。缺点：借新债还旧债，造成代际不公平。二是争取国际组织援助，比如 IMF。优点：可能以 IMF 投票权改革为条件，获得新兴市场国家支持。缺点：苛刻的硬性附加筹码，比如降低国内经济增长速度、开放国内市场（包括金融市场）。三是启动欧洲央行购买债券，真正实现无上限购买，欧洲央行作为最后贷款人。优点：欧洲央行购买希腊、意大利、西班牙等国的债券，方便易行。缺点：面临欧元区其他没有债务威胁国家的阻力。四是统一认识，启动欧元区发行债券。优点：能够充分利用德国等国家主权信用良好、经济增长质量高的信用，弥补债务危机国信用降级的不足。缺点：可能拖累优质资产国家，导致更大的风险。

第三种救助思路，双边救助。以债务危机国的资产为抵押，签订双边协定，由施救国出资购买国债和银行债券。不同于多边救助的集体行动，双边救助容易受到施救国国内的反对。

（2）欧元区已经采取的救助措施。通过表 1 中多种可能思路的分析，我们可以看到这些方案都可能成为解救欧债危机的药方，有些甚至是偏方，但是近期欧元区和欧盟实际上已经采取以下主要行动：

表 1　欧债救助方案的情景模拟之一

	支持方	反对方	实施可能性	实施前景
自救	政府当局	国内既得利益集团的反对，比如公务人员，尤其是政府公职人员	部分国家可行	有短期效果、力度有限
多边救助	有进入欧元区市场的国家、组织，甚至是自然人	美国等发达国家态度不积极	有很强的可行性	以欧元区实际采取的行动和效果为前提
双边救助	与债务危机国家有良好前期合作的国家	施救国内的国民	短期几乎不可能	没有预期

11 月 7 日—8 日，欧元区财长会和欧盟财长会出台两个杠杆化初步措施：一是将 EFSF 作为一种部分担保凭证，与成员国发行的主权债券同时发行；二是创

建一个或多个合作投资基金，吸引公共与私人投资者参与，这种基金可以从一级或二级市场购买债券，从而扩大 EFSF 资源。

为了减少欧洲一些国家陷入债务危机时市场对主权违约的投机行为，11 月 15 日，欧洲议会支持限制卖空交易和信用违约掉期裸交易的新规，将大幅提高透明度，并在实质上禁止特定信用违约掉期（CDS）交易，从而使针对某个国家违约进行投机的难度加大。这些规定目前必须获得欧盟政府代表通过，预计在一年后生效。

11 月 23 日，欧盟委员会公布关于发行欧元区共同债券“稳定债券”（又称欧元债券）的三种可行性方案：第一，欧元区发行统一债券；17 个成员国为共同债券提供共同担保并停止发行各自的国债；第二，欧元区发行统一债券，为部分重债国融资，所有成员国提供共同、有限的担保，但仍各自发行国债；第三，欧元区发行统一债券，替换一部分成员国国债，各成员国根据所替换的份额提供相应担保。

在这三种方案中，前两种涉及欧元区国家财政一体化的相关法规，实施的前提是修改欧盟的《里斯本条约》，由于欧盟修约是一个异常复杂的过程，因此前两种方案在短期内几乎没有实施的可能；第三种方案对现有欧盟机制影响不大，是目前相对被看好的一个方案。

2. 主要经济体可能的反应

如果欧元区继续阴云密布，无论是发达国家还是新兴经济体，主流的选择应该是“蓄势待发”。全球最大的期货及金融衍生品经纪商之一的曼氏金融近期提交了破产申请，这是金融危机以来美国第五大金融机构破产，主要原因是对欧债有巨大风险敞口。对于美国等发达国家而言，目前主要应该是收紧风险敞口，有可能的话进行对冲交易，避免风险蔓延。不能排除美国等发达国家可能会选择房产、债券等切入点进入欧洲市场。对于其他新兴经济体而言，除非出于政治利益考虑，估计更多地将选择致力于本国经济建设，同时伺机而动。

3. 中国的应对策略

首先，作出进入欧元区市场的可行性评估。11 月 15 日，波兰银行系统的评价等级展望从“稳定”降为“负面”，随后法国高达 1.7 万亿欧元的公共债务再受市场关注。欧元区如果不施展看家护院的全身本领，比如全面启动 EFSF，在似乎是无底洞的欧债危机中，中国的救助也许是杯水车薪。只有出现更大的机遇，中国才有讨论进入欧元区市场的必要性和可行性。

其次，找到进入欧元区市场的赢利点。长期以来，欧盟把握实质性筹码，如中国市场经济地位、武器出售、核心技术，甚至投资壁垒、汇率和 IMF 投票权问题，借此机会，争取获得包括法国在内的更多欧洲国家的支持，进一步推动将人民币纳入 SDR 篮子，有利于人民币国际化。如果欧盟能拿出这些条件与中国交换，中国可考虑购买 EFSF 债券，甚至以多国主权信用组合的债券。

再次，评估并购、整合的联动效应。除购买国债外，中国企业可以开展并购业务。中国应该评估欧盟是否会给中国带来更大的经济利益，比如更多的国际贸易、推动人民币国际化，甚至是有助于中国赢得一些政治利益。

最后，选准进入时机，在有效的时间差内评估进入与退出的成本收益。除非欧元区采取更迅速的实质性行动，否则目前不是投资欧债的最佳时机。只有德法等经济大国，甚至欧洲央行采取更多的量化宽松政策，欧洲经济出现恢复元气迹象时，才是中国该出手的时候。同时，中国应算准时间差，评估进入与退出的成本收益。

（二）情景之二：以出现“失去的十年”为基点

11 月 10 日，国际货币基金组织总裁拉加德警告说，除非各国共同采取行动，抵御所遭遇的风险，否则全球经济有出现“失去的十年”的风险。11 月 11 日，国际货币基金组织警告称，发达国家可能重陷衰退，除非决策者迅速同意提振经济增长的政策。美国、日本和一些欧元区国家如何实现财政可持续仍存在相当大的不确定性。

1. 欧元区可能采取的经济政策

如果欧元区出现更为严重的情形，甚至美国也出现更为严重的状态，全球整体经济将停止增长或负增长。届时，长期国债收益率将进一步提高，国债价格大幅下跌，政府融资成本进一步提高，同时以国债收益率为定价基准的金融产品价格也会随着降低，恐慌情绪会四处弥漫，金融市场将出现重大波动。危机的蔓延会逼退一些国家的幻想和犹豫，欧元区、欧盟和欧洲会采取更多的联合行动。

表 2　　欧债救助方案的情景模拟之二

	支持方	反对方	实施可能性	实施前景
自救	政府当局	反对党	部分国家可行	有短期效果、力度有限
多边救助	主要国家	少数国家	必然性	G20、IMF 等机制和组织将起到更大作用
双边救助	与债务危机国家有良好前期合作的国家	施救国内的国民	在一定范围有一定可能	产生新的双边机制

2. 主要经济体可能的反应

如事态进一步恶化，无论是发达国家还是新兴经济体可行的选择应该是“集体行动”。在共同的危机面前，无论任何一个国家都无法构筑所谓的防火墙了，只能齐心协力共筑“诺亚方舟”，通过共同行动展开自救。

3. 中国的应对策略

保持中国经济强劲、持续、均衡发展本身是对世界经济作出的巨大贡献，也是切实履行负责任大国的义务。同时，中国应在建立稳固的公共财政和金融体系基础上，积极参与国际救援行动。

（三）情景之三：以世界经济整体复苏为基点

如果世界经济出现整体复苏，主要经济体的可能选择应该是“合作共赢”。短期内，没有人相信会出现复苏的奇迹。事实上，恢复市场信心是一个比较漫长的过程。尽管一些国家在尝试通过科技革命和新兴产业发展，创造新的经济增长极，但是必定会受到各种约束，这将是一个艰难的进程。因此，无论是欧洲经济还是世界经济，复苏的过程一定会布满荆棘，但是一定会在人类智慧的创造中曲折前进。正如巴菲特11月14日表示的那样，10年后欧洲将会更加强大，而且随着意大利和希腊的改革方案逐步落实，他对欧元区越来越有信心。

在这种情景之下，欧元区可能采取的经济政策、主要经济体可能的反应与中国应对策略取向的博弈关系将比前两种要更为轻松。

二、欧债危机的启示

一向被看好的欧元区，为什么会不堪一击呢？是区域经济联盟机制本身的内在缺陷，还是欧元区制度有待完善？是“借钱过日子”过时了，还是应该“取之有道、用之有度”？不同于美债，欧债有更多值得思考的深层次问题。

（一）不能用看美债危机的思路思考欧债问题

美债和欧债似乎是“双簧戏”，但是两者却存在诸多不同之处，不能用看美债危机的视角思考欧债危机。

首先，美债发生在一个主权国家之内，而欧债发生在一个区域经济联合体内。作为联邦财政体制的主权国家，美国不仅有统一的金融联盟，还有稳定的政治基础以及统一的财政联盟。而欧元区缺乏赖以依存的财政联盟，更勿论统一的政治基础，注定了高的决策成本和低的决策效率，不利于在危机中实施采取合作的拯救行动。

其次，从形成原因和传导机制看，两者既有相同之处，也有不同之处。从危机形成的内在逻辑看，无论是美债还是欧债，基本都有一个基本规律，即“金融危机→经济危机→社会危机→政治危机”的演变过程。但两者又有细微差别。美债危机的根本原因既有国际货币体系的因素，也有美国长期财政赤字的因素；而长期的高福利制度和财政软约束是欧元区主权债务危机的根本原因。因此，欧债危机本质上讲是财政危机。美债危机是金融市场出现动荡，投资低迷，消费者信心不足，失业率居高不下，联邦政府为了提振市场信心而实施的提高债务上限，大开印钞机，从而突破债务上限，带来全球资本市场、大宗商品市场和经济增长预期大幅波动。这个危机的基本形成过程是"市场→政府"的传导机制。与美债危机不同的是，欧债危机的危机源是主权债务，主权国家的信用出现危机，从而波及银行等市场主体，包括全球资本市场、大宗商品市场和经济增长预期，经济风险传播到市场主体，这个危机的基本形成过程是"政府→市场"的传导机制。

再次，个体主义与集体主义的观念不同。欧洲长期的高福利制度，使得国民过惯了慢悠悠的现代资本主义生活，这种惯性生活让国民难以从富日子转换到穷日子。消费具有棘轮效应，俗话说"由俭入奢易，由奢入俭难"。一旦遇到系统性经济风险，国民更多的是对政府的牢骚和攻击，而不愿意以公众和国家利益为先，勒紧个人裤腰带过苦日子。美国也同样是以个体主义为核心的价值观。与之相反的是，受儒家文化熏陶的韩国人意识到家和国的内在统一性，在亚洲金融危机期间，韩国国民曾上演举家财慷慨救国的大规模行动。这似乎显示了在风险面前个人主义与集体主义两种观念力量的不同，西方的"泰坦尼克精神"不再出现。

最后，解决思路不一样。短期内，美债可以通过简单的方式解决，即提高债务上限、开动印钞机。由于不能像美联储那样充当最终贷款人的角色，欧洲央行无法采取开动印钞机的方式解决债务问题。在这种情况下，欧洲央行只能通过不断地采取举新债还旧债的机制减少一些成员国的流动性风险，而核心国家也因央行持续的财政支付转移而蒙受损失。希腊和意大利总理相继辞职，欧元区不断上演政客"辞职救国"的一幕。"壮士断腕"的英雄义举令人钦佩，却也显示出诸多无奈。欧元区是否会出现政权更迭救市的多米诺骨牌？还要拭目以待，但确有这种可能。这让我们不得不联想到日本的首相频繁更迭，但是公众和市场对此早已习以为常，似乎是政治生态的常态，对市场的影响相对较小。

（二）地方发行债务权限和地方债风险的争论

在经过一段时间探索后，经过国务院批准，2011 年上海市、浙江省、广东省、深圳市开展地方政府自行发债试点。地方债的规模和使用方向由国务院批准，还本付息由财政部代办，确保了风险可控。目前，我国地方政府发债是由中央代理，地方政府自行发债试点的启动，意味着我国正在探索地方政府发债的新模式，有利于地方政府逐步建立稳定和规范的发债渠道，逐步向自主发债模式过渡。2010 年，中国国债余额占 GDP 约 17%，如果加上 2011 年 6 月审计署公告地方政府性债务 10.7 万亿元，目前中国总体的公共部门债务率在 50% 左右，公债总体风险可控，并且还有发展空间。但是，也有专家认为，允许地方政府自行发债，长期来看，将导致地方经济权限过大，不利于控制债务风险。甚至有专家用汉朝贾谊的名句"欲天下之治安，莫若众建诸侯而少其力，力少则易使以义，国小则亡邪心"来佐证，不应该给地方政府过大的经济权限，地方经济利益固化容易导致不稳定因素。联邦制下的财政分权和集权制下的财政分权，控制风险的能力不同。在实行联邦制政体的德国，联邦与州均享有立法权，联邦政府负责联邦一级的经费预算和其他司法行政事务，州政府则负责州一级的相关事务。中国的地方政府没有关门停业之虞，因为有中央财政兜底，地方政府发行地方债缺乏约束。在 GDP 政绩观导向下，地方政府通过各种形式的所谓金融创新和融资平台，以政府信用向银行和其他金融机构举债经营。

（三）区域经济一体化是实现经济竞争和互补的重要途径，致力于本国经济建设是防范和应对危机的根本出路

在经济全球化进程中，为了促进贸易投资的自由化和便利化，开展经济技术合作，地理区域内形成了一些经济联盟，如欧元区、“10+1”、大湄公河次区域经济合作等等，当然也跨区域形成了一些经济联盟，如二十国集团、金砖国家。这些经济联合体通过贸易、金融、关税等一体化，在一定时期、一定范围内促进了经济增长。由于这些联合体只是实现了货币联盟，而没有实现财政联盟和政治联盟，结构性失衡和缺陷必然导致当受到系统性经济风险时，将会出现“大难临头各自飞”的局面。解决主权债务危机主要还是靠自救，只要有画地为牢的主权国家，国与国之间就只有永远的利益，没有永远的朋友。最终，各国还是要致力本国经济建设，寄希望于他国无异于痴心妄想。早在 20 世纪末，中国学界也曾热议过建立亚元区的设想。欧债危机并不能否认未来区域内和全球内经济联合，甚至政治联合，实现天下大一统的美好愿景。更值得我们思考的是，如何走好区域经济合作的道路？历史反复告诉我们，妄图通过暴力方式实现所谓的经济共荣，将天理难容。我们必须认清，只有走和平的合作共赢方式才是正道。区域经济一体化仅仅是世界经济一体化、甚至世界政治一体化的一个过渡阶段。我们需要深思的是，财政联盟、金融联盟和政治联盟的大一统是否是区域经济一体化的充分条件？在世界大同的理想境界中，区域内的均衡发展也是必要条件，各经济体保持经济强劲、可持续发展、提高核心竞争力才是充分条件。

三、关于几个中国宏观政策调整的设想

近期，中国应防范外部风险对国内经济带来的冲击，尤其是系统性风险。在短期内，应采取积极心态应对欧债危机，宏观调控应坚持“保增长、促稳定”的基调。中长期，应科学合理地处理公债发行和外汇储备问题。

（一）近期积极参与制定欧债危机的应对策略，宏观调控应稳步有序

欧债危机警醒我们，独善其身的危机应对思路绝对不可取，应该争取主动，积极参与制定多边救助机制，更应该在危机中处乱不惊。因此，首先必须正视和

妥善处理以下两个重要问题：一是关于是否应大幅进入欧洲市场的问题。目前最为紧迫的是，必须思考变欧债“危”为“机”，积极参与多边谈判，掌握主动权制定规则。按照前面的情景模拟，如果预期欧债危机得到解决，我国可以制定抄底战略，甚至大举进入欧洲市场，进行大规模并购；如果预期出现欧洲“失去的十年”，对外经济战略结构调整的重点应该放在新兴经济体上；如果出现全球范围内的系统性风险，外汇资产缩水不可避免，应作好其他的替代应对方案。二是关于中国近期宏观调控走向的问题。按照欧债危机的基本走势，中国应该坚持宏观调控的基本走向不变。过多收缩会造成硬着陆，应该通过逐步微调实现整体经济平稳回落，这也是顺应经济周期由高速增长向中速增长的自然回落，也是稳增长的必然要求。因此，财政政策应做到更加稳健有效，货币政策应渐近宽松，并且不断增强政策之间的协调性。

（二）重点发行国家公债，防范地方债务风险

虽然有国外主权债务危机的教训，但是不能谈债色变。对于培育中国公债市场，必须区别对待总量和结构问题。由于中国仍处于完善特色社会主义市场经济阶段，中国培育公债市场仍然需要耐心，也需要走一条渐进式改革之路，切不可操之过急。虽然欧洲提出债务风险警戒线，即债务余额占 GDP 的 60%，但是毕竟是参考指标。2010 年中国总体的公共部门债务率在 50% 左右，风险总体可控。随着中国经济实力的增强，中国还可以增加债务发行规模。从中国发行公债的实践看，国家公债发行稳步推进，国家信用在国际舞台上的地位日益提高；地方公债风险日益积累，地方政府融资行为亟待规范。有鉴于此，今后发行公债的重点应该放在国家公债的发行上。虽然中央政府已经在香港第三次发行人民币国债，但是规模仍然有限、品种有待丰富、频率有待加强，国债市场仍有较大提升空间，尤其是走向国际市场。要让中国国债走向世界，还涉及汇率、人民币国际化等问题，归根溯源是提高中国经济核心竞争力。2012 年是已开工保障房竣工和新开工保障房的交汇时期，加上房地产市场打压带来的资金链断裂风险以及地方融资平台的集中还本付息，系统性风险不容忽视。对于地方债务，中央政府应在摸清家底的基础上，规范地方融资平台，建立风险防控体系。

（三）合理盘活外汇储备，藏汇于民

巨额外汇储备犹如悬在中国人头上的“达摩克利斯之剑”，一直备受各界关注。是否应拿外汇直接救欧元区？很显然简单的方式不太可行，首先面临的是欧元贬值的风险。外汇以人民币计价是否是最稳妥的方式呢？从增强人民币汇率弹性和人民币国际化趋势来看，这一方案无疑是可供选择的。从更长的时期看，我们必须在认识外汇储备提高必然性的基础上，处理好几个中长期问题。

第一，减少外汇储备和实现外汇储备保值增值的艰巨性和长期性。欧债仍然在发酵，美国经济也没有出现根本好转。但是，要实现外汇资产保值增值，除了购买美国等发达国家的债券外，我们的选择余地很小。由于对海外投资环境的不适应，我国投资商的海外生存能力差，短期内通过“变（外）汇为（实）物”似乎不现实。我国外汇储备不断攀升的根本原因是长期的出口驱动型经济，这种经济结构亟待调整。如果不转变经济发展方式，我国仍然是以投资和出口为经济增长的主要驱动力，外汇储备的增加则不可逆。

第二，关于合理处理存量和增量的问题。调整的重点是存量还是增量？一般的观点认为应该调整增量，从而带动存量调整。很显然，以增量带动存量调整的阻力、风险和成本较小，是一种权益之计。如果进行整体调整战略，外汇资产保值增值存在很大的不确定性，令人很难作出决策。

第三，关于合理优化外汇资产结构的问题。外国国债在我国政府的海外资产中占有很大比重，现阶段主要是购买美欧等发达经济体的国债，新兴经济体和发展中国家占比较小。将来是否应考虑扩大新兴经济体的比重值得研究。另外一个是长短期国债的问题，由于收益率不同，购买不同期限的国债成本和收益会有所不同，但只是微小的经济利差，这不是考虑的重点。

第四，关于合理配比外汇储备的“操盘手”问题。组建大型主权财富基金，实现外汇保值增值固然是一个大方向。但是，也应该尝试“化整为零”的思路，让民间藏汇、操汇。比如，可以让一些发达地区的有海外投资经验的投资者，能够更多地用人民币直接换美元，到海外购买股票、资产和债券，当然包括主权债务，减少对国内市场买空卖空的过度投机行为。

（胡振虎）

欧债危机与欧盟财政一体化新动向*

欧债危机发生两年多来，尽管欧盟及国际货币基金组织（IMF）等机构进行了多种尝试，但在确保欧元区金融稳定、保持经济增长、阻挡危机扩散方面取得的成效并不如预期。如何解决欧盟货币统一而财政分化的体制矛盾，成为一个绕不开的难题。2012 年 3 月 1 –2 日举行的欧盟春季峰会上，除英国与捷克之外的 25 个欧盟成员国领导人正式签署新“财政契约”，标志着欧盟向更加紧密的财政一体化迈出了重要一步。而真正实现财政一体化，还需要欧盟各成员国作出更大的努力。

一、欧债危机向核心国家蔓延，凸显欧盟财政一体化紧迫性

2011 年起，欧债危机向欧盟核心国蔓延态势愈加明显，德国、法国及英国等国经济状况（见图 1）均因此受到不同程度影响，加快财政一体化的紧迫性日益凸显。

（一）欧盟核心国家经济增速放缓

德国：一度在 2010 年创下 20 年来 GDP 最高增速 3.6%，实现经济强劲复苏，却在 2011 年第 4 季度出现负增长 –0.2%①。德国是欧元区最大经济体，其经济下行无疑加剧了市场担忧。随着全球需求下降以及欧元区各国财政紧缩政策的相继实施，2012 年德国经济增速较之去年的 3.0% 将有所放缓，或下降为 0.6%②，2013 年才可能回升至 1.8%③。

法国：2011 年第 1 季度经济环比增长 0.9%④；第 2 季度，GDP 环比负增长 –0.1%；第 3 季度虽环比增长 0.3%，却仍然低于此前预期；第 4 季度，法国经济虽意外扩张 0.2%，使其免于在 2012 年第 1 季度陷入衰退，但 2011 年 12 月时，法国企业信心已降至两年半来最低点，制造业也出现收缩。法国统计及经济

---

* 本文写于 2012 年 3 月。

① 德国联邦统计局（Germany's Federal Statistics Office）公布数据。

② 德国央行（Deutsche Bundesbank）预测数据。

③ 同上。

④ 法国全国统计及经济研究所（INSEE）公布数据。

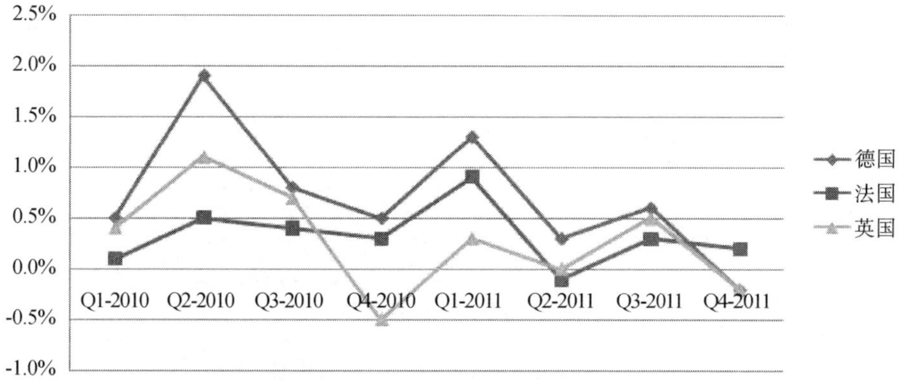

图 1　2010—2011 年德国、法国及英国各季度 GDP 环比增速

资料来源：OECD。

研究所（INSEE）与欧盟都曾预测，2012 年第 1 季度法国经济增幅为 -0.1%，两者对第 2 季度经济增速预测分别为 0.1% 及 0.0%；经济发展与合作组织（OECD）则预测第 2 季度法国经济将收缩 0.5%。

英国：由于制造业与建筑业产值下降且商业投资减少，2011 年第 4 季度 GDP 环比下降 0.2%①。欧债危机久拖不决，英国工业生产及企业投资收缩，导致该国 2011 年第 4 季度 GDP 下滑 0.2%。今年 2 月，英国国家统计局将该国 2011 年经济增速从初步估算的 0.9% 下调至 0.8%，IMF 则将其 2012 年经济增速下调至 0.6%。2 月 9 日，英国央行表示，英国主要出口市场增速已现放缓迹象，若新经济刺激政策不出台，短期内经济增速前景较为疲软。

（二）部分国家国债与同期德国国债收益率差攀升

除德国外，2011 年主要欧元区国家国债收益率均有所上升（见图 2）。

2010 年年末，法国 10 年期可替代债券（OAT）收益率指数与德国国债（BUND）收益率指数差仅为 45 个基点。随着欧债危机的蔓延，2011 年夏季，法德两国 10 年期国债收益率差升至 80 点。11 月 9 日，虽然彼时两国同样拥有 AAA 最高主权信用评级，10 年期国债收益率却进一步扩大至 147 点，创 1997 年来最高水平。11 月 16 日，两国 10 年期国债收益率差陡增至 200 个基点，为 1990 年来最高位，表明投资者已不再将法国国债视为避险资产。

无独有偶，欧债危机不断恶化，奥地利当时的 AAA 评级也变得名存实亡。2011 年 11 月中旬，奥地利国债与同期德国国债收益率差猛涨至 184 个基点。

芬兰及荷兰是欧元区中少数财政、经济状况较为良好的国家，且都拥有 AAA 主权信用评级，然而，2011 年 11 月 15 日，荷兰国债与德国国债收益率差

① 英国国家统计局（Office for National Statistics）公布数据。

升至62个基点；芬兰国债与德国国债收益率差达到70个基点，均逼近2009年创下的欧元时代最高值。

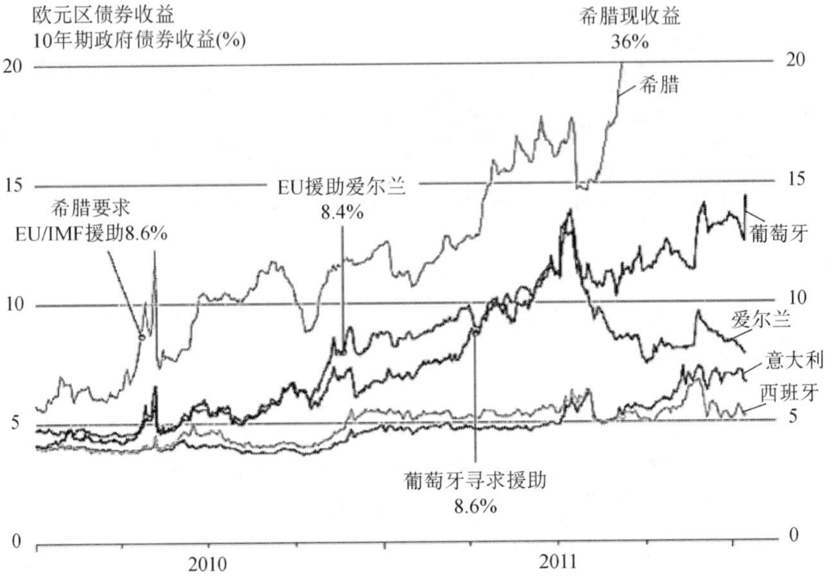

图2　2010—2011年PIIGS国家10年期收益率

资料来源：汤森路透社2012年1月17日。

（三）主权评级屡遭下调

由于欧元区整体信用出现问题、欧盟领导人处理危机仍存在分歧以及2012年欧盟经济衰退的可能性增加等因素，2011年12月5日，国际评级机构标普公司将包括德国、法国、荷兰、奥地利、芬兰及卢森堡6国在内的15个欧元区国家主权信用评级列入负面观察名单。2012年1月13日，标普宣布，欧元区出台的政策尚不足以遏制债务危机进一步蔓延，下调法国等9个欧元区国家的长期主权信用评级，其中，法国与奥地利长期主权信用评级均被从最高的AAA级评级下调至AA+，直接导致1月16日欧洲金融稳定基金（European Financial Stability Facility，EFSF）信用评级被下调至AA+（见表1）。

2012年1月27日，惠誉公司宣布，分别下调欧元区第三大经济体意大利及西班牙主权信用评级两级至A-及A，同期主权信用评级遭到下调的还有比利时、塞浦路斯及斯洛文尼亚。惠誉警告称，持续的欧债危机将进一步危害这些国家的融资能力。

由于欧元区所进行的财政与经济结构改革仍存在诸多不确定性，且处理欧债危机所需资源不能确保及时到位，穆迪2月13日宣布，下调意大利及西班牙等欧元区6国主权信用评级，同时将法国、英国及奥地利3国评级展望定为负面，以反映欧债危机给这些国家带来的金融与宏观经济风险。

表 1　　欧盟主要国家及 EFSF 评级状况

	惠誉（Fitch）	穆迪（Moody's）	标普（S&P）
德　国	AAA	AAA	AAA
法　国	AAA（负面）	AAA	AA+（负面）
奥地利	AAA	AAA（负面）	AA+
意大利	A+	A3	BBB+（负面）
西班牙	A	A3	A
英　国	AAA（负面）	AAA（负面）	AAA
EFSF	AAA	Aa	AA+

（四）欧盟整体表现欠佳

2011 年第 3 季度，欧元区及欧盟 GDP 环比增速分别为 0.1% 及 0.3%，第 4 季度，则双双较上季度收缩 0.3%。2012 年 2 月 23 日，欧盟委员会预计，2012 年初欧元区或再次陷入衰退，而全年经济也可能下滑 0.3%，或面临温和衰退，欧盟经济增速或与 2011 年持平。经济低迷已直接影响到欧元区及欧盟的就业情况，2011 年欧元区及欧盟失业率始终处于 9.5% 以上高位，且 2012 年以来均在 10% 以上，创下历史新高（见图 3）。青年失业率①攀升成为困扰欧元区及欧盟的一大难题，据统计，2011 年第 3 季度，欧元区及欧盟青年失业率分别为 20.8%、21.3%②，第 4 季度则分别上涨至 21.5%、22.1%。

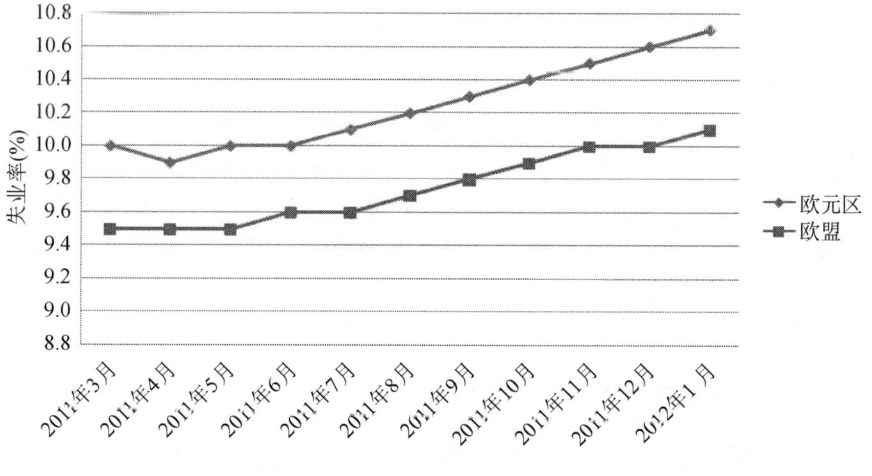

图 3　欧元区及欧盟失业率（2011 年 3 月—2012 年 1 月）

资料来源：欧盟统计局。

① 15 岁—24 岁失业人口占劳动人口的比率。

② 欧盟统计局（Eurosta）公布数据。

二、欧债危机对促进欧盟财政一体化形成倒逼机制

欧元区的制度设计缺陷是导致欧债危机爆发的主要原因之一，但同时也加速了欧元区财政一体化的步伐。

（一）欧元区自成立至今，始终未建立退出机制

欧元区的建立有其自身的法律基础，即《马斯特里赫特条约》（简称《马约》）以及《稳定与增长公约》。上述两个法律文本并未对退出机制作出相关规定或解释。而任何成员国的退出，也无异于向世界传递欧元区面临崩溃的信号。

对于是否需要退出机制，欧元区内部历来存在不同声音。欧债危机不断恶化，有成员国再次尝试建立退出机制。2011 年 11 月 15 日，德国基督教民主党联盟曾投票赞成为欧元区建立一种“自愿”退出机制，受欧债危机影响相对较小的北欧国家也曾表达建立“核心欧元区”的意愿。但是，目前欧元区各成员国对此依然存在分歧，欧盟委员会主席巴罗佐也认为，深化区域内经济一体化不应以分裂欧盟为代价。此外，退出机制一旦建立，将不仅希腊一国退出欧元区，这对众多欧元区成员国及其整体的金融、经济及社会稳定都将造成严重威胁。

（二）《马约》严格的趋同标准仅适用于德法等发达国家

1999 年欧元区成立时，申请加入的国家需达到 5 项“趋同标准”（convergence criteria）方可获准加入，分别是：年度赤字率低于 3%；政府债务 GDP 占比不得超过 60%；通胀率不得高于 3 个最佳成员国通胀率 1.5%；长期名义年利率不超过上述 3 国平均长期利率 2%；至少两年内汇率波动幅度在 2% 以内。这样严格的趋同标准固然有利于维护欧元区成员国财政可持续性及经济稳定增长，但鉴于各国经济结构与发达程度各有不同，趋同标准并非对所有欧元区国家都适用。比如，希腊最初因不能达到赤字率与政府债务 GDP 占比两项要求而被排除在外，2001 年在高盛的帮助下才得以加入欧元区。此后，希腊依然未采取有效措施削减赤字及政府债务，爆发债务危机已成为必然。

（三）财政刺激成为主要手段但财政监管乏力

欧元区货币政策由欧洲央行统一制定，而《马约》第 105 条规定，欧洲央行的主要任务是保持欧元区物价稳定，这就使得一方面财政政策成为欧洲央行货币政策的辅助手段，而另一方面，欧元区各成员国只能通过财政手段刺激经济。在美国次贷危机引发的金融危机中，为减小本国经济受到的冲击，欧元区成员国纷纷出台大规模经济刺激计划，导致一些国家赤字率上升，财政状况恶化，为欧债危机埋下伏笔。此外，虽然《马约》对赤字率等指标提出明确要求，却并未形

成相应监督机制，也未规定具体处罚措施，无法形成激励和约束。

另外，值得注意的是，欧元区解体不符合各成员国的共同利益，所需耗费的经济与社会成本也将是巨大的。显然，解体并不能解决欧债危机，更不符合欧元区成立的初衷。只有对现行机制进行更深层次的改革，推进欧盟财政一体化，才有可能从根本上改变现状，推动欧盟健康发展。而欧债危机的爆发，从某种程度上推动了欧盟财政一体化的新进程。

三、欧盟财政一体化进展

建立欧盟财政部的提议由来已久，曾经担任欧盟委员会主席的罗马诺·普罗迪（Romano Prodi）以及欧洲央行原行长特里谢均多次表示，欧洲需要统一财政，成立共同财政部。随着欧债危机的蔓延，越来越多欧盟成员国开始认同，只有建立财政联盟，才能摆脱欧元区货币统一而财政分化的制度缺陷，使欧洲走出主权债务危机的泥潭，进而实现可持续增长。

（一）EFSF部分实现了“欧盟财政部”的发债职能

为维护欧盟成员国金融稳定，欧元区于2010年5月成立了临时性机制EFSF，成立初期资金规模为4400亿欧元。EFSF采用公司制，以欧元区成员国信用作为抵押发行债券融资，向申请援助并得到批准的欧元区成员国提供紧急贷款。2011年1月26日，为向爱尔兰提供援助，EFSF首次发行了50亿欧元债券，投标总规模为445亿欧元，得标利率为2.89%，仅略高于同期德国国债收益率。2012年1月16日，标普将EFSF信用评级从最高的AAA下调至AA+，但EFSF依然于1月17日成功发行15亿欧元6个月期限债券。3月1日，欧元区财长会议批准EFSF发行债券为希腊债务置换筹集资金。

从救助手段看，欧债危机下应运而生的EFSF已经在通过发债来执行部分欧盟财政部的职能。根据1月30日欧盟特别峰会上作出的决定，欧元区永久性救助机制，即欧洲稳定机制（European Stability Mechanism，ESM）将于今年7月提前1年启动，与EFSF并行，直至后者于2013年7月停止运行。3月30日，欧元集团宣布将EFSF及ESM的总体放贷上限从此前的5000亿欧元上调至7000亿欧元。

（二）财政契约强化了“欧盟财政部”的监管职能

2011年冬季欧盟峰会前夕，法总统萨科齐及德总理默克尔曾提出，通过修改《里斯本条约》强化欧盟特别是欧元区财经纪律。但是，这一提议短期内难以获得全部成员国支持，欧盟领导人决定通过制定新“财政契约”加快财政一体化。2011年12月举行的欧盟峰会上，除英国与捷克外的25个欧盟成员国就缔结新“财政契约”、加强财政纪律达成一致。

2012 年 1 月 30—31 日的非正式峰会上，25 国通过“财政契约”草案，所有缔约国都将遵守更严格的财政纪律，并将控制财政赤字与公共债务的条款纳入本国宪法或其他具有最高效力等级的法律中。

3 月 1—2 日的春季欧盟峰会上，25 国正式签署《欧洲经济货币联盟稳定、协调和治理公约》，即“财政契约”。若欧元区 12 个成员国立法机构批准，“财政契约”获得通过。根据财政契约，欧元区成员国及其他愿意加入的欧盟成员国将接受更严格的财政纪律监管，欧盟最高司法机构欧洲法院将有权对结构性赤字超过 GDP0.5% 的成员国进行处罚，罚金最高不超过该国 GDP 的 0.1%。目前，“财政契约”已获得 12 个缔约国批准，爱尔兰将于 5 月 31 日就欧盟新财政条约举行公投。

财政契约的签署表明欧盟领导人从制度上解决债务危机的决心，欧元区也向着更紧密的财政一体化迈出关键一步，同时也为解决、改进经济增长和实现财政可延续性带来了更好的远景。

四、欧盟财政一体化前瞻

（一）财政一体化已取得实质成效

欧债危机的爆发主要源于欧元区统一货币而未统一财政的制度性缺陷。在欧元区内部各国经济发展不平衡的情况下，缺乏财政联盟及有效的经济治理机制，导致了对各成员国的财政监管乏力，同时欧盟也缺乏有效的危机救助机制，这样的货币联盟必然是不稳定的。虽然此前多位欧洲领导人呼吁欧盟财政一体化，但欧盟内部始终未达成一致性意见，直至今年 3 月 1—2 日的春季欧盟峰会上，新“财政契约”才得以签署，这将在一定程度上改变一些成员国负债经济的增长模式，使加快财政一体化及加强财政纪律取得实质性进展。财政契约的签署，这是欧盟为了“治本”采取的自救措施，凸显了欧盟解决欧债危机的勇气和决心，短期内有助于重塑市场对欧盟的信心，从长远来看则有利于加强欧元区财政一体化与经济治理。

（二）财政一体化仍需时日

“财政契约”虽已签署，但这只是遏制欧债危机蔓延的第一步，况且，其批准和执行情况还有待观察，外界对于违规国家的处罚能否推行下去也持怀疑态度。从财政契约内容来看，虽然自动惩罚机制等条款都将被纳入各成员国宪法或最高层级法律之中，具有一定强制性，但仍有一些内容相当民主，比如对于违约国家的惩罚需由各成员国投票决定，这可能会让条约的执行力大打折扣。

此外，从目前来看，欧盟内部对于建立财政联盟的政治意愿仍存在不确定性。德国希望借欧债危机带来的改革契机整顿财政纪律，压迫相关国家部分让渡财权，以逐步实现欧洲一体化的设想，进而实现坐镇欧盟老大的夙愿。欧元区第二大成员国法国虽然支持欧洲一体化，但很大程度上却是出于制约德国考虑，在欧洲一体化的目标上始终与德国存在较大分歧。作为欧盟经济大国，英国不仅始终未加入欧元区，且一直在财政契约问题上与绝大多数国家背道而驰。尽管英国经济早已失去世界霸主地位，但其影响力仍不容小觑。如何从中协调、说服英国，也是欧盟在实现财政一体化的漫长道路上所面临的一道障碍。捷克在 3 月 1 日欧盟峰会与英国一道未加入“财政契约”则与该国批准程序有关，捷克政府已计划就财政契约举行公投，但目前尚不能在这一问题上与欧盟多数成员国保持一致。未来欧盟整体利益与各成员国利益间的博弈仍将继续。

（三）财政一体化并不能完全解决欧债危机

单纯依靠财政一体化方案并不能从根本上扭转目前欧元区所面临的窘境。为避免欧债危机进一步恶化，在财政一体化方案之外，欧洲央行分别于 2011 年 12 月及 2012 年 2 月推出两轮长期再融资操作（longer term refinancing operations，LTRO），共计为欧洲银行业提供了 1 万亿欧元流动性，希望以此缓解欧洲商业银行信贷不足的困境。此外，促进经济增长被一致认定是解决欧债危机的内生力量，并因而成为最近几次欧盟峰会的主要议题。在加强财政纪律的基础上，欧元区决策者们还需加强各成员国间经济合作，制定相应经济发展策略，刺激经济增长，稳定就业市场。只有多管齐下，使各成员国经济步入正轨，欧债危机才能从根本上得以解决。

（王苇航）

欧债危机研讨会观点综述*

2011年12月20日，由亚太财经与发展中心（下简称“亚太中心”）主办的欧债危机研讨会在亚太中心会议室举行。会议邀请了外交部、发改委、财政部（六个部门）、人民银行、商务部、银监会、中投公司、国研中心、中国现代国际关系研究院、社科院、北京大学、中国人民大学、中国国际经济交流中心等共12家部委和相关研究机构的代表与会，各单位主要派出了司局级官员和主要负责人与会。会议就欧元区债务问题的成因、进程、影响以及中国的应对策略等进行了深入讨论。

现将研讨会主要观点综述如下：

（一）欧债危机的形成原因

从政治角度看：欧债危机不是一个简单的、偶然的事件，它隐含着深刻的历史背景和复杂的地缘政治因素。美国曾经主导的布雷顿森林货币体系虽然垮台，但是美元的世界地位已经奠定，并且为其带来了丰厚的政治、经济及安全收益。“马歇尔”计划催生出的欧共体，以及在此基础上形成的欧盟，超出了美国最初的战略设定，一个强大的足以挑战美元霸主地位的欧元有悖于美国的战略目标。

从欧盟内部看：德国坚定地致力于构建“一体化”欧洲的战略，法国有相同的意向，但同时也希望通过“欧洲一体化”来遏制德国。德法有足够的经济实力和雄厚的财力在欧债危机之初，甚至现在在很短时间内就可遏制危机蔓延并予以解决。之所以久拖不决，其根本目的在于借欧债危机之“机”，整顿财政纪律（特别是预算权），迫使成员国部分让出国家财政主权，以建立统一的欧洲财政联盟，在救助基金及欧洲央行的配合下，行使欧元区“财政部”的职能，以便加速推进欧洲一体化进程。

从经济学角度看：一是部分国家的高福利政策积累了财政风险；二是欧元区财政与货币制度设计上的不足；三是《稳定与增长公约》没有设立退出机制；四是在欧元区内部存在严重的结构失衡问题，地域经济水平的差异和经济结构差异导致债务危机国家的竞争力削弱；五是国际收支账户持续失衡，外债过高，债

* 本文写于2011年12月。

务余额过大。

(二) 欧债危机的短、中、长期发展态势

短期看，欧债危机仍趋于恶化。其原因：一是2012年上半年正值债务危机国家的还债融资高峰；二是法德等核心国家的信用评级可能会被下调，进一步打击市场信心；三是欧元区经济2012年可能陷入“零”增长。

中期看，欧债危机国家经济企稳。德法进一步联手，行动更趋于坚决和果断，在世界经济大环境不出现意外波动情况下，欧元区经济将有所回升，内部的结构失衡问题有所改善，债务危机国家经济企稳甚至迎来新的发展期。

长期看，欧洲一体化进程将因欧债危机而提速。在德法的“胁迫”下，欧盟成员国进一步让出财政等主权，欧洲财政联盟的出现和成熟，一方面可以抵御类似的主权债务危机，另一方面将极大地推进欧洲一体化进程。

(三) 欧债危机对全球(经济)的影响

从经济角度看，欧盟是全球第一大经济体，其增长与稳定关系到全球经济复苏进程；美国与欧盟有着极为密切的经济关系，欧盟市场的萎缩不利于美国的经济恢复，同样也不利于严重依赖对外贸易的日本和多数新兴经济体的经济增长。

从政治角度看，欧盟是多极世界中的一极，发挥着较强的平衡作用，欧盟经济实力的削弱以及之后导致的政治影响力削弱不利于全球稳定与发展。

(四) 主要国家对欧债危机的态度

美国：一是不希望欧洲借机在推进欧洲一体化方面取得重大进展；二是不希望欧洲因欧债而倒向中国；三是欧洲最好弱中企稳，既不要垮，也不要变强；四是不参与EFSF的杠杆融资，也不太可能向IMF注资。

法德：一是有实力解决，但将欧债危机框在一个可控的范围内；二是施压其他成员国以就此推进“财政联盟”，甩掉跟不上节奏的成员。12月9日的“新财政协议”即说明了这一点。

俄罗斯：可能部分参与EFSF融资，规模约100亿欧元左右。

(五) 欧债危机对中国的影响

经济上，首先是贸易量走低；其次，影响了双边投资和技术合作；最后，威胁我欧元资产的安全和收益率，也影响了我外储资产的有效配置。

政治上，弱化的大欧洲不符合中国“多极”世界的战略设想。

当前对外财经交往上：欧债危机彰显了中国的经济活力，强化了中国的影响力，同时起到了“转移视线”的作用，一定程度上削弱了国际社会对我人民币汇率等财金问题的关注和压力。

（六）中国是否应当“帮助”欧洲，战略考虑是什么

无论从何种角度看，中国都应积极“帮助”欧洲，但也要关注德国、法国、美国的态度及立场。目前看，法国持欢迎态度，德国并不积极，美国则不希望中国借机扩大影响力。

经济战略。“帮助”欧洲，一是可以巩固外需市场，保证双边贸易额，从而保持一定的经济增速；二是有利合理配置外储资产；三是可以借机进入欧洲投资领域，甚至介入其金融体系，为进一步海外投资奠定基础。

政治战略。“帮助”欧洲可以平衡世界的多极政治结构，同时，欧洲是中国多种战略利益的来源地，一个稳定而强大的欧洲将为中国带来更多的战略利益。

（七）中国如果介入，原则、时机、方式、程度该如何把握

在介入原则上要坚持：一是市场原则，即中国不会以欧洲“救世主”、“救助者”、“援助者”的身份出现，而应遵循市场经济的法则，以投资者的身份进入；二是以我为主的原则，坚定不移地搞好自身发展，转变经济发展模式，调整经济结构，扩大内需市场，减少对海外市场的依赖性；三是充分论证，认真调研，挑选真正好的、可管理的资产进行投资；四是做好风险防控，详细了解、把握当地的法律法规以及资本市场的特点。

在介入时机上：短期看，2012 年上半年有较好的投资机会。

在介入方式上：多边“帮助”和双边“帮助”并行不悖，既可以注资 IMF，通过 IMF 间接“帮助”欧洲，也可以在管控好风险的情况下，进行双边性质的直接“帮助”。

在介入领域上：债券、基础设施、银行和公司等。

（周　波）

第四部分

大国财经

债台高筑，为何危而不倒*

——简析日本主权债务风险

2011年11月10日，日本财务省公布数据显示，截至9月底，日本国家债务达954.418万亿日元①，创下历史新高。根据日本财务省测算，包括国债、借款等在内的政府公共债务总额短期内将突破1000万亿日元，达到1024万亿日元，GDP占比也将超过200%，成为全球主权经济体中公共债务占比最高的国家，远超过公共负债率为158%的希腊②，更是超过长期主权债务信用遭标普下调③的美国。然而，令人惊讶的是：有着如此高负债率的日本却没有爆发类似欧美那样的主权债务危机，甚至短期内看不出爆发危机的明显苗头。其中原因值得深思。现就相关情况简析如下，供参考。

一、日本主权债务危机短期内不会爆发的主要原因

（一）国民经济的基本面良好，为其主权债务提供了坚实的信用支撑

债务危机就其根本而言是信用危机，它的爆发主要取决于债务方偿还债务本金和利息的能力，即偿债实力。对于国家而言，偿债实力就是他的经济基本面，即国家收入能力，主要有国内生产总值（GDP）、经济增速、财政收入能力、通胀水平、就业率等。

客观地讲，日本经济的基本面良好，远远好过美国和欧洲。2008年第3季度全球金融危机爆发后，美国、欧洲、日本顿时陷入萧条，GDP增速直线下滑，并呈现出负增长。然而，2009年第2季度，日本在发达经济体中率先实现正增长，全年GDP总值达到474.924万亿日元（按当时汇率为5.0728万亿美元），为

---

* 本文写于2011年11月。

① 2011年11月23日，美元对日元汇率为1:76.981。

② 截至2011年7月，希腊主权债务余额已经达到破纪录的3500亿欧元（欧盟数据）。

③ 2011年8月5日（美国东部时间），世界三大评级公司之一标准普尔（以下简称标普）将美国长期主权信用评级从AAA下调至AA+。

1995年后GDP第二次突破5万亿美元[①]，2010年日本GDP总值又上升到5.4742万亿美元[②]。从增速来看，除2009年因受金融危机影响，GDP增速实际下降5%，2010年已经恢复正增长，GDP增速约为3.9%，也好于同期的美国和欧盟。

从财政收入来看，日本政府的增税空间较大。根据经济合作与发展组织（OECD）采集的30个国家数据对比分析，日本的国民负担率，即税收总额与社会保障负担总额之和与国民生产总值（GNP）比值并不高，在30个取样国家中居第24位；而税负率，即税收总额与GNP的比值位列30个国家中的最低。也就是说，相对于日本国家的人均生产总值，其需要上缴日本政府的税额是偏低的。据专家调查分析，2010年度，日本税负率约为21.9%，远低于其他发达经济体30%—50%的平均税负率。同样，目前日本消费税为5%，也远低于其他发达国家或经济体的10%以上的平均消费税。这就意味着，政府可以通过调整税率来迅速提升政府财政收入，弥补赤字，降低公共债务规模。10月16日，日本政府推出今后10年增税11.2万亿日元的计划（将于本月底经议会批准）充分表明，日本有比较雄厚的征税基础和较大的财政空间。

从通胀水平来看，日本长时期的零利率政策以及庞大的海外投资基本上在国内造成了一种实际上通缩的局面。目前，日本的通胀率约为0.2%，如果考虑到日元对美元（也包括其他货币）实际大幅升值的情况，日本国内并没有像美国或者欧盟那样面临通胀的压力。相反，由于日元升值，日本能以更低的成本从国外进口制成品和原材料。虽然通缩对于社会经济的发展并不是好事，但在一定程度上防止了投资和投机冲动，避免了可能的经济过热，并有效地促进了储蓄和长期债券投资，以获得稳定收益。

从失业率来看，日本2011年8月为4.3%，9月份已经降至4.1%，相比之下，美国持续在9%的高位徘徊，而欧债国家基本上都在10%—20%左右。可以说，日本的就业情况要好得多。就业率上升就意味着工作人数的增加，也意味着产出及消费水平的上升，从而进入一个正循环。显然，这比失业率上升而造成的负循环更令债权人放心。

良好的经济基本面为日本主权债务提供了强有力的信用支撑。经济基本面好，就意味着国家主权债务有良好的前景预期，从而不会导致市场信心下挫，更不会造成主权债券收益率的大幅波动。

（二）海外投资规模巨大，可以随时为国内主权债务的偿付提供充沛的流动性

在考察日本总体经济和负债水平时，有一点格外值得我们注意，即日本海外

① 主要与当时汇率有关，日元升值的因素较为明显。

② 日元升值的因素很重要。

经济总量远高于国内，其 GNP（国民生产总值）排名世界第一。在经济全球化的今天，衡量一个国家的经济问题仅用 GDP 指标是不准确且不全面的。自“广场协议”日元升值后，日本逐步将经济重心向海外转移，从单纯追求 GDP 转向 GDP 和 GNP 并重。在日本国内 GDP 增速乏力的同时，其海外经济增长速度惊人。1983 年到 2007 年，日本海外总资产由 2720 亿美元增加到 54025 亿美元，增长近 20 倍；海外纯资产由 373 亿美元增加到 22143 亿美元，增长近 60 倍；外汇储备由 244 亿美元增加到 9733 亿美元，增长近 40 倍。海外经济对日本国内经济形成了一个“反哺”作用，或者说，日本经过多年经营已经在海外重新塑造了一个“经济日本”。

根据日本财务省 2010 年 5 月的公告，截至 2009 年，日本持有的仅海外净资产就达到 2.958 万亿美元[①]，创下历史新高，连续 19 年在海外净资产排名上居全球第一，GDP 占比约为 58%。截至 2010 年底，日本对外净金融资产总额又升至 3.144（251.5 万亿日元，当时美元兑日元约为 1∶80），占当年 GDP 的 52.5%，连续第 20 年成为全球最大债权国。仅此一点，就可以让世界第一大债务国美国相形见绌，更别提债务缠身的欧盟了。

庞大的海外资产对日本经济的发展起到了重要支撑作用，也可以随时回流本土购买国债，拉低主权债券的收益率，与低利率的货币政策相配合，稳定日本的债券和货币市场。实际上，日本 3·11 灾害后，日元在国民经济遭受重创的情况下不降反升的异常现象就表明，日本海外金融资产及其背后庞大的财阀集团有非常强大的金融操作能力，可以为其主权债券市场提供充沛的流动性支持。

（三）以实业为本的经济结构依然强大，没有陷入产业“空心化”和“过度金融化”

1. 制造业依然发达，利润产出能力强，并有效地提升了就业率，带动了社会消费

从人类社会的发展历史来看，一个国家拥有以发达的制造业为代表的实体经济，无论是在经济繁荣期还是萧条期，都具有强大的利润产出能力和抗风险能力，即便是在全球性的经济危机情况下，也能较快地实现复苏。

“二战”后，基于本土资源匮乏和经济纵深狭窄的现实，日本确立了两头在外的经济发展模式，即主要原料地在海外，主要商品消费市场也在海外。在这种典型的资源拉动和出口驱动模式下，日本本土制造业迅速发展并繁荣起来。较为突出的有冶金、化工、机械、船舶制造、电子、汽车、航空、机电、精密仪器、纺织等。虽然 20 世纪 60 年代后，随着世界新一轮产业革命的推进，微电子、新能源、新材料技术快速发展，从日本开始向韩国、中国台湾、东南亚地区产生了

① 净资产等于总资产减去外债后的余额。

一轮产业转移，但是就整体看，日本主要将一些高能耗、高污染、低附加值的劳动密集型产业逐步从本土移向后述地区，使整个产业布局在东亚地区呈现出雁行排列的大致框架。而在本土，日本重点保留并发展了宇航、航空、微电子、精密机械、仪表、新能源、新材料等高技术、低能耗、低污染、高附加值的工业体系，为日本保持强大的出口实力以及全球制造业的竞争优势奠定了扎实基础。

从此次金融危机的经验教训可以看出，日本、德国、法国是发达经济体中率先实现复苏的国家，而制造业发达是其共同的特点。完备的国民工业体系、较为充分的就业保证了较高的社会产出水平和较强的出口能力，即使在危机状态下也能迅速恢复对外贸易总量，抗风险能力明显优于过度金融化的部分国家。

另一方面，从实践经验来看，日本在产业转移的过程中，通过投资、合资、资本运作等方式在对象国设置大量工厂、企业和经营渠道，将所在国的部分工业、企业逐步整合到日本的经济网络，通过核心零部件及技术的供应，调控所在国企业的生产与销售，不但在一定程度上左右这些国家的出口和贸易，更可以通过与日本母公司的复杂关联交易将大部分利润再投资或者转回本国。

2. 没有大力发展金融衍生产品，实现金融的超规模扩张，从而在一定程度上规避了金融风险的集中爆发

从现实角度来看，日本作为一个岛国，缺乏资源、缺乏人力，政治、军事缺乏独立自主性，在国际金融及贸易体系中并不是最终游戏规则的制定者，所以日本始终将掌握高端核心技术进而增加经济实力作为立国宗旨，而并非像美国和欧洲那样大力发展“金融业”，以“服务”立国，“金融”强国。特别是日本金融业在经历了20世纪90年代初泡沫经济破灭的洗礼后，曾进行反省。泡沫经济崩溃后的大衰退证明，金融体系流动性的泛滥不仅导致金融危机，而且会引起实体经济的衰退。以往金融危机的经验教训使日本的金融机构增强了风险防控意识，金融监管也得到有效改善。日本各界曾深度思考并讨论金融与实体经济之间的关系，而不是把“金融市场”看作是一本万利的买卖，更不会将“金融衍生品”视为“会下金蛋的鸡”。在这种思路下，日本银行重点为日本企业的高速发展和扩张提供融资，而并非投身于金融衍生市场。同时，日本政府也强调了金融创新与金融监管的协调发展，避免因过度监管而损伤日本金融市场的活力和国际竞争力，并提出其金融监管的中长期政策目标为“强化市场”和“提高金融监管的质量”。

因此，在2008年的全球性金融危机中，日本金融业尽管也受到一定冲击，但基本呈健康状态。较为保守和谨慎的经营理念使得日本的金融机构对高负债、高杠杆的运作模式以及高收益、高风险的金融衍生品持有一种警惕态度，从而避开了金融风险的集中爆发。统计资料显示，除了所持美元国债缩水外，日本金融机构购买的次贷资产在发达国家金融机构中是最少的。根据2008年1月的统计，日本共持有140亿美元的美国次贷债券。根据IMF的统计，全球金融系统的损失

在危机初期约为14050亿美元，而日本4家大型金融机构的总损失额约为13900亿日元，按当时（2008年9月）汇率计算，仅占全球金融系统总损失额的约1.1%。

基于上述原因，金融危机并未给日本金融体系造成沉重打击，从而保持了其较强的融资能力和政策宽裕度，从而削弱了债务危机爆发的可能性。

（四）庞大的国际储备以及国民自持债券的投资习惯极大降低了主权债务危机爆发的风险

日本作为世界上最大的出口国之一，30年来都保持着总体顺差的纪录，经常性账户余额的不断增长极大地丰富了日本的外储，即使是在日本央行的有意控制之下，在2011年7月份也达到了1.14万亿美元，仅次于中国，位列世界第二。连IMF总裁拉加德都不得不于今年11月亲自前往日本，游说后者购买更多的欧元区债券和“欧洲金融稳定基金”（EFSF）债券。在如此庞大外储的支持下，任何在国际上抛售日元债券进行做空操作的交易都不大可能取得收效。另外，最为关键的是，与美欧不同，95%以上的日本政府债券为国内长期投资者如银行、财阀持有。这主要是由于日本政府主导的低利率货币政策，加之日元升值带来的国内通缩，使日本企业和民众格外喜欢购买中长期的国债，以获得稳定收益。日本10年期国债收益率从1997年以来仅两次超过2%，更说明了民众投资的偏好性。另外，即使外国投资者持有的5%日本国债也主要是各国央行及其他固定投资者持有，主要用作避险投资，在美债、欧债形势不稳的情况下，基本不会进行清仓操作。截至2010年，海外各国央行所持日元债券占海外投资者所持日元债券的58%，达到10年来的新高。这表明，海外战略投资者对日本主权债务充满信心，进一步降低了市场抛售、拉高收益率的可能性。

反观希腊，近三分之二的公共债务为外国持有（主要是欧洲各国的大型银行），在“无标的信用违约掉期（naked CDS）”这种金融衍生产品强大的利益诱惑下，导致做空欧元区债券的交易盛行，从而在市场上在技术面将主权债务问题国家的债券推上了不归路。

（五）不具备欧债和美债危机爆发的制度因素

欧美的债务危机都有一个深刻的促成原因，即制度因素。美国债务危机成因较为直观，主要是围绕“国债发行上限”这一政治问题展开的，即过度的财政扩张造成赤字和债务“双突破”，两党政治斗争的激化令国内政治动荡，就业数据低迷，复苏迟缓则令市场投资者信心下滑，推高了国债收益率上升的预期。另外，评级机构的推波助澜也起到了一定作用。但是从根本上看，“债务上限”源于其两党斗争的国会政治制度，危机也只是昙花一现，并未从根本上动摇美国的债券市场。

欧元区债务危机的爆发则是财政与货币制度失配造成的，即统一的货币政策与各成员国独立的财政政策相背离。由于缺乏严格金融及财政纪律监管，部分国家的宽松财政政策和高福利社会制度在经济衰退的大背景下各自为政地狂发债务，痴迷于借新债还旧债，同时填补政府预算的赤字“大洞”，进而不断推升债券收益率，提高融资成本，最终超过了政府收入与支出的“平衡点”，无以为继，无法以可以接受的成本从市场融资还本付息，导致债务危机的爆发与传递。

因此，无论是从财政与货币制度的完善程度上看，还是从议会政治运行机制来看，日本目前尚不具备爆发类似美欧主权债务危机的制度性因素。

二、从长期看日本主权债务存在极大风险

虽然短期内日本不会出现债务危机，但从长期看，其主权债务风险极大。今年以来3家国际评级机构对日本评级的下调已使其主权债务前景蒙上一层阴影：1月27日，标普宣布将日本的长期主权评级自AA下调至AA-，4月27日宣布将日本评级前景由“稳定”降至“负面”。5月27日，惠誉将日本长期主权信用评级展望从“稳定”下调为“负面”。8月24日，穆迪宣布将日本主权信用评级下调一级至Aa3。8月30日，惠誉亚太区主权评级分部表示，若负面因素发酵及新首相无法推出有效的措施，在未来5—12个月内有可能下调日本主权评级。

结合日本经济及社会发展实际状况和特点分析，其主权债务风险可能在未来一个时期直线上升。原因如下：

（一）近年来日本家庭储蓄率持续下降

日本是一个高储蓄国家，在发达国家中，其家庭储蓄率一直是最高的，国内长期保持净储蓄。这在一定程度上降低了外部环境变化可能带来的市场风险。然而，由于日本经济长期低迷，国民个人资产增长乏力，无业家庭的储蓄率急剧下降及人口老龄化等原因，自20世纪90年代起，日本的家庭储蓄率不断下降。1991年日本的家庭储蓄率为15%，1998年为10.5%，2002年降到6.2%，2009年已不足2%，是自1980年以来的最低点。IMF预计几年之内日本储蓄率将由正转负。若这种情况长期持续下去，日本的资本与负债缺口可能越来越大，其债务问题也很有可能恶化甚至可能演化成危机。

（二）政府赤字不断膨胀

近年来，日本政府赤字不断膨胀。20世纪90年代初日本经济泡沫破灭，企业投资和个人消费均转向低迷。日本政府试图通过增加公共投资与扩大出口来扩大总需求，但由于日元兑美元一直处于升值势头，出口增加不明显，单由公共投资难以拉动内需。于是，日本政府转而寄希望于刺激消费，采取措施降低物价，

但商品价格随同股市和房地产市场齐跌却出乎日本政府预料，日本经济走入全面通缩时期。为摆脱通缩困境，日本政府不断进行减税，但经济的持续恶化使得国家财政收入的增长远远比不上财政支出的增长，政府赤字规模也在不断增大。此外，2011 年的“3·11”地震及核电灾害后，世行估算整个重建约需 5 年，费用约 1800 亿美元左右。这一突发情况迫使日本政府 3 次追加本年度预算，进一步扩大了赤字。2011 财年，日本预算赤字约为 10%，基本与美国相当。

（三）人口老龄化问题严重

目前日本的老龄化人口占全国人口的比例已达 23%，是全球这一比例最高的国家。随着日本进入老龄化社会，其老年人口医疗支出和养老金支出占比将不断提升，这将导致结构性赤字不断恶化，且这种情况短期内不会有所改善。数据显示，日本医疗保障支出与 GDP 之比已经提高了 5 个百分点。社保支出成为日本财政越来越沉重的负担，财政调整难度也越来越大。而政府若通过增加税收以弥补财政赤字，必将导致人口的低出生率，相应地社会安全支出占比将进一步增加，以致债务负担继续放大，最终陷入恶性循环。另外，人口老龄化程度加剧将提升资产变现需求以满足消费和医疗，造成国民储蓄率下降。

（四）政治经济不稳定性增强

日本内阁更迭频繁，尤其是最近十年里，首相频繁更换，出现了“十年七相”的政局乱象。政治体制导致政府领导人频繁更迭，难以形成领导国家的核心力量，政治体制不仅不能转化为发展、管理国家经济的优势，相反，两大政党控制开支的政策难以有效执行，也没有执行的环境。日本政府对国家经济的治理能力难以实质性提升，更在长期中严重阻碍了日本经济的发展，其经济发展前景不确定性已明显增加。随着日本政治经济不稳定性增强，市场容易对日本债券丧失信心。

结论：随着日本家庭储蓄率的持续下降及政府赤字、债务的不断抬升，日本政府的债息负担会越来越重，仅 2011 年，日本政府国债还本付息支出将达到 21.5 万亿日元。未来，随着日本社会老龄化日趋严重，福利支出会进一步加大，而社会产出则有可能降低，届时，爆发债务危机的可能性将直线上升。

三、对我国的影响

当前，在全球经济复苏放缓、发达国家债务危机频发情况下，加强对日本主权债务发展形势的严密跟踪，评估其风险性，对我国提前采取应对措施十分必要。原因如下：

第一，作为世界第三大经济体的日本与我国双边经贸往来十分密切，其主权债务危机一旦爆发，基本经济面将会恶化，直接影响中日双边贸易，对我国外贸出口非常不利。2010 年中日两国间的贸易总额为 3018.5 亿美元，与 2009 年相比，增长率为 30%。其中，日本对华出口总额为 1490.9 亿美元，进口总额则为 1527.5 亿美元[①]。

第二，日本主权债务危机一旦爆发，其海外投资势必回撤，直接影响到其在华投资，有可能拉低我国 GDP 增速。同时，日企撤资将导致大量配套企业关停，对我国稳定和创造就业、保持经济增速和结构改革非常不利。

第三，日元作为世界主要避险货币之一，长期处于升值状态。日本债券也被多国银行视为避险资产。一旦日本主权债务危机爆发，国际金融市场必将产生剧烈波动，直接威胁我外储中日元资产的收益和安全性。

第四，在对全球经济“二次触底”的普遍担忧气氛中，市场信心明显不足。作为世界第三大经济体，日本主权债务危机一旦爆发，必将引发连锁反应，特别是与欧元区债务危机叠加之后有可能再次重创全球金融体系，导致继 2008 年后的新一轮全球金融危机。

基于上述判断，我国一是要组织专门力量加强对日本、欧盟、美国这些发达国家主权债务动向的跟踪、研判，及时采取应对措施；二是要积极推动国际金融体系和货币体系的改革，提高人民币的国际影响力；三是适时调整外储资产的配置结构，避免直接损失；四是继续坚定不移地深化改革，着力开发国内市场，减少对海外市场的依赖；五是拓展与新兴市场国家的经贸合作，适度分散海外市场过度集中的风险。

（王苇航）

① 日本贸易振兴机构（JETRO）2011 年统计。

近期法国主权债务风险评析*

2011 年第 2 季度末，法国公共债务①余额达 1.6927 万亿欧元②，环比增加 464 亿欧元，GDP 占比为 86.2%，创历史新高。其中，主权债务 1.34 万亿欧元，GDP 占比为 63.2%。法国公共债务及其占比均超过已出台的《2012 预算案》中设定的 2011 年全年目标，也远高于《稳定与增长公约》规定的欧元区成员国负债率不得超过 GDP 60% 的上限。在欧债危机持续发酵的大背景下，2011 年 11 月 10 日，国际评级机构标普曾误发下调法国评级的信息。12 月 7 日（欧洲当地时间），标普将欧盟长期信用评级列入“负面观察”名单进一步加重了市场紧张气氛。由于法国是欧盟最重要经济核心之一，又是“欧洲金融稳定基金”（EFSF）的担保国，对于欧元区重获稳定至关重要，一旦出现类似意大利的债务危机，后果将极为严重，故其债务风险日益受到关注。现就相关情况简析如下：

一、法国主权债务的内部风险要素分析

（一）财政赤字有所削减，紧缩政策尚待检验

2010 年法国财政赤字为 1365 亿欧元③，GDP 占比为 7%，较 2009 年的 7.5% 有所下降，也低于 7.7% 的预期指标。据 IMF 估算，2011 年法国全年财政赤字或达 1170 亿欧元，GDP 占比虽可降到 5.9%，但仍远高于欧盟《稳定与增长公约》3% 的标准。为改善财政基本面，法国于 2011 年 3 次宣布实行财政紧缩政策，力争在未来 3 年内将财政赤字率降至 3% 以下。同时，法国还加大了征税力度。

紧缩财政虽然可以在一定程度缓解赤字困境，但对于习惯了高福利的欧洲国家，无疑会对社会消费造成负面影响，进而波及制造业和服务业，同时社会福利等公共服务方面投入的减少也有可能激化社会矛盾，不利于经济复苏。因此法国财政紧缩的效果仍需观察。

---

* 本文写于 2011 年 12 月。

① 公共债务包括中央政府债务、地方政府债务，更为广泛的定义甚至包括政府担保的企业债务。其中央政府债务又称国债，对外也被视为主权债务。

② 法国全国统计及经济研究所（INSEE）公布数据。

③ INSEE 公布数据。

（二）银行体系承受双重压力，或对实体经济构成不利影响

截至2010年年底，占据法国银行系统80%市场份额的四大银行——法国巴黎银行、法国BPCE银行集团、法国农业信贷银行及法国兴业银行，已累计向"欧猪五国"（PIIGS）发放了近3000亿欧元贷款。国际清算银行（BIS）数据显示，法国银行业在PIIGS的风险敞口①已达6700亿欧元，在希腊的风险敞口为570亿欧元，在意大利的风险敞口为3000亿欧元②，均列欧洲各国最高。希腊债券以不低于50%规模减记③已严重影响法国银行业。以法国巴黎银行为例，其3季度报告显示，减记希腊主权债务及出售PIIGS政府债券导致业绩大幅跳水，实现净利润仅为5.41亿欧元，同比降幅达72%之多。此外，法国的众多中小银行融资能力不齐，风险监管欠缺，风险敞口难以测算。

此外，法国银行业还存在资本充足率不足问题。以目前形势看，法国银行业将遭受外债的掉期或违约损失，而银行本身资本充足率就不能达到要求，使得法国银行业在面对欧债危机时更加脆弱，金融体系流动性难以确保。银行系统周转不良势必导致企业周转困难，对法国实业造成影响，致使主权债务危机演变为银行危机、金融危机，最终传递到实体经济，造成经济体系的全面危机。

（三）实业基础较为雄厚，金融危机后逐步复苏

法国作为G7核心成员国，较早实现了工业化，特别是在核电、航空航天、铁路和汽车等高端领域居世界领先地位。2010年，法国农业、工业和服务业产值在GDP中分别占2.0%、18.3%和79.7%。法国工业三大支柱——钢铁、汽车、建筑业在金融危机中受冲击最为明显，但复苏也较快。2008年末，为拉动经济增长，法国宣布了一项为期2年、总额为260亿欧元的经济刺激计划，主要内容包括扩大公共投资以及对房地产和汽车行业提供援助等。2009年起，法国工业开始缓慢恢复增长。虽然当年因受2008年危机影响，工业增长同比下降21%，但2010年降幅已收窄至2%，2011年预计将增长14%。

（四）总体经济面良好，但下行压力有所增加

总体而言，法国经济基本面尚好，但不可否认，欧债危机以及银行系统抗风险能力的削减已经对其稳固性造成了一定压力，提高了其主权债务风险。

GDP增速。目前各界对于法国的经济增长并不乐观。受金融危机影响，法国GDP一度持续负增长，2009年2季度才开始恢复正增长，且增幅随贸易余额的变化剧烈波动。2011年2季度法国GDP环比降低0.1%，3季度环比增长0.4%

---

① 即因债务人违约行为导致的可能承受风险的信贷余额。

② 该数据由彭博社提供。

③ 10月份欧盟特别峰会达成关于希腊债券减记的协定。

（见图 1）。欧盟委员会预计，法国 2011 年全年 GDP 将增长 1.6%。11 月 28 日，经济合作与发展组织（OECD）在半年度经济展望报告中称，欧债危机可能促使法国经济步入衰退，预计 2012 年实际 GDP 将仅增长 0.3%，2013 年增幅将提高到 1.5%左右。

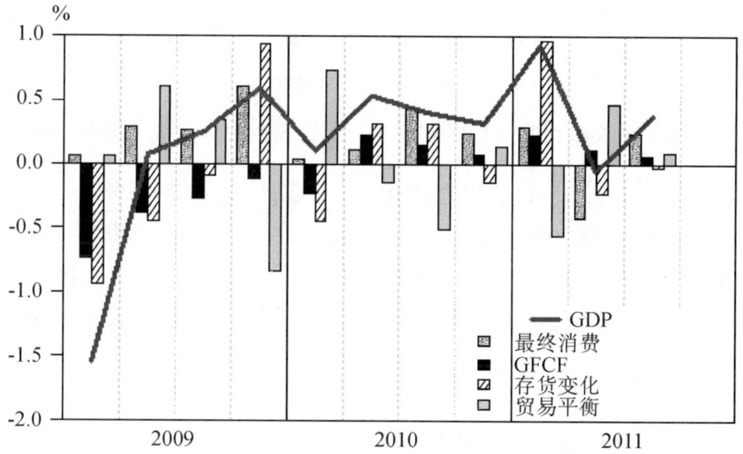

图 1　2009—2011 年法国 GDP 走势

失业率。2008 年金融危机爆发后，法国失业率直线攀升。2010 年开始，失业率稳中有降，但仍居高位[①]，2011 年 2 季度为 9.7%（见图 2）。OECD 预计，2012 年底法国失业率将升至 10.4%。

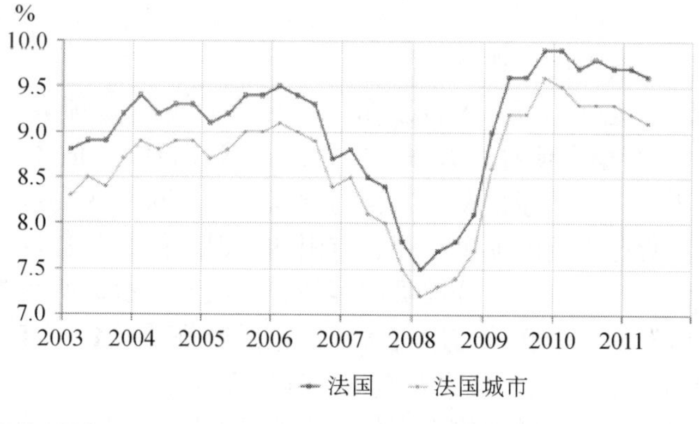

图 2　2003—2011 年法国失业率（剔除季节因素，按季度平均）

通胀率。金融危机后，法国消费价格指数（CPI）增幅起伏较大。近一年来，其 CPI 始终在 1.5%—2.5%之间徘徊，波动趋于平缓（见图 3）。

① 布鲁塞尔智库里斯本委员会公布的《欧元加监管》指出，法国就业保护制度过于严格，影响年轻人就业。

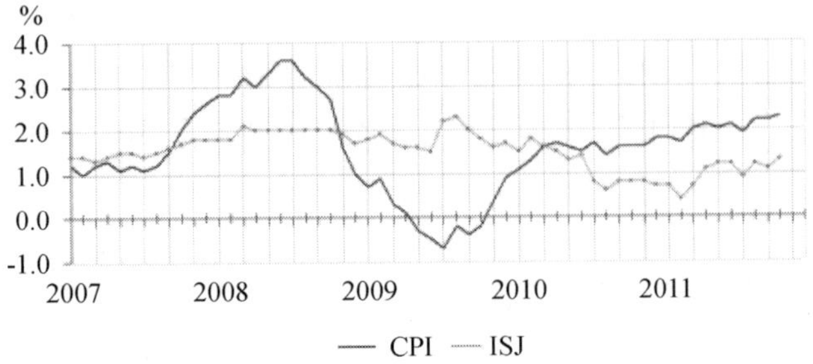

图 3　法国消费物价指数（CPI）及核心通胀率（ISJ）走势（2007—2011 年）

公债收益率。11 月 15 日，法国公债 10 年期债息达 3. 52%，约同期德国债息的 2 倍之多，利差达 184 个基本点。11 月 17 日，这一收益率差曾扩大到 200 个基点，创 1990 年以来的最大差距。① 12 月 1 日，法国 10 年期国债收益率降至 3. 18%，与德国同期国债的收益率差值收窄至 93 个基点，表明市场对法国经济的担忧有所降低。

二、法国主权债务的外部风险因素分析

（一）欧元区债务危机拖累法国经济及评级

随着欧债危机的深度演变与扩散，法国抵御风险传导与冲击的能力面临考验。OECD 指出，欧元区主权债务危机存在升级风险，欧元区经济今年 4 季度环比将下滑 1%，明年 1 季度环比继续下滑 0. 4%，很可能陷入衰退②。受欧元区经济下滑的影响，法国必将受到拖累。

此外，欧盟委员会 11 月 23 日发布《关于发行“稳定债券”可行性的绿皮书》，提出 3 种发行稳定债券的方案：一是欧元区发行统一债券，17 个成员国为共同债券提供共同担保并停止发行各自的国债；二是欧元区发行统一债券，为部分重债国融资，所有成员国提供共同、有限的担保，但仍各自发行国债；三是欧元区发行统一债券，替换一部分成员国国债，各成员国根据所替换的份额提供相应担保。稳定债券是一个联合信用符号，无论采取哪种方案，其实质都是将欧元区 17 国进行绑定，由高债信国为差债信国提供无限连带责任。稳定债券的发行，等于强化了法国对债务国家的连带责任，直接危及其自身 AAA 评级。

（二）欧盟整体经济形势对法国不利

欧盟统计局（Eurostat）11 月 15 日发布的数据显示，今年 3 季度欧元区及欧

① 据穆迪测算，同期同额债券收益率每上升 100 个基点，每年将会增加 30 亿欧元的额外负担。
② 通常情况下，一国或地区 GDP 连续两个或两个以上季度出现下滑，即可称之为衰退。

盟经济继续维持缓慢增长，环比增幅均为0.2%，与前一季度持平；同比增速均为1.4%，分别低于2季度的1.6%和1.7%。另一方面，穆迪11月27日发出警告：欧元区主权债务和银行信贷危机的快速升级，正危及欧盟所有国家的主权信用评级。29日穆迪称正在考虑下调欧盟15个成员国的87家银行次级债信用评级。

（三）PIIGS债务国违约风险影响法国偿债能力

作为债权人的法国银行持有大量PIIGS债务。数据显示，目前法国银行业对PIIGS风险敞口在欧元区最高，使得法国银行系统在面临危机时尤为脆弱。法国国内增长停滞、消费者开支降低的形势下，债务国违约的风险将造成更大影响，严重削弱其偿债能力。

结论：从法国主权债务的内、外部因素通盘考虑，近期内，在其较为稳健的财政及经济面的支撑下，法国本身的债信评级仍为良好，但其银行体系在希腊债券减记以及补充资本金因素的影响下，风险系数有所提高。另外，EFSF杠杆化有可能扩大其连带责任。如果欧债危机前景恶化，法国主权债务风险将直线上升，不确定因素将陡增。

三、法国若爆发主权债务危机可能造成的影响

（一）对欧盟的影响

法国是欧盟27个成员中的核心国之一，既是欧洲的第2大经济体，也是EFSF最重要的参与者。法国的AAA评级是EFSF的重要背书之一，且EFSF目前4400亿欧元的救助基金中，1580亿欧元担保来自法国。若法国失去AAA最高信用评级，不仅EFSF融资成本将大幅上升，更为直接和重要的影响是，EFSF将失去逾三分之一的信贷能力。此外，虽然11月29日的欧元区财长会已就EFSF的扩容细节达成协议，一旦法国被降级，EFSF的救助计划很可能流于破产。鉴于EFSF被认为是解决欧债问题的最后手段，若其规模受限甚至无法继续推行，对已深陷债务危机泥潭的欧元区无异于雪上加霜，甚至有可能直接导致欧元区的解体。

（二）对中国的影响

从中国的角度看，法国是中国在欧盟的第5大贸易伙伴，而中国是法国第9大出口市场和第6大进口来源地。鉴于法国在欧洲及全球的经济地位，主权债务危机一旦在法国爆发，很可能蔓延至欧洲甚至更多国家，对我国经济发展造成严重影响。

其一，中国外贸依存度仍然较强，而欧盟目前是中国最大的出口市场。法国

的降级危险将影响整个欧盟，并进一步拖累欧盟整体经济，进而严重影响中国对欧盟的出口。

其二，法国的主权债务危机必将加剧贸易保护。贸易摩擦本身就是中国对外经济交往的一大问题，包括法国在内的欧盟国家对中国劳动密集型出口商品的贸易保护倾向十分明显，双边贸易往来一直存在一定不确定性。法国若爆发主权债务危机，其国内及欧盟市场将萎缩，贸易保护情绪或将高涨，贸易壁垒势必增强，直接威胁我出口形势。

其三，基于全球产业链的深刻交织，每个国家都已成为整个产业链条上的一环。若法国降级影响到欧洲甚至更多国家，我国许多工厂所需原料、零件将不能及时得到供应，我国工业产出受到影响的同时，失业率也可能随之上升。

其四，欧洲债务危机的爆发已使得欧元区经济增长前景更加黯淡，欧元面临较大贬值压力。法国在这时爆发主权债务危机，必然导致欧元的进一步贬值。而我国目前外汇储备中包含20%—25%的欧元储备，将遭受汇兑损失。

四、对策建议

一是密切关注法国国债收益率。国债收益率可以看作是市场对一国经济预期和市场信心的重要指标，且长久以来法国债券收益率被视为欧洲政府借款利率的指标。所以，对于法国国债收益率及其主权债务演进情况要时刻跟进。

二是增资IMF以提供援助，稳定欧元区。在经济全球化的今天，所有经济体都被紧密联系在一起，任何主要经济体的动荡都将对其他国家及整个经济体系造成强烈影响。所以，援助欧元区在一定程度上也是在防止中国未来经济下滑。救助方式上，考虑到直接向EFSF注资需要进行长时间的商讨，增资IMF来提供间接援助更为可取。此外，中国还可以借此机会要求增加在IMF中的话语权。

三是采取主动措施进行资产收购。近几年来，资产拍卖已成法国削减公共债务的途径之一，2006年和2008年法国都曾进行过国有资产拍卖。去年夏季，法国对1700处国有资产进行拍卖，所得80%以上用于投资，其余则用于减轻政府债务。对于中国而言，适时对法进行资产收购，不仅使我国外债投放合理化，还可以防止法在华投资项目受本国危机传导而发生问题。

四是适当调整欧元资产，特别是信用违约互换（CDS）类资产。今年7月，投资者对法国的担忧在债市和信用市场首现，其CDS价格高涨。CDS价格可以看作是市场对未来债务违约的一种预期。11月29日，法国5年期CDS已升至240点。对我国欧元资产进行适当调整，可以对冲法国主权债务危机爆发所带来的部分风险。

（王苇航）

奥巴马“大部制”改革计划初探*

2012 年 1 月 13 日，奥巴马宣布将请求国会授予其整合联邦政府机构的权力，并将提交以整合商贸机构方案为第一步的美国政府行政体制改革计划。该计划以“促经”、“减赤”和“瘦身”三大内政主攻方向为背景，从整合归并商贸机构入手，定位民主、共和两党利益均衡点，以期获得国会支持，为后续深入开展联邦行政体制的“大部制”改革并迎战 2012 年总统大选蓄势铺垫。

目前，改革计划尚在细化中，还需国会授权和投票。及时跟踪奥巴马“大部制”改革计划的决策进程，分析其改革背景、目标及各方反应，有利于我们全面了解美国行政体制，并将为我国相关“大部制”改革提供借鉴和启示。

一、背景介绍

奥巴马政府改革设想最早见于 2011 年国情咨文。他在当年的国情咨文中指出：时代改变，政府不变，则我们无法赢得未来。他许诺将向国会提案，融合、巩固和重组联邦政府，为打造一个更具竞争力的美国提供服务。

2012 年 1 月 24 日奥巴马发表第三次，也是他本届任期内最后一次国情咨文，再度指出将致力于建立更明智和更有效的政府。至此，其政府行政体制改革计划初现轮廓。

二、奥巴马政府“大部制”改革计划

（一）基本设想

奥巴马在宣布其行政体制改革计划的讲话中指出，美国政府多头管理和职能交叉等问题严重影响了政府效能。例如，有 5 个不同的联邦机构处理与住房有关的事务，10 余个机构参与食品安全管理。这些情况给企业造成困惑，浪费时间和金钱。整合机构将有利于打造效率更高、服务更好的政府。

奥巴马已申请国会授予其整合联邦政府机构的权力。如果获得此项权力，奥

* 本文写于 2012 年 2 月。

巴马将向国会提交详细的“大部制”改革方案。改革以整合商贸系统为第一步，随后，食品安全等机构的“大部制”改革计划会陆续出台。

（二）六大商贸机构整合方案

美国联邦政府六个负责国际贸易和商业的机构是：商务部、贸易代表办公室（Office of the U. S. Trade Representative）、小企业管理局（the Small Business Administration）、进出口银行（Export－Import Bank of the United States）、隶属联邦政府的海外私人投资公司（Overseas Private Investment Corporation）以及贸易和发展署（the Trade and Development Agency）。六部门概况见下表：

表 1　　美国联邦政府负责国际贸易和商业的机构

部门	商务部	进出口银行	贸易代表办公室	海外私人投资公司	小企业管理局	贸易和发展署
创建时间	1913 年从劳工部分离成立	1934 年	1963 年	1971 年	1953 年	1992 年
主要职能	对国内和国外企业进行多方位监管，包括就业、贸易、经济发展、技术、企业发展。	是隶属美国政府的出口信用部门，通过提供一般商业渠道不能获得的信贷支持促进美国商品及服务出口。	发展并协调国际贸易政策，进行海外谈判，获得海外商机。贸易代表向奥巴马政府提供贸易事务的建议。	是美国也是世界上首家海外投资保险机构，帮助美国工商企业在海外建厂。一方面是美国国务院政策指导下的机构，另一方面按照公司体制经营管理。	为小企业主提供资助、培训等相关事项，并代表中小企业在美国国会争取权益。	独立的、小型联邦政府机构。资助美国制造业产品和服务业开辟新兴市场。2000 财年投入 5710 万美元资助美国公司开拓非洲、中东、亚太、拉美等国市场，获得商机。
现任负责人	部长：John Bryson（自 2011）	主席兼总裁：Fred P Hochberg（自 2009）	贸易代表：Ron Kirk（自 2009）	总裁兼首席执行官：Elizabeth L. Littlefield（自 2010）	局长：Karen G. Mills（自 2009）	署长：Leocadia L. Zak（自 2010）
2012 年预算	76 亿美元	8990 万	5130 万	5490 万	91900 万	5000 万
人员数量（2011 年）	约 43000 人	391 人	227 人	215 人	2000 人以上	50 人

改革将保留商务部核心职能。商务部将与其他五个机构整合，组成新的内阁级部门。1 月 18 日，获奥巴马提名为行政管理和预算办公室[①]主任的杰弗里·津茨（Jeffrey Zients）透露，新部门将由三个单位构成：贸易和投资局（包括执法、融资和推广）、小企业和经济发展局、技术和创新局（包括专利局和统计局）。统计局将包括劳工统计局（发布月度失业数据）和经济分析局（负责跟踪国内生产总值、消费支出、企业利润和贸易余额）。

另据媒体报道，商务部一些部门可能并入其他部级机构，如商务部最大的预算部门——国家海洋和大气管理局可能将划归内政部；人口普查局可能并入劳工部。

奥巴马说，合并后美国贸易代表办公室仍为内阁级，小企业管理局提升为内阁级。奥巴马强调，白宫将高度重视小企业对恢复国民经济和提高就业率的重要作用。1 月 29 日，美国贸易代表柯克（Ron Kirk）透露，根据 2012 年国情咨文，奥巴马政府还将在美国贸易代表办公室下成立一个新的贸易执法单位（Trade Enforcement Unit），以拓展美方资源，打开海外市场，限制“不公平贸易”。

杰弗里·津茨说，按照设想，合并后的新商贸部门人数将大大小于商务部现有员工数目，运行成本低于现有 6 个部门的总和，预计今后十年将节省大约 30 亿美元财政预算。白宫估计，合并后将逐步裁掉大约 1000 到 2000 个工作岗位，但这些岗位采取“自然减员”方式，即现有员工退休后不再继续招聘。关于新部门“消肿”数据的计算依据将在获得授权后的详细提案中列出。

（三）改革步骤

奥巴马的此次行政体制改革计划，首先要求国会恢复总统改革政府的权力。在美国历史上，从 1932 年大萧条时期到 1984 年里根总统时期的 52 年里，总统拥有此项权力，可以快速改组政府，应对危机。该权力意味着，总统的行政体制改革提案可进入国会“快车道”（fast track）表决程序——国会必须在 3 个月内投票表决“是”或“否”，而不能对方案进行修改。

如果国会不同意此项授权，奥巴马表示仍将继续推动“大部制”改革计划。但历史经验显示，除非有重大事件发生，受两党政治、利益团体和选区利益等因素影响，国会将在正常表决程序（normal track）中对白宫提交的政府改革计划加以牵制，要求修改内容，或论证各个细节的可行性，甚至彻底否决相关提案。

---

① 美国行政管理和预算办公室（Office of Management and Budget）简称 OMB，是美国总统府幕僚机构之一，是协助总统编制和审核国家预算的机构。主要职责是：汇总各部门的属于联邦开支的项目及方案，进行初步研究审核然后提交总统核准；负责协助总统检查行政部门的组织机构和管理状况并向总统提出改善管理工作的建议。

三、政府行政体制改革的主要意义

（一）刺激经济发展

1. 推动“出口倍增计划”

奥巴马政府2011年发布出口倍增计划，加强与新兴市场国家的贸易纽带，支持中小企业，以增强美国企业的出口竞争力，挖掘新的增长点，增加就业。根据计划，到2015年美国出口将增加一倍，由2009年的1.57万亿上升到2015年的3.14万亿。

奥巴马整合后的新商贸机构将为企业提供一站式咨询和服务，确保联邦政府资金能有效推动出口，实现倍增计划。奥巴马说，他将通过此次改革，使政府更好地服务于企业，为美国出口开拓市场，创造就业岗位。

2. 服务“中小企业”

美国经济复苏的关键掌握在中小企业手中，这已成为美国政经各界的共识。问卷调查显示，美国中小企业税负高和行政审批手续复杂等问题由来已久。受金融危机以来的经济形势影响，美国中小企业数量持续下滑。劳工统计局数据显示，2008年8月，美国注册的小企业①有580万户，另有1030万人单干；2009年8月，两个数字分别下降到540万和1010万；2011年9月进一步下降到520万和950万。

此次改革计划中，小企业管理局局长将升级为内阁成员，为中小企业代言，有助于维护中小企业权益，反映其诉求，并可确保中小企业的利益在新部门受到关注。

（二）体现“致力于长期减赤”的决心

美国财政赤字已连续三个财年超过1万亿美元大关，引发各界对“赤字财政”可持续性的担忧。2011年9月9日，美国政府历经多月推出了4470亿美元的就业促进法案，为奥巴马政治资本加分，但也为“赤字财政”加压。

2012年1月12日，奥巴马向国会提交申请，将政府财政赤字上限提高到1.2万亿美元，以保障其支出承诺。第二天，即1月13日，奥巴马宣布将向国会提交已酝酿一年的行政体制改革计划。杰弗里·津茨说，尽管相较于联邦政府年均约3.7万亿美元的预算而言，节省30亿美元微不足道，但传递出奥巴马削减财政赤字的决心。

① 美国小企业管理局对小企业的定义是，员工人数不超过500人的企业。

（三）改变“大政府”形象

金融危机以来，奥巴马政府在金融监管、社会保障等领域的作用大大强化，监管触角不断扩大，各方对“大政府”的质疑和抨击接踵而至。民众对“大政府”的不满是2010年民主党在中期选举中失利的重要原因之一。2012年选战打响后，共和党参选人和许多选民强烈指责联邦政府规模过大，开支太多。

奥巴马以政府改革回应共和党对“华盛顿庞大低效”的指责，可削弱共和党关于奥巴马是“大政府自由主义者”的抨击，减少舆论压力，改变“大政府”形象。曾任白宫行政管理和预算办公室主任的雅各布·卢（Jacob J. Lew）预测，行政体制改革迎合共和党核心价值观，可能有助于两党合作。

四、奥巴马“大部制”改革面临的主要挑战

（一）部门利益之争

美国政府的行政体制改革并非新鲜话题，一直举步维艰。例如，对食品监管部门整合的探讨长达数年，但无论是农业部（Department of Agriculture）还是卫生与人类服务部（Department of Health and Human Services）都不愿让渡手中权力。

奥巴马政府深知其中难处，暂将此次行政体制改革计划的重点放在“提高国家竞争力”和“创造最好商业环境”，尽量避免对部门权力“伤筋动骨”。目前，利益相关方担心，新成立的商贸机构、美国贸易代表办公室和小企业管理局三者同为内阁级的情况可能是暂时的，待改组完成，后两者都要受新机构负责人的统一领导，其内阁级别将可能丢失。

（二）两党政治斗争

美国的两党之争如达摩克利斯之剑，时刻悬于奥巴马“改革”之上。奥巴马此项“精简”措施虽然迎合了共和党的舆论导向，号召两党解除纷争，以构建更有战略意义、高效和精简的政府，但2012大选之年两党论战正酣，在美国国会占相对多数席位的共和党将不会希望奥巴马借机扩张实力。

目前，共和党对政府改革的反应尚比较积极。但如果国会拒绝改革进入“快车道”．则奥巴马的改革计划可能会受两党政治影响而举步维艰。

（三）各方舆论反应不一

1. 积极肯定

研究政府绩效的专家对该计划表示欢迎，称它是迟到的正确之举。一些分析

人士认为，将负责商业、国外投资和贸易的部门归并，推动美国出口是非常有意义的。众议院发言人约翰·伯纳（John A. Boehner）说，缩减政府是一个值得称赞的目标，共和党人将持续关注此项计划的具体细节。贸易专家们也认为，该项措施将有积极效果。政治风险咨询机构欧亚集团（Eurasia Group）有分析认为，对工商企业来说，相较于和多个机构打交道时“一头雾水”，在一个机构里获得清晰的一站式服务本身就是进步和优势。

2. 担忧疑惑

对改革争议最大的一点是：美国贸易代表办公室是否应被纳入新的“大商贸”部门。参议院金融委员会主席鲍克斯（Max Baucus）和众议院筹款委员会主席坎普（Dave Camp）等人担忧，贸易代表办公室已有明晰职责，且精简高效，已做出显著成绩，并入大的政府部门后恐将“失去专注力”。民主党内部也存有疑问：将只有227人的美国贸易代表办公室纳入大部委可能影响美国贸易政策的制定。此外，改革内容也引发了是“精简”还是“集权”的争论。

五、几点思考

（一）改革计划选举色彩浓重，大选年商贸仍为重头戏

于大选年初公布的奥巴马行政体制改革计划具有浓重的选举色彩。从目前看，计划趋于保守，更多的是向选民展示其缩减政府规模、削减支出的决心和姿态，其实质是要抢占共和党人的地盘。

该计划和2012年国情咨文共同为奥巴马2012年大选定调：关注内政，强调经济和就业。改革计划与奥巴马的其他经济促进计划互为一体，从热门的“商贸”机构入手，有助于提高民众关注度和支持度，有利于说服选民相信其对内政策胜于共和党的竞争对手。精兵简政议题也将共和党置于“接受与不接受都是失败”的境地。

对“商贸”的看重也预示着9月大选之前，奥巴马政府在该领域将更多采取强硬态度。2012年国情咨文五提中国且措辞强硬正说明了这一点。我们似应尽早妥拟预案，增强完善国际贸易规则和开展贸易谈判的主导性和应对能力，提高产品创新和企业竞争力，妥善处理贸易争端，更好地发展中国经济和出口。

（二）行政体制改革将循序渐进，改革细节仍待完善

奥巴马此次“大部制”改革是应特定时期的社会需要而提出和部署的。行政体制改革与时代要求和政府职能息息相关，是一个需要持续探索、循序渐进的过程。

同时，大部制改革要有效处理和平衡各方利益，实现权力关系的重组，因此

很难一步到位。从对公众影响广泛、职能交叉突出、改革呼声较大的部门开始，有助于减少阻力，扩大改革面。奥巴马的“大部制”改革计划，尚未出台整合细则，如何具体划分与配置新部门内部权力结构，怎样处理原六大商贸部门的地方机构，是否能避免分散的部门利益在“大部制”后积聚为集中的部门利益，真正实现精简、透明和高效，我们仍拭目以待。

（三）我国应稳健推动“大部制”改革

世界政治、经济形势瞬息万变，需要我们积极提高政府效率，转变政府职能，克服妨碍经济、社会发展的政府行政管理体制障碍，促进经济与社会的健康和可持续发展。“十二五”规划提出，要“坚定推进大部制改革”，这与党的十七大提出的“积极探索大部制改革”相比，目标更明确，信心更坚定。

2008 年，在原交通部基础上，由国家民航总局、国家邮政局等部门划归组建的交通运输部成立，是我国大部制改革的步骤之一。近年来，随着我国高铁的迅速发展和铁路系统内各种问题的暴露，铁路体制改革日益迫切。2012 年 1 月世行发表报告，建议中国借鉴国际经验，将铁道部并入大交通体系中，以适应国内交通运输市场的变化。这将有助于各种交通方式的接驳，统筹交通运输方式的规划、运行和管理，构建立体的“综合交通运输体系”。

十七届六中全会号召推动文化大发展大繁荣，加快构建有利于文化发展的体制机制。文化系统的“大部制”改革也将被推到议事日程上来。如何把广电总局、文化部、新闻出版总署等职能重叠、多头管理的机构整合成“大文化部”同样值得研究和期待。此外，大卫生部门、大能源部门等部门整合和改革也需提到议事日程。

（四）推动“大部制”要开展相关配套改革

奥巴马在此次“大部制”改革之前，于 2011 年 8 月 23 日公布了政府监管企业改革计划，将不必要的监管放手市场，并预期在未来 5 年节省大约 100 亿美元资金。该计划于 5 月份发布草案，接受行业团体和公众评议后更新修订确立。奥巴马在谈及监管改革计划时说，政府在保障公共医疗、社会福利、安全和环境方面应充分发挥作用，以促进经济增长，提高国家竞争力并创造工作机会。在另一些方面，应提高公众参与度，为市场机制和社会创新留下空间，以最少的管理工具达到最好的监管目的。

“大部制”，不是要“大”到包罗万象，无微不至。推动“大部制”改革，不仅要将职能重叠的部门整合，建立“大部门”，还要在改革过程中重新明晰政府行政权力界限，最终实现“小政府”。要避免市场经济环境下政府管理“越位”，集中精力处理好“缺位”和“不到位”。应该将市场能干的交给市场，企业和社会中介组织能做的，政府主动放权，使市场和社会与政府良性互动，同时完善法律制度建设，培养“服务社会”的行政文化，以提高政府效率，促进经济和社会健康发展，让机构改革成果惠及广大群众，为社会主义现代化建设服务。

（五）从国家战略高度重视和扶持小企业

作为市场经济中最活跃的组成部分，小企业的发展壮大对国民经济平稳健康发展具有重大战略意义。加大对小企业的扶持力度，充分挖掘小企业在经济增长中的潜力，是美国和欧洲提振经济的共同举措。

我国应从国家战略高度重视和扶持小微企业。2 月 1 日，国务院总理温家宝主持召开国务院常务会议，研究部署了进一步支持小微企业健康发展的各项财税和金融政策。但扶持小微企业，不仅要靠国务院的高度重视，还需要各地方政府和各主管部门的大力落实，以切实缓解小微企业经济压力大、成本上升和融资困难等问题，促进产品创新和产业升级，保障并促进小微企业的稳定健康发展。

（乔　慧）

美国联邦政府 2013 财年预算提案简析*

2012 年 2 月 13 日①，美国总统奥巴马向国会提交了 2013 财年预算案。作为联邦政府 2013 财政年度②的收支总体纲要，该预算案全面反映了奥巴马政府在经济、防务、贸易、社保、基建、医疗、教育等方面政策重点，也反映出行政当局对美国经济未来走势的总体判断，同时运用联邦预算调控宏观经济的思路。对此，我们应予以高度关注。现简析如下：

一、预算收支规模有所调整

预算报告显示，2013 财年，美国联邦政府的预算支出为 3. 803 万亿美元，预算收入约为 2. 902 万亿美元，财政赤字为 9010 亿美元，预计赤字的 GDP③ 占比为 5. 52%。

报告同时显示，2012 财年，美国联邦政府预算支出为 3. 796 万亿美元，预算收入为 2. 469 万亿美元，赤字将达 1. 327 万亿美元，预计 GDP④ 占比为 8. 5%。与 2012 财年相比，美国联邦政府 2013 财年的预算收入增加了 17. 54%；预算支出仅增加了 0. 18%，约 7 亿美元；预算赤字下降至 9010 亿美元，降幅达 32. 1%。

从整体结构看，与 2012 财年相比，2013 财年预算支出规模几乎没有变化，而收入规模大幅调升，赤字同比骤降，反映出奥巴马任期内最后一年的施政重点。

图 1 显示了 2010—2022 财年美国联邦政府财政状况基本面（预测）的主要构成要素变化趋势。可以看出：（1）美国 GDP 增速保持了较为平稳的态势，2012 财年后逐步加快，至 2022 财年将突破 25 万亿美元的规模；（2）联邦政府支出与收入的差值逐步收窄，导致预算赤字逐年收缩，并在 2014 财年后稳定在 0. 6 万亿—0. 7 万亿美元的规模上；（3）公共债务及净金融资产债务持续上升，几乎与 GDP 增速同步。

---

* 本文写于 2012 年 2 月，发表于《中国财政》（2012 年 2 月 17 日）。

① 北京时间 2 月 14 日凌晨。

② 2012 年 10 月 1 日至 2013 年 9 月 30 日。

③ 预计 2013 财年，美国 GDP 总额为 16. 335 万亿美元。

④ 预计 2012 财年，美国 GDP 总额为 15. 602 万亿美元。

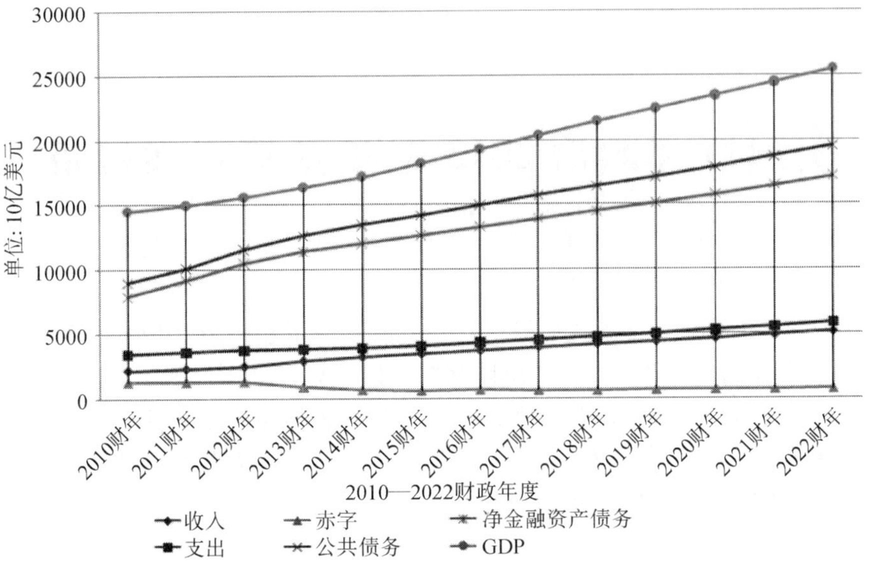

图 1　美国联邦政府收入、支出、赤字、公共债务、净金融资产债务及 GDP 趋势图

美国联邦政府发言人称，新预算案是基于对美国当前经济状况的谨慎预期编制的。预计，美国经济将以弱势复苏的态势逐步摆脱衰退，在 2012 年至 2013 年间逐渐好转，GDP 可望实现 3% 的年度增长率，2014 年后将进一步提高至 4%。与此同时，国内失业率也将逐渐下行，预计在 2014 年后有望降至 8% 以下，2017 年降至 6% 以下。另外，通胀仍然保持较低的水平，2% 左右，主要原因是社会生产及消费需求仍然较低。

预算报告还指出，对美国经济构成最大风险的是欧债危机。“受主权债务危机影响，欧洲地区的经济复苏乏力，全球金融市场面临的不确定性加大。”“如果欧元区危机恶化，则美国将受极大影响，因为美国各大银行和其他金融机构持有大量对欧投资。”

图 2 显示了 2013 财年美国联邦政府主要部门实际预算支出情况。从中可以看出：（1）卫生和公众服务部、社保局和国防部的预算支出分列前三，其合计总值达联邦预算总支出的 69.94%；（2）涉及卫生、公众服务、社会保障、教育、环保、退伍军人事务这些与民生直接相关部门的支出合计 58.59%①，反映出美国的“服务型”政府概念。

① 实际上，部门预算支出与具体事权支出并不完全一致，后者的实际支出会更高。

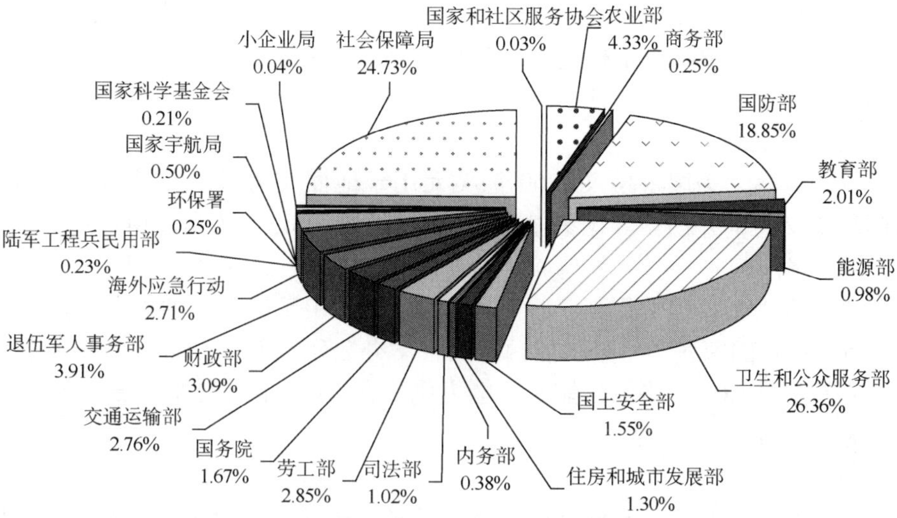

图 2　美国联邦政府 2013 财年部门预算支出比例图

（不体现国家情报系统支出情况）①

二、预算核心在于平衡财政压力与经济增长间的关系

根据奥巴马政府的设想，2013 财年预算案的核心思想是：在削减赤字的同时，要着力提高经济增长，实现“增长与减赤的平衡”。奥巴马在提交预算案时指出，预算将不会影响经济复苏，在美国经济回到“复苏的安全轨道”前，将不会对预算赤字进行大幅度削减。新近上任的白宫办公厅主任杰克·卢称，“当前还不是紧缩（财政）的时候。”基于上述思想，2013 财年预算案一是突出了经济增长，二是强调了收支平衡问题。

（一）突出经济增长

奥巴马提议增加在就业、交通和基础设施、学校教育和研发方面的支出。超过 6000 亿美元的预算将被用于建筑、研发、创造就业岗位和培训劳动力等方面。

1. 创造就业

美国联邦政府管理和预算局代理主任杰夫·齐安茨指出，预算案对于创造就业岗位是一个极大的激励，将令经济迅速恢复，更多的美国人可重返工作岗位。预算案建议采取总额 3500 亿美元的短期措施在 2012 年增加就业，包括：延长工资税减税期限以及失业救济至 2012 年底；投资 500 亿美元用于公路、铁路和机

① 需要指出的，本图所引用的数字皆来自 2013 财年实际支出情况预估，与 2013 财年总统预算提案中的数字会有所不同，但更接近于财年真实支出。

场，以增加短期内的就业；继续允许商业公司以新投资额度冲销其应缴税额；投资300亿美元对35000个学校进行现代化更新，300亿美元用于帮助各州及学区稳定师资。

2. 基础设施投入

根据预算案，美国将投入4760亿美元用于地面交通系统的扩展，包括建立城市间轨道交通，并创立“国家基础设施银行”（NSB），为基建项目提供融资。

3. 鼓励创新

预算还致力于美国的创新：投资1410亿美元用于研发；增加非军事性的研究经费5%；将国家科学基金、能源部的科学办公室以及国家标准和技术实验研究院的预算经费加倍；将清洁能源的电力供给在2035年前增加一倍；在2020年前减少建筑物能耗20%等。

4. 重塑中产

预算案强调，它将实现政府的承诺，即把美国建设成为一个能够提供良好工作和收入的国家，为中产阶级提供保障，将国家资源定向于发展经济和重塑中产阶级。

预算指出，要将美国社会从一个“曾致力于投机、消费和借债”的类型转变为一个由“高质量教育、创新和完备基础设施”重组的经济体，将美国打造成为具有最高技术水平、最高教育水平、最发达的交通及通讯网络以及尖端研究能力，面向创新和未来的国家。

（二）平衡收支

为巩固经济复苏势头，2013财年预算案特别强调了长期财政的可持续性，即平衡收支。为达成此目标，主要策略是在“税收方面增减相结合”，在“支出方面缓急相结合”。

1. 税收改革（以增税增收为主）

预算提出：终止针对家庭年收入超过25万美元富有阶层的税收优惠，将其股息收入等同一般收入征税，从而使其税率上限从15%升至39.6%，此项将在未来10年增收2064亿美元；资本利得税的税率上限从原来的15%升至20%；将遗产税恢复至2009年的水平；采用新税率规则[①]取代“可选择最低税”（AMT）[②]，确保年收入超过100万美元的富人个人所得税率不低于30%；向资产

① 由美国著名资本投资专家巴菲特于2011年8月提出，故也称作“巴菲特规则”。

② 1969年，美国国会出台了“可选择最低税”（Alternative Minimum Tax，简称AMT）。其目的原来是防止高收入者利用优惠规定进行避税，使税制更加公平。AMT的纳税人是在常规所得税制中享受的优惠项目总所得超过一定限额的纳税人，这些纳税人在常规所得税制中能享受的许多优惠项目，如个人宽免、标准扣除、杂项扣除、房屋贷款利息扣除、医疗费用扣除、净经营亏损等，在计算AMT的应税所得时都不能扣除。

超过500亿美元的大型金融机构征收“金融危机责任费”[①]，这一措施预计未来10年内有助于减少赤字610亿美元；通过实施公司税改革和终止金融、能源等行业税收优惠等措施（包括限制对油气公司的补贴），可获得数千亿美元的收入，其中仅针对能源公司即可增税约400亿美元。预计，通过税改在未来10年可新增财政收入1.7万亿美元，削减赤字1.5万亿美元，并弥补税收漏洞，使税收体制更加简化、公平和高效。

2. 支出调整（以压缩国防费用为主）

预算提出：削减国防预算和航空航天预算，其中国防经费预算额度为6139亿美元[②]，比2012财年的6456亿减少4.91%；在5年内节省2590亿美元，10年内节省4870亿美元国防经费；国家航空航天局（NASA）的预算被削减2.26亿美元，部分与欧洲的合作科研项目被直接取消；削减联邦政府IT开支[③]1.2%，借助云计算和移动设备提升政府办事效率；通过医改，在未来10年削减支出3640亿美元[④]；

综观奥巴马提交的新预算案，一个比较突出的特点是增税计划幅度可观，矛头直指富裕阶层和银行、石油、天然气和煤炭公司等高盈利行业，相比之下削减开支力度明显要小得多，除国防领域外，用于医疗、教育等各项社会福利均未见减少，更增加了在就业、高速公路、桥梁、学校、学生资助以及制造业研发上的投入。

三、削减赤字成为长期目标

图3显示了美国联邦政府2008—2013财年的6年期间赤字规模变化情况。2008财年，美国政府赤字为0.455万亿美元；2009财年，由于推出了大规模金融救助计划及经济刺激方案，赤字飙升至1.416万亿美元，GDP占比达到惊人的10%；2010财年，随着经济企稳、税收增加以及救助计划接近尾声，赤字降至1.294万亿美元，GDP占比为9.8%；2011财年，联邦赤字为1.3万亿美元，GDP占比为8.7%；2012财年，预计预算赤字为1.327万亿美元，GDP占比为8.5%。至此，美国联邦政府连续4年赤字过万亿。

对于财政赤字，奥巴马的民主党政府处于较为艰难的境地：如果不加以控制，则财政的可持续性无法实现，国债限额将不断上升，利息支出扩大，最终导致债务危机，破坏整个国民经济，同时还会受到来自共和党和选民的严厉抨击；

① “金融危机责任费”是银行税的一种，最早出现在奥巴马2011年的财政预算案中。当时计划10年筹资900亿美元。后来由于民主党中期选举失利，目标削减至300亿美元。

② 实际操作中，经常会有补充拨款和临时拨款加入，并不真正代表当时财政年度的真正国防开支。

③ 美国联邦政府IT开支包括采购电脑、保护政府数据、升级网站和招聘技术支持人员的费用。

④ 医保方面的支出占美国联邦政府非利息支出的四分之一，是导致赤字增长的重要因素。

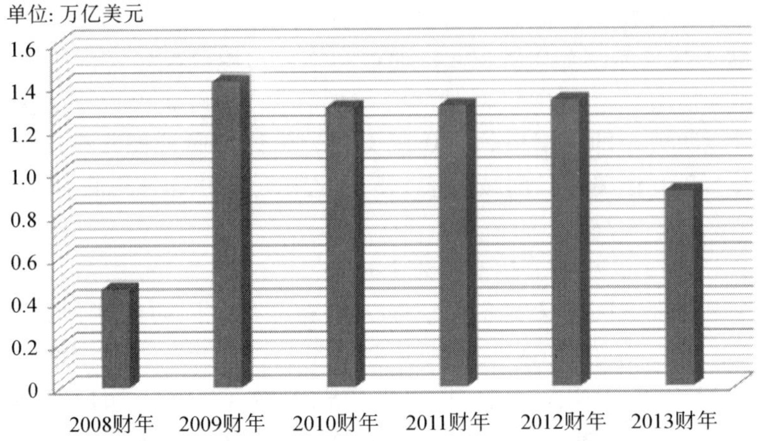

图3　2008—2013 财年美国联邦政府财政赤字趋势图

如果控制赤字，短期内最有效的方法就是削减开支，但是将动摇经济复苏的增长基础，同时造成社会中低收入者福利水平下降，最终导致经济和政治危机。正如奥巴马在提交预算时发表演讲所陈述的：“我们看到经济正在修复，但困难远未结束”，正在演进中的欧债危机令欧元区国家借贷成本上升，而为遏制危机采取的紧缩措施则使得情况更加糟糕，因为“削弱预算支出往往会限制需求，阻碍复苏”。

基于上述考虑，奥巴马政府将赤字削减确立为长期财政目标。通过分析 2013 年预算提案及奥巴马近期讲话，可以判断得出：（1）2013 财年预算案中赤字同比降幅比较大，达 32.1%，显示出民主党政府坚定的减赤决心；（2）造成赤字下降的主要因素并非是削减开支，而是因为政府进行大规模税改（增收）以及国家经济状况继续好转。就预算支出规模看，2013 财年同比甚至有微量增长，约为 0.18%，而预算收入预计可增加 17.54%；（3）奥巴马政府对当前的欧洲及本国经济形势有一个较为冷静的判断，没有贸然大规模削减支出以控制赤字，目的就是防止经济下滑和社会动荡；（4）庞大的财政赤字有一定的惯性，减赤将是一项长期工作，无论是国防开支的 10 年削减计划，还是 10 年增税计划都体现了这一点。预计，2014 财年后美国联邦政府赤字可趋于稳定。

四、几点看法

（一）选举色彩浓厚

奥巴马政府在预算方案中列出了 2013 财年的政策重点，可以视为谋求连任的竞选蓝图。他借此向美国民众公开自己对于美国未来的观点，同时将共和党塑造成富人阶层的政党，并向选民承诺他将更多地保护穷人的利益，重新塑造美国社会的核心力量“中产阶级”。其目的：一是突出民主党政府的政治远见和经济管理能力；二是将共和党置于阻碍“平衡财政，推动美国变革，实现经济转型”的位置上，以打击竞选对手的社会形象。

参议院共和党领袖米奇·麦康奈尔表示，奥巴马的预算提案甚至不是“真正意义上的财政预算”，而是“竞选文件”，是在利用预算案迎合选民。众议院预算委员会主席保罗·赖安指责预算案中赤字削减的数字是“夸大的”和“言过其实的”。

（二）政策重点针对性较强

奥巴马的2013财年预算提案明确体现了其中长期的政策重点：一是确保经济增长，以8000亿美元用于创造就业，更新基础设施，发展新能源，鼓励创新等；二是提出全面的税收调整计划，提高针对大型金融企业的税收标准，减免面向大型垄断企业的财政补贴，增加富裕阶层的税率，在一定时期内保持低收入群体的税收优惠，逐步取消金融危机期间以及前任政府的减税政策；三是制定了长期赤字削减计划及可行方案。

（三）联邦政府从财政扩张转向财政整顿

长期以来，美国政府奉行扩张性的财政理念，坚持财政赤字为经济增长带来强劲的动力，在金融危机期间，这种思想更是占据上风，也导致了联邦政府财政赤字在2009财年增加了近111%，从0.455万美元亿跃升至1.416万亿美元。之后，联邦政府维系的扩张力度，致使年度赤字连续4年破万亿，国债上限不得不连续调升至16.4万亿美元①的水平，并引起了标普下调美国长期主权信用评级，掀起了“美债危机”风波。

2013财年预算明确提出，2013财年，预算财政收入的GDP占比将提高2个百分点，即从2012财年的15.8%提升至17.8%，同时，预算财政支出的GDP占比下调1个百分点，即从24.3%调降至23.3%。在这种情况下，预算赤字的GDP占比可从2012财年8.5%降至5.5%。这表明，美国联邦政府的财政政策已经从扩张转向整顿，虽然在今后10年内，预算支出仍然会随GDP同步增长，但预算赤字将收窄并在2014财年后稳定在0.6万亿—0.7万亿美元的水平上，GDP占比约为3%。

（四）国会通过阻力较大

根据美国宪法，总统预算提案交国会后，必须分别经过参议院、众议院的数

① 2011年8月调升至此上限。

轮听证、审核和投票，通过后方可交总统签字成为正式法律，生效执行。由于在2010年11月的国会中期选举中，民主党丧失了在众议院的相对多数[①]，故而奥巴马政府推出的任何重要政策都将面临共和党领导的众议院的挑战。控制众议院的共和党已经将2013财年预算提案称为“没有可能成功的预算案”。

特别是，预算提案中明确表示要减少农业补贴、增收银行税以及取消石油行业税收减免优惠，无疑直接触动了共和党的根本利益，招致后者的猛烈抨击。共和党之前曾警告称，增税将扼杀就业，对遏制不断增加的国家债务也毫无益处。共和党总统竞选人罗姆尼认为，奥巴马政府的预算案并未在减赤问题上迈出具有实质意义的一步。众议院预算委员会主席保罗·赖安称，奥巴马是在竞选而非管理国家，是在躲避处理财政问题的责任。参议院共和党领袖米奇·麦康奈尔指出，奥巴马的预算方案是竞选文件，旨在迎合选民，制造党派分歧。

此外，针对共和党长期“以大幅度减少开支作为减赤主要路径”的要求，奥巴马的2013财年预算提案几乎没有给予积极回应。因此，基于目前各方反应及国会两党政治实力对比来看，奥巴马2013财年预算提案在不经修改的情况下顺利通过国会投票的可能性较低，很有可能是在国会两党的激烈争论，反复修改，相互作出妥协后通过。如果双方态度强硬，互不让步，则也不能排除在2012年9月30日前无法通过的可能性，继而重蹈2012财年预算提案的覆辙[②]。

（五）对我国的启示

一是美国2013财年预算提案全面反映了奥巴马政府的施政重点，我们需要仔细分析、研究，特别是其中有明显变化和调整的部分，如国防预算削减、经济转型、民生和基建投入增加等内容，把握其政策尤其是财政政策走向，为协调与美国在国际财经中的合作提供依据和前瞻。

二是研判美国联邦政府的大规模税收调整方案，考察其实施细节、过程和成效，特别是对拉动经济增长、调整经济结构以及发展民生的具体作用，从而为我国实施结构性减税，保持经济稳健增长提供有益的借鉴和参考。

三是要高度关注预算提案中的可能涉华部分。在预算提案中，约有0.26亿万美元将用于国际贸易监督，即确保包括中国在内的其他国家遵守国际贸易规则。其中0.24亿美元将用于组建隶属商务部的“不公平贸易”调查小组[③]，增

① 众议院435个席位中，民主党仅获得196个，共和党拥有239个；参议院100个席位中，民主党拥有53个，共和党只获得47个。

② 2011年9月30前，奥巴马政府的2012财年预算未获国会通过，导致财年预算未能按期执行，只能以多次临时拨款的方式向联邦政府提供运行费用。

③ 小组成员由律师、研究员、分析人士和特工人员组成。

强美国政府部门间对不公平贸易行为采取行动时的相互协调能力。此外，预算提案还将向海关与边境保护局拨款 0. 13 亿美元，以加强“对盗版的打击”，并拨款 0. 1 亿美元向中国增派 16 名食品和药物管理局雇员以及 3 名在美国境内的分析师，以“防堵不安全的进口”。

（吴　伟）

美国总统候选人罗姆尼经济及外交政策简析*

距离美国2012年总统大选仅剩半年，共和党党内提名争夺战形势基本明朗，一路领先的前马萨诸塞州州长罗姆尼基本锁定胜局，将扛起挑战民主党阵营现任总统奥巴马的大旗，“驴象”尖峰对决即将上演。为此，我们密切跟踪了罗姆尼本人的主要经济政策主张及外交政见，梳理整编如下，供参考。

一、出身豪门，志存高远

米特·罗姆尼（Mitt Romney）1947年3月12日出生在美国密歇根州底特律的一个摩门教①家庭，其父乔治·罗姆尼原为成功商人，后弃商从政，担任过三届密歇根州州长，是1998年总统选举共和党候选人的有力竞争者，在尼克松总统任期内曾任内阁官员。罗姆尼的母亲也曾竞选密歇根州的联邦参议员，尽管功败垂成，但也充分显示了政治抱负。

出身于这一家庭背景下的米特·罗姆尼，年轻时就显示出过人的组织才能和领导力。他于1975年从杨百翰大学（Brigham Young University）毕业获得文学学士后，进入哈佛大学学习，并获法学院和商学院的双学位，37岁时创办了投资公司贝恩资本，并使资产从创业时的3000万美元增加到90亿美元，成为美国最大的投资公司之一。1999年2月，罗姆尼临危受命担任2002年美国盐湖城冬奥会组委会主席和首席执行官，凭借其出色的营商经验和管理水平，使此次冬奥会成为最成功的一届，并获取1亿美元的盈利。

2002年11月，罗姆尼参选马萨诸塞州州长，并一举成功，从此走上美国政坛。2007年2月宣布参加2008年美国总统大选，虽以失败告终，但已显示了问鼎白宫的雄心。2011年6月，罗姆尼再次宣布参加2012年的美国总统大选，目前几乎锁定共和党总统候选人提名，将正式站到和奥巴马“对决”的竞赛场上。

---

* 本文写于2012年6月。

① 摩门教是耶稣基督后期圣徒教会（The Church of Jesus Christ of Latter - day Saints）的俗称，是泛基督信仰各宗派运动的一个分支。但因其在信仰内容上与基督教有别，被普世基督教会认为是一种混合不同信仰而成的新宗教，并对其洗礼不予承认。

二、经济为先，外交强硬

（一）经济议题

罗姆尼提出要以“自由企业、拼搏、创新”（Free Enterprise，Hard Work and Innovation）为原则重振美国经济，提出“多就业、少债务、小政府”（More Jobs，Less Debt，Smaller Government）的政策主张。他强调对美国经济采取关键性的结构调整，而非短期修复。除了共和党一贯主张的减轻税负和弱化监管之外，罗姆尼的重点关注领域还包括：削减政府支出并减少政府项目；扩大贸易、提高能源生产，加强人力资本和劳动力的灵活性；下放政府权力，更多地依靠私人部门等。政策主张如下：

1. 税收政策

罗姆尼税收政策的重点是“促进储蓄和投资”，主张“简化税制、降低税率、扩大税基”，以税收促进经济增长，并强调稳定的税收体系有利于投资者和企业的长远发展。他反对美国目前对企业和个人两头征税的做法，认为只有调整税率才能使美国更具有竞争力，并强调降低税率、简化课税科目将有助于创造就业机会。

就个人税而言，罗姆尼提出要建立“更加平缓、更加公平、更加简单”的个人所得税制度，包括维持目前较低的边际税率不变、进一步降低储蓄与投资所得税率并取消遗产税等。他支持为鼓励退休储蓄而设计的“中产阶级税收储蓄计划”，承诺仅对总收入20万美元以上的纳税人就其资本利得、股息以及利息收入征税，以鼓励储蓄和长期投资。

对于企业税，罗姆尼认为，美国目前最高达35%的边际税率使美国企业处于竞争劣势，并指出高税率不仅不代表高税收收入，还会对经济的长期发展产生负面影响。他承诺降低企业所得税的最高边际税率至25%，承诺推行“属地”税收制度，反对现行的不分企业所得是否来源于美国境内的“世界性”征税。

2. 监管政策

罗姆尼认为，过度监管将会阻碍新企业的建立和现有企业的扩张，结果“往往伤害到最需要保护的人”。他主张建立具有前瞻性并且能够持续实施的新型动态监管系统，以防止滥用并造成不必要的负担。

罗姆尼在其竞选纲领中提出：一旦当选，要全面回顾并清理奥巴马所实施的一系列监管措施，并对联邦政府进行结构改革，以确保“监管决策以经济增长为中心”。

他主张简化监管框架。他认为金融危机的根源在于金融机构和房产业主的“过度杠杆化”，而非监管不足，甚至指出“政府模棱两可的监管规定只会使企业和房屋所有者的义务更加模糊，并使其进一步丧失在全球市场的竞争力。”他还提出要严控监管成本，要求所有新增监管项目一律“零成本”。他主张监管决定须经国会批准，并承诺改革法律体系，创造有利于经济增长并确保联邦与州之间权力平衡的法律环境。

3. 贸易政策

他的贸易政策的主要目的是：强化自由贸易规则，促进美国就业。他认为，奥巴马在促进签署相关自由贸易协定（FTA）和创造就业机会上几乎一无所成，承诺要加快签署与哥伦比亚、巴拿马等国的自由贸易协定，并建议设立所谓的“里根经济区”（Reagan Economic Area），即建立一个尊重知识产权的国家联盟，并寻求在联盟成员之间扩大贸易。他暗示奥巴马政府在《跨太平洋战略经济伙伴协定》（TPP）方面进展缓慢，并承诺一旦当选便将上述问题纳入工作优先领域。

他的贸易政策的重点之一是“制裁中国的不公平贸易行为”。他主张完善边境执法，抵制假冒伪劣产品进入美国，加强保护知识产权，并提出了具体的执法措施：加强巡查、提高罚款以及加大惩罚力度等。他还主张在现有法律框架下，坚决打击一些国家的出口商逃避美国对其不公平贸易行为实施补救措施的行为。同时，他还指责中国的货币政策伤害了美国人，表示将在就职的第一天就确定中国是应受制裁的货币操纵国。

“实施有针对性的关税或经济制裁”是罗姆尼考虑用来对付中国等国的手段之一。他认为，需要考虑使用具有针对性的单边和多边制裁手段，确保使那些“通过不公平/不正当手段获得并使用具有竞争优势的美国技术的行为”得到惩罚。

其他贸易政策还包括征收反补贴税，继续施压中国加入世贸组织的政府采购协定等。

4. 财政政策

“削减”、“限制”与“均衡”是罗姆尼财政政策的关键词。他认为，美国当前的情况不可持续，必须立即采取行动遏制过度消费，并进行预算改革。他强调要加强财政责任，以确保美元的“世界储备货币”地位、支持经济增长并创造就业机会。针对美国过去十年的赤字预算，他主张通过减债使美国重回预算平衡。

罗姆尼提出，美国必须削减政府开支、将其控制在可持续水平，以恢复财政纪律。他将联邦政府的支出上限设置为占 GDP 的 20%。他还主张进行社会保障改革，承诺当前退休人员的社会保障与医疗福利不受影响，但要对年轻一代进行改革。他不同意通过提高工资税或者扩大应税收入范围来实现社会保障。他也不赞同联邦政府承担各州多达 80% 的医保成本的做法，主张限制发放医疗补助，并将其投入到教育等优先行业中，以更大限度地发挥联邦补助的作用。他还声称一上任就要着手废除“奥巴马医改”（Obama Care）并进行“更全面的改革”。

罗姆尼还主张通过调整工资福利等措施裁减10%的联邦雇员，改革联邦政府，下放政府权力，建立服务型的“小政府”；强调预算修正案要追求平衡，确保长期财政纪律，以避免重复过去的爆炸性支出和借贷。

（二）外交政策

外交政策上，罗姆尼秉承了共和党一贯的强硬立场。罗姆尼的外交政策以“美国的世纪”（An American Century）为口号，以“增强美国军事实力、维持美国的全球影响力”为核心内容。

2011年10月7日，罗姆尼在南卡罗来纳州一所军事学院演讲时说，“这个世纪必须是‘美国的世纪’，在美国世纪，美国领导自由世界，而自由世界领导全世界”，“美国应该一直保持军事霸权，遏制可能的侵略者，保护我们的盟友和我们自己”，应继续里根总统“实力造就和平”的准确论断——只有增强美国实力，才能确保世界和平，确保美国及盟友的繁荣。

罗姆尼的外交政策主要基于以下原则：第一，美国的外交政策必须清晰且坚决；第二，美国坚持开放市场，主张政府应具有充分代表性并尊重人权；第三，在避免国际纷争上，美国将软硬兼施，并继续保持军事霸权；第四，美国将在多边机构中保持领导地位。

罗姆尼表示，如果当选总统，他将在国防与外交方面实施一系列举措，包括：纠正奥巴马大规模削减国防开支的做法；增加美国海军军舰数量，提升海军军力；制定国家网络安全战略；对阿富汗战略进行全面评估；加强对伊朗的威慑，在波斯湾地区和东地中海海域部署航母；加强与以色列、英国等盟友的关系；强化“软实力”在中东地区的使用；继续维持在太平洋地区强大军事实力，深化与东亚区域伙伴的合作关系；加强与对中国崛起持同样看法国家的合作，对中国、俄罗斯等大国采取强硬措施；捍卫和保障东亚各国人权；迫使朝鲜放弃发展核武器等。

三、紧盯中国，放下狠话

共和党党内总统提名战打响以来，罗姆尼在对外政策上一直对中国“不离不弃”，并不时表现出强硬一面。

罗姆尼表示，美国对中国政策的核心是“增加中国掌握区域霸权的成本”，使中国不得不在国际领域发挥负责任国家的作用。他称，“中国的国土面积、人口数量、经济发展速度及日益上涨的军费开支都越来越深刻地影响并重塑着世界格局”。随着中国的崛起，特别是在2010年超过日本成为世界第二大经济体之后，美国对中国的外交政策应将重点放在防止中国与他国（尤其是主要邻国）的冲突上。如果中国在西太平洋站稳脚跟，将很可能阻碍西方与东亚国家的联系，从而影响东亚国家的民主进程。

在对待人民币汇率问题上，罗姆尼曾公开发表署名文章①，指责中国通过“操控汇率”降低中国商品价格，并在贸易、知识产权方面对美国采取了“欺诈”行为。“这种掠夺性的定价方式大大削减了美国的就业岗位”，使美国工人处于不利地位。他表示，“一旦当选，上任的第一天就会将中国列为货币操纵国，并采取适当的反制行动。”

在如何处理与中国的贸易关系上，罗姆尼在竞选纲领中专门用题为“对抗中国”（Confronting China）一整章节，详述对华贸易政策。他提出，针对中国违背贸易规则、钻国际贸易体系空子的做法，美国要联合其他致力于自由企业和开放市场的国家创建“里根经济区”，使其成为打开美国商品和服务市场的强力引擎。他认为中国是一系列问题的根源，当前美国的“贸易投降主义”不可取，美国的首要任务是将所有的单边行为纳入掌控之中，避免“伤害了美国，便宜了中国”的双边关系。他还表示，“不会坐视中国以不公平对待美国公司、盗窃美国知识产权作为经济发展策略。”他还特别强调，如果中国拥有了西方强国所不具备的“有价值的技术”，美国应该跟其盟国联合起来，“以确保中国无法获得其所需的技术转让”。

四、激进政策，引发热议

美国大选历来都是共和党和民主党两党之间的竞争，本次大选亦不例外。罗姆尼在内外政策上与民主党现任总统奥巴马针锋相对，其竞选策略和政见主张已引发美国内外的广泛热议。

（一）经贸政策——兑现难度大

在一系列经济问题上，自称“极保守的共和党人”的罗姆尼，针对税收、就业、监管、贸易以及财政政策，抨击奥巴马施政四年来的种种失误和“失败”。罗姆尼的一系列经济政策与共和党一贯立场一脉相承，有其合理的地方。但是，他这种一方面提倡减税，另一方面增加国防开支，最后还要求通过削减公共支出实现减少财政赤字、回归财政平衡的想法，无疑给自己出了一道难题。他来自于商界精英的身份背景以及他所提出的政策，明确地传达了他所代表的富人阶层的声音，必将遭致民主党以及民主党选民的反对和攻击。

（二）外交政策——“有可能得罪全世界”

在对外政策上，罗姆尼批评奥巴马“表现出令人吃惊的软弱”，称其政策削

① 2012年2月22日在《华尔街日报》发表题为“我将如何应对中国崛起?”的署名文章。

弱了美国的国际影响力，损害了与以色列等传统盟友的关系。他曾在共和党辩论中称“如果大家让奥巴马连任，伊朗将拥有核武器”。他在接受美国有线电视新闻网采访时表示，对奥巴马在俄罗斯问题上采取更灵活的政策感到非常忧虑和不安，称“俄罗斯在世界舞台上绝不是一个友好角色，总是在为那些最坏的国家撑腰”，是“美国地缘政治头号敌人”，并指出世界面临的最大威胁是伊朗的核项目。另外，罗姆尼对拉美国家的非法移民现象也表示出非常强硬的立场。

罗姆尼对世界的看法，可能引起部分共和党高层和共和党选民的共鸣，也可能使人担忧一旦他当选总统，是否会损害美国的国家利益和美国的对外关系。《基督教科学箴言报》称“共和党总统参选人罗姆尼为了争夺总统的宝座，有可能得罪全世界”。

（三）对华政策——更多是竞选语言

罗姆尼作为商界的成功人士，其对华表现出的强硬立场，有可能主要是为了打动来自贸易敏感州（如南卡罗来纳州等州）的主要选民。《华尔街日报》在其社论①中指责罗姆尼出于“有欠考虑”的政治原因，意图发动中美“贸易战”。文章指出，罗姆尼认为“只要与中国对抗就会使更多的工作机会回到美国”，其实是在给美国人“虚假的希望”。

事实上，罗姆尼对华态度确实还有另一面。

2006 年 12 月，罗姆尼以马萨诸塞州州长身份访问中国时表示，中国取得的巨大发展令人钦佩，美中发展伙伴关系将造福两国人民，促进双方在政治、经贸、文化等领域的交流与合作，也有利于世界和平，就美中关系而言，他相信应该“建桥”而不是“筑墙”。而在本次竞选中，罗姆尼在其对华外交政策上却又屡屡妄议中国，立场强硬，无非是美国大选前的惯有现象。

美国共和党全国委员会原主席迈克尔·斯蒂尔日前在接受中国记者采访时承认，罗姆尼等共和党总统候选人对中国的尖刻指责“有时确是政治手段，那是为了吸引选民注意力。从长期战略来看，美国总统大选当选者一定会重新定位与中国的关系，必须认识到中国在全球经济中的独特地位。越来越多的美国官员已经认识到中国愈发重要的战略地位”。

布鲁金斯学会高级研究员威廉·盖尔斯顿指出，今天的中美经济比二十年前更加深刻地交织在一起，破坏这种关系的成本将是巨大的。因此，一旦当选总统，罗姆尼对华政策唯一出路，只能是回归务实和理性。

五、几点看法

1. 从罗姆尼公布的经济、外交政策中不难看出，虽然他有着成功的商业人

① 原文出自：“Mitt Romney's 59 Economic Flavors”，《华尔街日报》，2011 年 11 月 7 日。

士背景，但在外交方面显得经验不足。从其在不同场合发表的观点来看，不乏前后矛盾、不禁推敲之处。总体而言，作为竞选政策，罗姆尼的一系列主张带有明显“口号”特征，属于竞选特定语言，但也表达了他所代表的利益集体共同关注的问题和重点领域。

2. 罗姆尼在其竞选纲领中多次强调他并非职业政客，但为了赢得选民的支持，无论是否职业政治家，都需要抛出能够“吸引眼球”的政策主张。从美国历届大选的经验来看，打“中国牌”早已司空见惯。随着大选日益临近，罗姆尼还将不时抛出更多的对华“新政”和“新招”。我们应更多“听其言，观其行”，以静制动，掌握发展中美关系的主动权，未雨绸缪，早做谋划。

（帅　扬　陈　茜）

欧债危机以来德国经济何以保持可持续性增长*

欧债危机持续升温，导致多数欧元区国家及其整体经济下行，全球经济增长也受到威胁。然而，曾经被视为“欧洲病人”的德国，却在过去两年中逆势复苏，成为欧元区的领跑者，经济增速一度达到17年来最高值，失业人数也降至1991年来最低。不过，近期数据显示，2011年第4季度，德国经济环比收缩0.2%①。2012年2月14日，经济合作与发展组织（OECD）将德国2012年经济增速预期下调至0.4%。随着欧债危机持续发酵，德国经济增长的可持续性将受到影响，并与欧债危机形成相互反馈的效应，势必再度增加全球经济复苏的不确定性。对此，我们应当予以高度关注。

一、欧债危机中德国经济长期稳定增长

金融危机爆发后，德国经济曾于2009年大幅衰退5.1%②，2010年起则开始强劲反弹，全年增长3.6%，创17年来最高增速。2011年，德国经济增长3%，失业率降至5.7%③，为1991年以来最低点。此外，2011年德国进出口额均创历史新高，出口额较上年增长11.4%，首次突破1万亿欧元。德国经济能够在欧债危机中实现复苏并保持稳定增长，主要有以下几方面原因：

（一）产业结构相对合理

1. 工业基础雄厚

德国是全球八大工业国之一，其制造业尤为发达，是过去两年中德国经济复苏的重要拉动力。2010年及2011年，德国制造业创造产值同比增长分别为11.3%和8.3%④。2011年，德国工业总产值占经济总量比重为29.9%。

* 本文写于2012年2月。

① 德国联邦统计局（Germany's Federal Statistics Office）公布数据。

② 同上。

③ 德国联邦劳工部（Germany's Federal Labor Office）公布数据。

④ 德国联邦统计局（Germany's Federal Statistics Office）公布数据。

2. 服务业发达

20世纪80年代末，德国逐渐向服务型经济转型，目前已经发展出规模庞大且集中程度高的现代服务业。2005年，德国服务业出口总额超过1480亿美元，成为继美国、英国后的全球第三大服务业出口国并保持至今。1991年，服务业产值在德国经济总量中占比仅为62%，2010年已高达71.3%，2011年则为69.07%。

3. 农业高度现代化、机械化、高效化

德国为欧盟农业大国，农业劳动力的人均净产值约为2万欧元以上。2011年，德国农林渔业产值为219亿欧元[①]，占经济总量的0.95%。德国农业不仅提供了多样优质的食物和饲料，也承担着生产可再生工业原料，尤其是生物能源原料的重任。

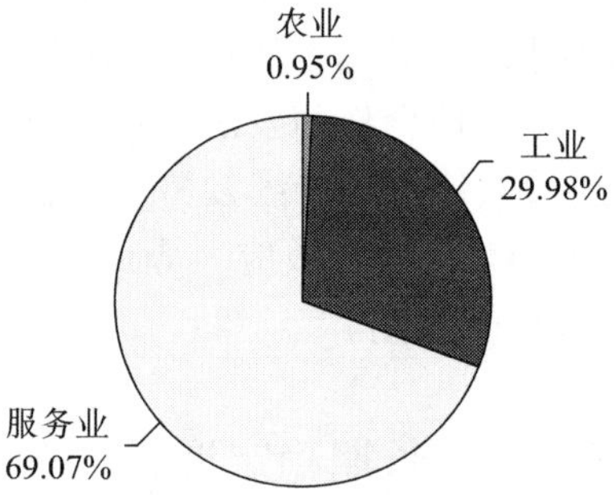

图1　2011年德国各产业产值GDP占比

（二）实体经济基础扎实

实体经济是一个国家的经济立身之本，在经济危机时期是最强有力的经济支撑。实体经济稳固，抗风险能力就强。实体经济的主体是制造业，而注重制造业发展是德国的经济传统。

1. 制造业的经济总量占比较高

2009年，德国制造业产值占经济总量的25%，居欧盟国家首位。意大利虽然位列第二，但占比仅为13%，低于德国12个百分点。法国、英国及西班牙三国的制造业经济总量占比分别为11.3%、11.1%和7%，荷兰及比利时等国则低于5%，其他国家不同程度地存在着产业空心化的情况。2011年，德国经济总量占欧元区的27%，很大程度上也是得益于其实体经济的坚实基础。经过金融危机与欧债危机的洗礼，众多欧美国家纷纷重归实体经济，从“去工业化”转向“再工业化”。

① 德国联邦统计局（Germany's Federal Statistics Office）公布数据。

2. 高端制造业发达

德国拥有发达的制造业，是多年传承的结果，更与其严谨的民族性格有关。德国人推崇标准主义与精确主义，著名的德国标准化学会（DIN）提供了全球三分之二的国际机械制造标准，基本涵盖了机械、化工、汽车、服务业等所有产业门类高端制造业项目，共计超过3万项，精密程度也使之成为世界最高工业标准，奠定了德国精良制造业的基础。

3. 制造业与研发结合紧密

德国将科研与制造业的发展相结合，形成扎实的“科技制造”，不断增加在研发密集型制造业上的投入，通过政府与企业及研究机构的互动，及时对其工业发展现状与技术生产趋势作出判断并提出对策。

4. 中小企业发挥核心作用

中小企业众多是德国工业的一大特征，大约三分之二的工业企业雇员不足100名，1000雇员以上的大企业仅占工业企业总数的2.5%。众多中小企业专业化程度及技术水平均较高，其产品拥有较强的国际竞争力，被称为德国经济的心脏。

5. 人力资本得到充分重视

德国长期以来非常重视人力资本在制造业中的作用。金融危机期间，德国不仅没有大量裁员，反而通过扶持与补贴手段维护了制造业就业的稳定。2011年，德国就业人口增加53.5万人至4104万人，创两德统一后的最高纪录，同比增长1.3%。

（三）社会经济改革持久彻底

德国经济在过去两年中取得的成绩并非一蹴而就，多年来对于制造业的坚守为其提供了抵御欧债危机不利影响的盾牌，而另一个推动德国经济向好的历史因素，是其持续了十几年的社会经济改革。

1. 改革进程持久

德国曾长期奉行高福利制度，并因此于20世纪90年代陷入经济长期低迷。为振兴经济，1998年，时任德国总理的施罗德果断制订了“2010年议程”改革方案，在社会保障体系及劳动力市场等社会经济的方方面面推行改革。2005年施罗德落选后，默克尔政府秉承了“2010年议程”的改革思路。

2. 改革内容广泛

德国的社会经济改革前后经历了十余年，改革内容涵盖税收制度、东西德平衡、人口问题及移民制度等几乎所有社会经济领域。其中，劳动力市场改革是贯穿始终的改革核心，目标是放松劳动力市场管制，增强就业灵活性。具体措施上，德国从劳动和社会保障管理系统的“去官僚化”入手，着重增加人力资本投入，并降低失业保障，对相关税收体制也进行了调整。

3. 改革成效显著

2005 年起，德国失业人数平稳下滑，至 2008 年，失业人数已从 500 万人降至 300 万人，失业率也于 2008 年初降至 10% 以下，至 2011 年，失业率更降至 5.7%。

德国的社会经济改革涵盖范围广，力度大，在欧债危机爆发前，其改革成效已经有所显现：10 年间，德国薪资实际降低了 4.5%，劳资关系更加和谐，劳动力素质不断提高，产品出口竞争力大大增强。此外，德国政府在 2008 年实现基本财政收支平衡。数据显示，2011 年德国财政赤字的 GDP 占比为 1%。德国经济委员会预计，2012 年这一比例将继续降至 0.7%。

持续的社会经济改革为德国经济复兴奠定了很好的基础，也使德国在欧债危机中保持经济增长、统领欧洲成为可能。欧洲智库里斯本委员会（Lisbon Council）在 2011 年 11 月发布的《欧元加监管》中指出，自德国开展一系列严格的改革后，目前基本已经没有进一步调整的需要。

（四）欧债危机给德国创造了部分机遇

1. 发债成本降低

原因有二：一是缘于欧债危机后的欧元贬值；二是欧元区内部出于避险考虑而涌现的资产转移。为规避风险，2009 年起，众多投资者将资产从南欧国家转移至相对安全的欧元区核心国，大量资本涌入，使得德国发债成本随之降低。2008 年中期，10 年期德国国债收益率为 4.7%，2012 年 2 月 1 日，平均收益率则已降至 1.82%。更为极端的例子是，今年 1 月 9 日的 6 个月期国债拍卖中，共有约 70 亿欧元竞购 39 亿欧元债券，以致德国债券拍卖首次出现“负利率”。

2. 出口更具优势

自欧债危机全面爆发至今，欧元对美元汇率较之于 2009 年年末已下跌 9.1%①，增加了德国出口竞争优势。同时，虽然欧债危机前德国 60% 的出口货物销往欧洲，而一些欧洲国家进口需求在危机中有所萎缩，但新兴市场国家所受影响有限，且对技术产品的需求依然旺盛，很大程度上弥补了欧洲市场需求的不足，成为拉动德国出口的主要动力。

德国联邦统计局 2012 年 2 月 8 日公布的最新统计报告显示，2011 年德国进出口额均创历史新高，贸易顺差达 1581 亿欧元，较上年增长 2.1%。全年出口额超过 1 万亿欧元（约合 1.3 万亿美元），较上年增长 11.4%，其中，对欧元区出口仅增长 8.6%，对欧盟以外地区出口增长则达到 13.6%。

3. 内需成为经济增长的主要动力

一方面，德国出口增长刺激内需，拓展了其国内市场；另一方面，不断下降

① 欧洲央行（European Central Bank，ECB）公布数据。

的失业人数及稳定的经济增长等利好信息，增强了国民信心，推动了消费。2010年，内需为德国GDP增长贡献了2.5个百分点，是当年GDP增长的最大动力。2011年，剔除价格因素后，德国GDP同比增长3%，主要动力亦是来自内需，其中私人消费增长1.5%，投资增长8.3%。

德国联邦统计局曾表示，内需特别是民间消费，已经代替出口成为经济增长主要动力。德国央行也在2011年11月21日表示，虽然2012年GDP增速预期有所调降，但良好的就业环境提高了国民收入预期，内需将继续增强，抵消出口减少带来的负面影响，成为今年德国经济增长的主要动力。

二、中短期看德国经济存在下行风险

虽然目前德国经济状况依然领先于多数欧洲国家，但欧债危机导致外部经济环境恶化，德国亦受其影响，经济存在下滑危险。

2011年11月22日，德国央行将2012年德国经济增速预期从此前的1.8%下调至0.5%—1.0%，12月9日又进一步下调至0.6%。12月14日，德国慕尼黑经济信息研究所（IFO）将6月份时预期的2.3%下调至0.4%。2012年1月18日，德国政府发布年度经济报告，将2012年该国经济增幅预期从之前的1%下调至0.7%。1月24日，IMF发布的《世界经济展望》更将德国经济预期下调1个百分点至0.3%。综合来看，导致德国经济在中短期内下行风险升高的主要因素如下：

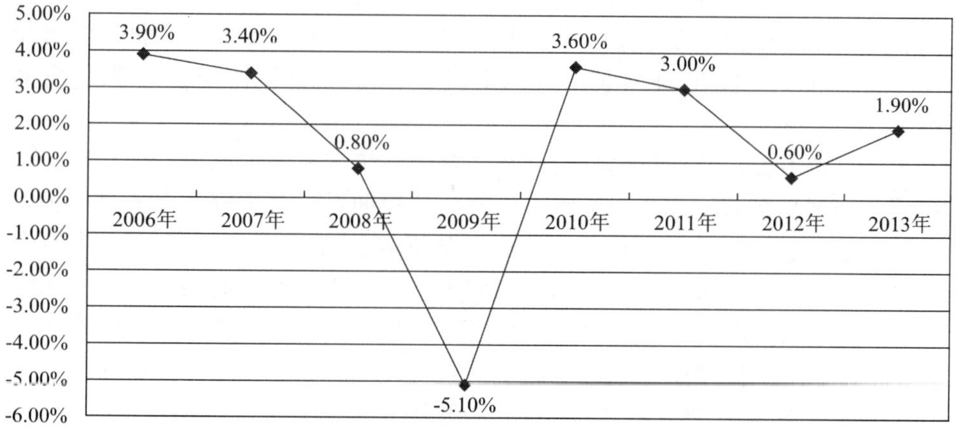

图2　德国近年GDP增速及预期

（一）在应对欧债危机中需承担更多责任

欧债危机将德国推上了欧洲政治舞台中心，而德国也需要为此承担更多责任。目前，三大国际评级公司之一标准普尔的评级体系中，德国已经成为欧元区唯一拥有AAA信用评级的国家。同时，德国也是欧洲金融稳定基金（EFSF）的担保国之一，为其提供2110亿欧元担保。基于德国的领导地位，一些欧洲国家因此认为德国应在解决欧债问题上提供更多资金，而德国对欧元区各国严格财政纪律的要求则招致诸多不满。此外，即使希腊公债的私人投资者同意减免50%债务，欧元区国家仍需吸收部分损失，德国财政部须为此分摊近80亿欧元。

（二）银行业资本缺口扩大

欧债危机爆发后，德国银行体系的实力已经有所削弱。欧盟银行管理局（EBA）2011年12月8日公布压力测试结果显示，德国银行业的资本缺口已从10月份的52亿欧元陡升至131亿欧元，数额之大，仅次于希腊、西班牙和意大利。德国银行业资本缺口的扩大，一是因为对希腊主权债务以50%的比例减记；二是由于EBA对资本金充足率的严格要求。EBA在公布压力测试结果时，要求各国银行于2012年1月20日前提交弥补资本缺口的方案，并在6月前将资本缺口补齐，即将核心一级资本比率提高至9%。为弥补巨大银行业资本缺口，德国内阁已同意重启特别金融市场稳定基金（Soffin），为包括德国商业银行在内的几家德国私营部门银行提供政府救助。

（三）出口增速放缓

在欧债危机不断蔓延的形势下，虽然现在德国出口势头不减，并在2011年实现出口额首次突破1万亿欧元，但诸多机构已经对长期出口形势表示了担心。目前任何对于德国经济形势的乐观判断都是建立在欧洲经济形势稳定、欧债危机得以有效控制的前提之下，而德国60%出口是面向欧洲市场，若欧债危机持续恶化，将不利于德国出口增长，进而对其实体经济及整体经济走势造成消极影响。

上述几个方面，将对德国财政体系、金融系统带来一定压力，并对整个经济的持续稳定增长带来一定负面影响。因此，从短期看，由于有雄厚的制造业、发达的现代服务业为基础，有持续有效的改革措施作保证，德国经济增速虽会有所放缓，但不至于衰退；从中期看，欧债危机对德国经济存在一定负面影响，可能导致企业及消费者信心下滑并对其国内投资及消费需求萎缩，但整体看风险依然在可控范围之内。不过，若欧债危机进一步恶化，受到影响的将是欧洲一体化进程，这是德国无论从政治还是经济角度都不愿看到的。根除欧债危机，需要解决只有货币统一而无财政统一的制度问题，只有这样，才能使欧洲与德国均向着更好方向发展，欧洲才有可能向德国梦寐以求的“大一统”方向迈进。

三、对我国的启示

（一）中德两国经济结构及特征的相似点较多

一是制造业在两国国民经济体系中占有重要位置。联合国统计数据显示，2011 年中国制造业产值已达 2.05 万亿美元，已远远超出美国同期的制造业规模。加入 WTO 后，中国制造业国际竞争力更是得以大幅提升，制造业在经济总量中的占比也不断扩大。

二是两国经济均为出口导向型。自 2001 年中国加入 WTO，出口市场份额也不断增长，并于 2009 年超过德国，成为世界第一大出口国。国家统计局公布数据显示，2011 年全年，中国出口额达 18986 亿美元，增长 20.3%；进口额为 17435 亿美元，增长 24.9%。

三是近期两国经济增长放缓均有欧债危机因素在内。2011 年，中国与欧盟贸易额约占中国贸易总额的 16%，但欧债危机愈演愈烈，使得中国对欧盟贸易增速自 2010 年 2 季度起开始下滑。2010 年 1 月，中国对欧盟出口增速为 46%，2011 年 11 月已经降至 4.9%。

（二）德国经济增长可持续性对于我国的启示

1. 注重发展实体经济

发达的实体经济及相对合理的产业结构，是德国经济在欧债危机中能够在极短时间内走出低谷、实现稳定增长的重要原因。即使受欧债危机等外部影响，整个经济或在一定时期内放缓，但不会受到致命冲击。

2. 扩大内需

内需已经成为德国在欧债危机中保持经济持续稳定增长的动力之一，剔除物价指数，2011 年德国私人消费依然较上年增长 1.5%，创 5 年来新高。在欧债危机肆虐、出口严重受阻的情况下，扩大国内消费需求将是拉动经济增长的有效途径之一。

3. 培育中小企业发展

德国发达的工业正是通过其众多专业化程度高的工业中小企业体现出来，也正是工业中小企业占据国际竞争优势的产品缔造了“德国制造”的盛名。此外，中小企业在推动经济增长及促进就业方面具有不可替代的作用。

4. 稳定就业市场

默克尔政府沿用了之前的“迷你工作”、临时工等新的工作形式和福利形式，德国就业情况也随之好转。金融危机中，德国政府在 2009 年 5 月批准将企业短工制补贴的实施期限从 18 个月延长至 24 个月，鼓励企业以“短工制”代替裁员，不仅保证了就业率，更为企业在经济危机最严峻时保留专业员工，使其在全球经济复苏到来之际能迅速抓住先机，最大限度地发挥企业优势。

5. 强调加大教育、科研投入

2011 年 5 月德国通过《2011 年德国国家改革纲要》，全面落实 2010 年 6 月欧盟峰会敲定的五大核心指标，其中便包括了增加科研投入及提高教育普及率。自欧债危机开始，德国已大幅削减赤字，但其教育和科研领域不受财政紧缩计划影响，且到 2013 年将追加 120 亿欧元投入。

6. 制定新兴产业战略发展规划

德国自然资源匮乏，初级能源的三分之二需要进口，能源和原材料价格高涨已成德国经济增长的主要威胁之一。针对于此，德国出台了《可再生能源国家行动计划》、《2050 能源纲领》及《原材料供应战略》，为其未来能源、原材料供应安全、步入可再生能源时代制定出路线图与具体实施方案。

（王苇航）

法国新任总统奥朗德的经济政策及其影响分析*

北京时间2012年5月7日凌晨，法国总统选举第二轮投票初步计票结果显示，左翼社会党候选人奥朗德以51.9%的支持率战胜现任总统、人民运动联盟候选人萨科齐，成为法兰西第五共和国第7任总统。这是法国近20年来首位社会党总统。奥朗德当选引起欧洲乃至全球关注，其对内对外经贸政策更是引人注目，势将对欧盟内部整合、中法关系等产生深远影响。

一、奥朗德其人

奥朗德1954年8月出生，曾先后就读于巴黎大学法学院以及法兰西国家行政学院。20岁开始介入政治，25岁正式加入社会党，34岁当选国民议会议员。1997年，奥朗德再次当选国会议员并出任社会党第一书记。奥朗德既参与过1981年和1988年密特朗两次成功的总统竞选，也组织了2002年若斯潘和2007年罗亚尔两次失败的总统竞选，这些都为他参加2012年总统选举并最终当选积累了必要的经验。

针对欧债危机导致的失业与经济复苏乏力等问题，以及民众对萨科齐政府的不满，奥朗德在大选中打出了“改变，就在现在”的口号，提出“重新与欧盟谈判经济与欧元问题，以更多地采取促使经济复苏的手段，而非一味强调紧缩政策”，作出了提高富人所得税率等一系列触动人心的竞选承诺。他始终坚持自己的竞选主题，也十分善于与大众传媒进行交流和互动，自2011年10月正式代表社会党参选总统以来，奥朗德人气一路领先，且最终将领先转化为胜局。

二、奥朗德经济政策

无论是国内政策还是对外政策，奥朗德一直试图打造一条“中左路线”。

---

* 本文写于2012年5月。

（一）对内经济政策

受欧债危机影响，法国 2011 年经济增速仅为 1.7%①，第四季度则仅增长 0.2%。2012 年一季度，法国经济增长停滞②，二季度或恢复缓慢增长。同时，法国失业率于 2011 年第四季度升至 9.8%③，创 2009 年第四季度以来新高。此外，2011 年法国财政赤字的 GDP 占比达 5.2%④，仍高于欧盟 3% 的上限；政府公共债务的 GDP 占比则升至 85.8%，远远超过欧盟 60% 的警戒线。

面对国内疲弱的经济形势，奥朗德从参加竞选开始便大打“改革”牌，先后推出 60 多项涉及经济社会等多个领域的竞选纲领。公共财政方面，奥朗德承诺推出 200 亿欧元的支出计划，并计划于 2017 年前消除财政赤字。但他反对实行财政紧缩政策，认为单纯紧缩将弱化国家经济活力，减少国家税收，不利于减赤目标实现。经济领域改革方面，奥朗德提出了以下三个要点：第一，重振工业。为中小企业建立一个资金规模不少于 60 亿欧元的投资基金，同时，将税收与企业鼓励政策挂钩，对小型企业实行 15% 的较低税率，对中型企业实行 30% 的中档税率，将大型企业税率提高至 75%；第二，增加就业岗位。奥朗德承诺，未来 5 年将在教育领域增加 6.1 万个就业岗位，并在制造业增加 15 万个岗位，解决青年人失业问题；第三，向富人征税。作为推进税制改革的一部分，奥朗德称将对年收入逾 45 万欧元者实行 45% 的收入税税率，对年收入逾 100 万欧元者则按照 75% 的最高税率征税，同时，对巨额遗产征收附加遗产税，并将继承遗产税减免部分降至每个孩子 10 万欧元。此外，提出将退休年龄从现行的 62 岁改为 60 岁，提高最低工资，合并个人所得税和普通社会保障贡献税（CSG）并上调该税率 0.1 个百分点，以及禁止重要的国家银行从事投机性交易等。

（二）对欧盟经济政策

奥朗德坚称要重新定位欧洲，扩充已有的欧盟条约。他曾在 2012 年 4 月底的新闻发布会上就重启财政契约谈判立场作出解释，认为现在的财政契约只强调了预算纪律，缺乏促进经济增长的内容。他表示当选总统后将向欧盟所有成员国提交一份针对财政契约的修改建议书，提议发行欧元债券以扩大大型工业基础设施项目融资，加大欧洲投资银行放贷力度以及开征金融交易税等。对此，法国前财政部长、奥朗德的经济政策负责人和高级顾问萨潘称，奥朗德将递交的修改建议书是一份对财政契约起到补充作用的“增长契约”，旨在强调“为企业发展提供足够信贷支持”、“促进工业科研项目”以及“支持能源、航空、汽车工业”

---

① 法国全国统计及经济研究所公布数据。
② 法国央行预测数据。
③ 法国全国统计及经济研究所公布数据。
④ 同上。

等，因为财政紧缩政策与企业信贷不足叠加必定使经济全面衰退。

（三）对华经济政策

虽然奥朗德曾多次在公开场合表示法国需要良好的中法关系，不过作为左翼政党代表，他在对华政策上看起来与萨科齐不尽相同。奥朗德曾反对中国经济援助欧洲，认为这会影响法国主权。同时，作为总结法国经济问题的一个重点论调，奥朗德称中国是导致法国贸易逆差的根源，声称不接受不可兑换的人民币。此外，考虑到法国影响力有限，奥朗德将解决中法经济上的分歧提升到欧洲层面，提议欧洲应对不遵守社保原则和环境保护的产品征额外税。若此建议落实，中国产品不免要首当其冲。不过，奥朗德也为自己的言论作出了“合理”解释，称拒绝中国产品是希望双方贸易平衡。

三、奥朗德当选的影响

本次法国总统选举发生在全球金融危机与欧债危机之后，新任总统所面临的国内外经济形势十分严峻，而主张改良的奥朗德将要推行的经济政策也将对国内外经济走势造成一定影响。

（一）对国内经济社会影响：作为主要改革之一的税改有利有弊

奥朗德的税收政策颇具“劫富济贫”意味，而税改也必将是他执政后要推行的主要政策之一。提高富人所得税，理论上将为法国政府每年带来不菲的财政收入，但同时也可能在经济危机时期激化社会矛盾。而提高大企业所得税率有助于实现社会公平，却也可能造成大企业的外迁。如果没有相应的豁免措施，这样的税改政策长期内造成的负面影响可能会越来越大。实际上，早在第一轮投票显示奥朗德居领先地位时，法国股市便已表现出一定程度的不安，于 2012 年 4 月底下跌。由于担心奥朗德上台后会对目前的税收政策进行修改，许多富人也加快将财富转移海外或由子女继承。而增加就业的承诺虽然体现了注重社会公平的理念，却需要 20 亿欧元的资金支持。这对于公共支出的 GDP 占比已经超过 56% 的法国而言不是一个小数目，同时也对奥朗德在 2017 年前实现财政平衡的目标形成压力。

（二）对法德关系影响：在博弈中重新定调

德法两国是欧洲一体化的主要推动者。德国总理默克尔上台后，两国全面强化了“德法轴心”。全球金融危机爆发以来，两位首脑进一步加强在财政与经济政策领域的协调，坚持就欧盟重大问题共同定调，2012 年春季欧盟峰会上签订的新财政契约便是在两国共同努力下诞生的，外界也早已将德法两位首脑称为

“默科齐”。

奥朗德当选是对一直坚称要财政紧缩和预算自律的“默科齐”的一个重大打击。此前，奥朗德已强调要建立一种新型的法德伙伴关系，如“法德公共服务系统”、“法德研究办公室”、“法德工业基金”（用于交通、能源或环保领域），以及“法德联合军事指挥部”。面对法德关系可能“生变”，默克尔强硬态度却没有改变，于2012年5月7日明确表示，财政契约是经过25个欧盟成员国反复磋商并得到成员国签署形成的，不容重新谈判，称奥朗德所强调的增长，也只有在财政稳固这一必要前提下才能得以实现。

尽管如此，德法合作对欧洲仍必不可少。默克尔表示希望很快与奥朗德形成良好的工作关系。奥朗德当选后也已表态，称欧元区现状让他与德国密不可分，他需要默克尔这样的朋友。一些欧洲媒体称，奥朗德希望补充的“增长契约”将在2012年6月底召开的布鲁塞尔欧盟峰会上加以讨论。一些媒体分析，法国仍需与德国一道解决欧债危机，奥朗德未来的欧洲政策将更加侧重与德国等大国发展关系，法国将在社会党的领导下更加注重欧洲的团结。总体看，外界大可不必放大奥朗德与默克尔之间的分歧。

（三）对欧盟的影响：欧洲财政一体化不致搁浅

奥朗德上台后，需要重新界定的不仅有法德关系，还要包括解决欧债危机的方案，欧洲财政一体化进程不致搁浅。

在财政紧缩问题上，奥朗德坚持认为，实现增长才有可能在可接受的社会和政治状况下削减赤字和债务。同时他承诺，当选总统后将重新谈判欧盟“财政契约”，增加促进增长和就业的措施。当选后，奥朗德第一时间再次强调，他能为许多正以财政紧缩方式应对债务危机的欧洲国家带来“解脱”，他今后的任务是给欧盟增加促进“增长、就业和繁荣”的措施。对此，美国圣母大学金融学教授杰夫·伯格斯特兰认为，奥朗德的主张有利于推动欧洲经济增长，奥朗德将成为那些想要推动经济增长国家的发言人。英国《泰晤士报》则评论，法国和希腊的选举标志着欧洲各国政府从施行财政紧缩转向刺激增长，一旦“转向”失败将引发灾难性后果，奥朗德不该“玩火”。

不过，关于重谈财政契约的言论很可能是奥朗德为抓住底层民众心理所讲的，并不代表他上台后的真正行动。此外，即便奥朗德坚持他此前的观点，默克尔及其欧洲央行的同盟者仍可能牢牢控制欧洲的经济政策。欧洲央行行长德拉吉与德国央行行长魏德曼均对欧洲结构性改革的任何放松、实施财政刺激计划或创建欧洲共同债券持反对态度。从外界看，由于投资者们担心奥朗德将阻碍财政契约的批准和执行，从而使欧元区国家再次陷入削减赤字的泥潭，金融市场也曾一度动荡不安。不过，更重要的是，奥朗德承诺在2013年前将法国赤字的GDP占比削减至3%，与欧盟的规定相符。舆论分析，奥朗德对欧盟财政一体化的态度转变只是时间问题。

（四）对中法经贸合作关系影响：短期磨合后将不断推进

奥朗德当选后，中法关系可能在短期内遭遇磨合期。从政治角度看，奥朗德的执政经验和对华了解不仅无法与希拉克相提并论，甚至与萨科齐都相距甚远。他从未访问过中国，对中国了解有限，长期在议会工作的经历也可能导致未来法国外交政策意识形态色彩过重，由此可能给中法关系带来一些波动。同时，奥朗德领导的社会党属左派，其执政理念强调政府对经济的干预，强调国家要牢牢掌握战略性企业的控制权，这有可能给未来的中法经济合作带来一些困难。在不绝于耳的“中国收购欧洲”等论调中，奥朗德也曾表示反对中国援助欧洲，认为这可能影响法国主权。如果法国在左派思想的影响下对外来资金趋于保守，恐将影响中欧在直接投资方面的合作。从现实面临的问题看，当前中法双边贸易的症结是法方的贸易逆差。根据法方的数字，目前法中贸易逆差额高达220亿欧元，法方对此始终耿耿于怀。奥朗德要求中国能够更大程度地开放市场，尤其是在政府采购领域和对待中国境内的欧洲高科技企业问题上。他表示不接受不可自由兑换的人民币，“像中国这样的大国、贸易超级大国、经济大国，拥有可兑换的货币是合乎情理的”。

但是，奥朗德并非顽固的“左派”，处理中法关系不会一味采取强硬手段。中法经济本身具有很强的互补性，法国在资本、技术、知识密集型产品制造方面具有很强的竞争力；中国在市场、劳动力、投资便利化等方面仍有比较优势。法国是中国引进技术的重要欧盟国家，运输设备、农产品（葡萄酒等）、奢侈品等都在中国主要进口商品名单之列。据中国海关数据，目前法国是欧盟内中国第四大贸易伙伴、第五大出口市场和第二大进口来源。较强的经济互补性从根本上为中法经贸合作的广阔前景提供了较好的基石。2011年，法国超过意大利（513亿美元）重回我国在欧盟第四大贸易伙伴地位，位列德国（1690亿美元）、荷兰（682亿美元）和英国（587亿美元）之后。尤其值得一提的是，2011年法国对外出口增长总体增幅为13.9%，但对中国出口增长28.8%，中国成为2011年法国出口增长最快的主要市场（详见表1）。从法国角度讲，目前其经济压力仍然较大，奥朗德当选后面临的最大挑战，是带领法国尽快走出金融和经济危机的阴影。而中国眼下的采购能力、市场规模、资金储备，都有可能助法国一臂之力。归根结底，中法两国关系的未来走势取决于两国间的利益关系，大方向不会发生根本性的转变，中法经贸合作乃至政治关系仍将不断推进。

表 1　　中国与法国双边贸易统计

年份	中国出口		中国进口		顺（逆）差（亿美元）
	出口额（亿美元）	增长率（%）	进口额（亿美元）	增长率（%）	
2006	139.1	19.5	112.8	25.2	26.3
2007	203.3	46.1	133.4	18.3	69.9
2008	233.0	14.6	156.4	17.2	76.6
2009	214.6	-7.9	130.2	-16.7	84.4
2010	276.5	28.9	171.4	31.9	105.1
2011	300.0	8.5	221.0	29.1	79.0

资料来源：中国海关。

（王苇航）

第五部分

国际财经文萃

美智库谈世界银行下一届行长遴选*

美国知名智库彼特森国际经济研究所①研究员 Arvind Subramanian 发表名为《应该由谁来领导世界银行?》的文章。文章指出，世行行长罗伯特·佐利克将于2012年6月份离任，接班人的遴选再次成为棘手的问题。好的领导需要谨慎的遴选过程。然而，目前的情况正好相反：尽管美国和欧洲当前的经济情势不容乐观，它们仍垄断着世界银行和国际货币基金组织的领导权。

呼吁改变当前体系的声音并不响亮。维持现状的力量仍很强大，包括来自欧洲和美国的阻力和新兴市场国家的被动性，去年拉加德当选国际货币基金组织总裁的过程证明了这一点。美国大选年的政治因素增强了来自美国的阻力，因为奥巴马政府不可能放弃美国全球霸主的形象，否则会遭致对手对其领导力的攻击。

世界银行需要新的遴选程序，以选出最合适的人选，且不分国籍。但困难的是，如何确定继任人的资格，尤其是在当前全球形势瞬息万变、影响深远的情况下。世行面临的主要挑战包括：

第一，相当数量的穷国赶超发达经济体，取得的发展成就不胜枚举，这在很长的历史时期内尚属首次。这意味着越来越多的最贫穷国家可以从优惠贷款中毕业。

第二，鉴于全世界四分之三的贫穷人口都居住在中等收入国家，国际复兴开发银行（IBRD）可以保留其世行的非优惠贷款机构的状态，但随着获取私人融资的途径更加便利，IBRD应重新评估其借贷方式和规模。

第三，许多可预见的挑战，如气候变化、农业生产率低下、水资源日益短缺等，正逐步发展成全球性问题。展望未来，世行应从政府贷款转向为全球公共产品的供给提供融资上。

第四，发展中国家的成功对世行作为发展经济学领域的研究和政策思想库提出智力挑战。世行不能再依赖全球适用的单一模式，新的领导人需更加注重单个

---

* 本文译于2012年3月。

① 彼特森国际经济研究所（Peterson Institute for International Economics，简称PIIE）主要致力于国际经济政策研究，是一家非官方、非盈利和无党派的研究机构。自1981年成立以来，该所吸纳了一批世界国际经济研究领域的专家，就国际社会普遍关注的全球经济热点问题进行了卓有成效的研究，并发表了大量有影响力的研究成果。根据上海社科院《国际著名智库研究》，彼特森国际经济研究所2010年在美国1777家智库中排名第12位。

借款国的具体背景和要求，并从更广泛的成功案例中汲取发展经验。

第五，世行的主要股东也面临严峻的抉择。快速增长的新兴市场国家将为世行提供更多的资源，而不是负债累累的西方国家。作为回报，新兴市场也理所当然地会要求在世行拥有更多的话语权，尤其在世行的工作重点向全球公共产品转移的情况下。

第六，如果维持现状的力量不愿放弃对世行的控制，布雷顿森林体系建立起来的这个官方国际融资体系将分崩离析。中国等国将更加确信单干是最好的选择，这将给多边主义带来不利后果。

以上变化和挑战意味着世行的下一任行长的主要任务是推动和确保改革，并获得成员国的支持，以体现合法性。新行长需具备坚实的政治领导才能，坚信世行需要新的视野和前进道路。

修改行长遴选程序以扩大候选人范围势在必行。行长候选人必须对不断变化的现实世界足够敏感，并具备关键的资格和条件。这并不意味着要将美国候选人希拉里·克林顿等排除在外，而是应该考虑其他人选，如巴西前总统卢拉、墨西哥前总统塞迪略、尼日利亚现任财长（世行前常务副行长）恩戈齐·奥孔约·伊维拉、非洲业务的成功典范莫易卜拉欣、印度软件巨头后转向发展官员的南丹·尼勒卡尼和前著名财经监管人士安德鲁盛等。

当前的遴选程序在不断变化的世界中正在失去合法性，遴选出不合适人选的风险加大。如继续维持现状，世行的将来可能是：作为主要捐赠方的西方七国越来越“穷”，受援国越来越少，援贷资金额越来越小，而涉及贷款的问题继续存在。

（陈　茜）

世界银行新任行长的三个路径选择*

美知名智库布鲁金斯学会高级研究员 Johannes F. Linn 撰文分析金墉当选世界银行（以下简称“世行”）下任行长后，世行和金墉未来面临的三条可能路径。现将全文摘译如下，供参考。

1994 年是世行成立 50 周年。此后，世行共经历了四任行长：1995 年不幸早逝的雷维斯·普瑞斯顿，给世行带来新的能量、目标和合法性的詹姆斯·沃尔芬森，用暴戾的管理方法使世行深陷危机的保罗·沃尔福威茨，帮助世行回归稳定轨道并凭借其有效领导保证世行在全球金融危机的冲击下作出快速、坚强反应的罗伯特·佐利克。

在领导力、声望和借款能力经历了数年的起伏后，世行的全球影响力总体上在走下坡路。世行虽仍是全球最大的多边发展金融机构之一，但相对优势已大不如前。其他多边融资机制正逐渐发挥关键作用，如欧盟各机构和区域发展银行正迅速壮大，新型“垂直基金”（vertical funds）也成为主要融资工具。根据 2011 年 OECD 发展援助委员会发布的报告，多边援助在总援助中的比重有所下降。同时，基金会和新型私人小额捐赠网站等非政府援助急剧上升。世行这个 20 年前全球最大、最强的发展机构，当今只是众多为贫穷和新兴经济体提供发展援助的机构中的一员。

当前背景下，世行、各成员国及新任行长金墉在未来 10—20 年面临三种选择：（1）继续世行目前逐渐衰弱的现状；（2）世行逐渐被其他援助渠道取代，规模迅速缩小并最终消失；（3）重新发挥世行全球融资机构的作用，满足日益增长的全球融资需求。

作者认为，世行应该继续在全球治理框架中发挥关键角色。这就要求新任行长为世行未来发展设定“雄心勃勃”的长期目标，并以此为目的进行机构改革——这正是世行在过去 30 年中所缺乏的。

路径选择一：“维持现状”，即继续当前逐渐衰弱的势头

路径一反映了佐利克领导下世行的状况，即逐渐丧失规模、资金和影响力优

* 本文译于 2012 年 5 月。

势。原因在于：

首先，随着区域发展银行的重要性逐渐上升，近年来一些机构的资金实际增长速度已超过世行。随着满足新兴经济体要求能力的下降，世行的规模势必减小。

其次，新兴经济体开始抛开发达国家建立自己的区域发展银行，如拉美国家的安第斯开发银行（CAF）和苏联的欧亚发展银行（Eurasian Development Bank）。“南南银行”或“金砖银行”的倡议也已提上日程，一旦正式设立将进一步强化上述趋势。

再次，随着金融危机的影响日益加深，发达国家对世行的支持减少，世行的优惠贷款业务——IDA 面临着来自其他优惠性贷款基金越来越激烈的竞争。此外，随着一些昔日的贫穷发展中国家收入上升后从世行贷款中“毕业”，他们对世行资金的需求也有下降趋势。值得关注的是，上一次 IDA 补充赠款增加的原因是一些成员国的提前还款和不拖延还款的承诺，实际上是提前动用了未来的融资能力。

最后，世行作为发展领域知识领导者的地位也受到发展中国家研究数量和智库能力提升的挑战。越来越多的官方和私人机构开始提供技术和智力支持。

因此，按照第一种路径，在未来 10—20 年中，世行可能仅存在于过去全球重要机构光环的阴影之下停滞不前，实际上无法解决全球任何主要的金融、经济或社会问题。

路径选择二：“完美风暴”① 加速世行解体

1998 年，美国国会曾组建专门委员会，在著名经济学家艾伦·迈尔策（Allan Meltzer）的领导下评估国际金融机构的作用并给出政策建议。2000 年，该委员会发布政策建议，其中对 IMF 和世行长期改革的建议是减少规模和融资能力，这与该委员会大部分成员的保守派倾向相符。关于世行，这份“迈尔策报告”呼吁将世行大部分的贷款业务和金融资产都转移至区域发展银行，实际上是终结世行。报告一经发布引起了关注，但在世行之后 10 年的发展中并没有发挥作用。

2010 年，美国参议院外交关系委员会发布国际金融机构报告，号召这些结构致力于“完成其发展和经济使命后退出历史舞台”。然而，该委员会并没有建议对这些多边发展机构进行颠覆性的结构重组，相反，它强烈反对减少美国在 IMF 和世行的投票权和份额、坚持世行行长应固定由美国人担任。虽然该报告在短期内影响有限，但这些建议被奥巴马政府采纳，用于在最近一轮的世行增资中反对大幅增加新兴经济体的份额，从而保证由美国人接替佐利克成为下任世行行长。这些举措使新兴经济体更加确信世行短期内不会从根本上得到改变，无法满足他们的利益要求，因而催生了成立“南南银行”的设想。

① 完美风暴（perfect storm）指的是一系列罕见事件叠加在一起，大大加剧原有事件的严重程度。

虽然世行不会像“迈尔策报告”里建议的那样很快解体，但主要发达经济体的财政紧缩、保守党执政及新兴经济体对世行未来逐渐失去兴趣，对世行来说就像一场“完美风暴”。具体来说，在面临财政紧缩和多边援助框架日益分化的情况下，各国都在采取措施巩固自己的援助机构，主要发达经济体可能会认为，提高国际发展体系的合理化程度将更有效率，在财政上也更加谨慎。世行和区域发展银行的日常业务有明显的重叠，这正是世行逐步分化并向区域性机构靠拢的现实。世行独立评估局在最近公布的一份评估报告中称，“世行未发挥作为全球性机构的作用，面临着逐步演变成六个区域银行的风险”。随着区域发展银行资金实力、机构能力、活力和合法性不断提高，世行股东可能最终首选将世行业务与各区域发展银行进行整合。

当然，这种翻天覆地的变化在政治、经济和行政上实现起来都很困难，国际治理框架的惯性通病也会阻碍这种变化。然而，新任世行行长必须做好应对“完美风暴”的准备。世行越是如路径一所说的那样任其衰弱，路径二中提到的解体可能性就越大。

路径选择三：“一个不同的世行”，即在未来十年创建一个更强有力的全球性机构

在过去几十年中，尽管世行作为发展融资机构一直承受着批评，面对着作用相对下降的事实，但世行仍是世界最强、最有效的发展机构之一。根据布鲁金斯学会和全球发展中心最近对主要多双边援助机构的独立排名，“IDA 从各个标准评判都是最好的援助机构”。

第三个路径与前两个有着本质区别，即要增强世行的力量，确保在未来 10—20 年世行仍能帮助国际社会和各国有效应对无法避免的全球性挑战，包括：持续的贫困、饥饿，冲突和脆弱性、重大基础设施和能源需求，教育和健康的挑战，以及全球气候变暖和环境挑战。更重要的是，全球范围内的金融危机可能会重演，这就要求世行等机构帮助各国建立安全网和有利于长期发展的结构性基础，这也是世行自 2008 年以来一直在做的。如果世行希望做到这些，在新的形势下它应该：

第一，改变组织和运作方式，效仿垂直基金的模式，采用集中和规模化的方式解决重大发展挑战。这意味着要从根本上实现世行内部矩阵管理模式（matrix）下的区域和国别部门间的再平衡，以及技术部门间的再平衡。上文中提到的评估报告认为，世行将重点放在短期国别问题上，未能充分反映特定区域的长期发展需要。世行应巩固其机构声誉，证明其具有最强的技术专长、广泛的全球经验、一流的区域和国别视角。这并不意味着世行将放弃参与国家层面事务，而意味着它将系统支持国家层面上各部门和次部门的长期战略，并与区域和全球倡议相结合，通过公共和私营伙伴关系，保证以可持续的方式应对发展挑战。

第二，认识到所有国家都有未满足的需求，如各国都需要基础设施、能源、气候变化和环境等领域的长期融资和最佳实践经验。世行可以向所有国家而不仅仅是一部分发展中国家开放其融资窗口，从而成为真正的全球发展机构。这需要从根本上修改当前的毕业规则和金融工具。这意味着，世行将与欧洲投资银行（EIB）和德国重建信贷银行（KFW）一道，成为成功支持较发达国家基础设施的全球重要机构。

第三，将知识研究集中用于支持发展中国家寻求更有效和更广泛的解决方案，并与其业务活动紧密联系，专门支持经测试可行的创新理念的推广。

第四，对于具有较强项目管理能力的国家，可参照欧洲投资银行（EIB）的模式，极大地简化其贷款流程。这将使其运作更加高效，增加对贷款国特别是新兴市场经济体的吸引力。

第五，世行成员国应帮助修正其财务结构和治理上的基本问题。世行应邀请新兴市场经济体大幅增加出资以扩大世行贷款能力，这也与新兴经济体大大增强的经济和财政能力相符。应重整世行的投票和话语权，以反映新兴市场国家全球经济影响力和出资能力的变化。在垂直基金的成功经验上，世行也应探索与基金会和私营部门等非官方渠道合作，扩大其资金量和资金来源。当然，这也会给世行治理带来显著变化。世行也将迅速提高其遴选透明度，不再限制行长人选的国籍问题。

结论：新任世行行长需与 G20 领导人合作，推动世行向前发展

新任行长将不得不在这三个路径中作出选择。毫无疑问，“维持现状”是最简单的选择。虽然新鲜血液的注入能带来新的视角和观点，但体制和政治惯性往往会防止戏剧性变化的发生。然而，由于金墉拥有相对狭窄的部门背景，他可能会认识到世行需要采纳垂直基金的组织和运作模式。因此，他可能会比其他人更倾向于探索第三条路径。

如果金墉希望实现路径三，他将需要很多帮助。最好的帮助来自 20 国集团（G20）领导人。至少部分 G20 领导人明白路径一和二并不符合其国家和国际社会的利益。他们会愿意与其他领导人一道，考虑在多边发展框架下实现根本性改变。作者近日也建议设立一个高级别委员会，详细审议世行在未来如何提高效率和效益，使多边体系更加合理化。通过成立该委员会，G20 应该设定明确目标，即世行将继续发挥当下最强全球发展机构的作用，而不应该被逐步分化或消亡。相反，它需要被重新打造成有针对性、有效和真正的全球性机构。如果金墉抱有这个愿景，并与委员会和 G20 领导人一起提出可行方案，那么他可能真的能给世行这个日渐式微的病人带来对症良药。

（陈　茜）

后布雷顿森林体系时代的赤字偏好*

国际货币基金组织（IMF）财政事务部主管 Carlo Cottarelli 撰文，就后布雷顿森林体系时代对赤字政策的偏好发表评论，并提出了应对建议。现将该文摘译如下，供参考。

关于紧缩与增长的争论在最近几个月越发激烈，一方认为尽管当前经济依然低迷，还是应采取更加紧缩的财政政策，以减少高企的债务；另一方则认为应在经济好转后再进行政策调整。对于政策制定者而言，上述问题非常关键，甚或是短期内最重要的问题。

但是，上述争论引发过多关注，并非一件好事。原因在于：

第一，从某种程度来讲，这种争论由不同的意识形态引起，因此对相对有限的不同意见的关注远远超过了对更广泛的一致意见的关注。多数经济学家同意需要对发达经济体进行财政整顿，且认为 2011—2012 年约 1% 的年平均调整速度适中。同时，多数经济学家认为处于市场压力下的国家应加速调整步伐。

第二，争论分散了对看似不紧急但却对中期而言至关重要的政策问题的注意力。这也就是多数发达经济体和新兴经济体在财政政策制定上的制度缺口，这些缺口导致了有赤字偏好的财政政策的执行。

一、赤字偏好

自 20 世纪 70 年代布雷顿森林体系瓦解以来，各国越来越偏好提高公共债务水平。即使在 2008 年全球金融危机爆发以前，发达经济体的平均公共债务 GDP 占比也达到了过去 130 年仅低于二战时期的最高值。

公共债务占 GDP 的平均比率从 1974 年的 29% 增加至 2007 年的 74%。在此期间，该比率在经济萧条时期激增，但在经济好转的时候却没有下降。危机前公共债务规模小的国家（包括冰岛、爱尔兰、西班牙和英国）并没有考虑其财政账户所面临的与金融部门规模和由短时性刺激引起的收入增加相关的风险。

新兴经济体的财政账户目前状态良好。许多经济体保持了近十年的高速增长，多数从高商品价格中受益。然而，40% 的经济体的债务 GDP 占比超过了

* 本文译于 2012 年 6 月。

40%的警戒线。许多经济体依然在利用金融抑制（即为政府提供资金的各种措施）促进公共债务的融资。

二、缩小制度缺口

为了克服制定财政政策时的赤字偏好，需要缩小以下几个制度缺口：

- 预算程序过于注重短期效应
- 财政账户缺少透明度
- 国家间信息的不可比性
- 治理问题

下面就弥补各制度缺口分别提出建议。

三、建立中长期预算

就大多数国家而言，预算程序本质上是一项短期工作。例如，美国就面临着严重且大多未解决的中期财政挑战，应采取更多举措，以建立一个有约束力的多年预算框架。

许多其他国家也缺乏对中期目标的关注，而考虑中期目标的国家也没有真正将其运用到政策制定上来。结果导致制定政策时，只注重经济的短期发展，而不是潜在的发展趋势。这就意味着在经济高增长时期偏好顺周期政策，而对长期的消费压力却没有给予足够的关注。

这种短期主义还妨碍着政策规划。例如，即使是发达经济体也缺少旨在评估中期有效性及政府政策的财政影响的支出审查。预算编制也过于注重现金额，而不是自然增长额以及衡量方式。这也意味着对短期目标的偏好。

四、信息公开化和透明化

目前，各国信息的透明度还远不够。一些欧洲国家（如希腊和葡萄牙）的隐性财政失衡已经暴露，给这些国家政策制定的可信性带来了负面影响。西班牙在2011年底宣布，该国财政赤字将超过目标逾2个百分点。而受原先无记录的地方政府债务影响，中国近期上调了公共债务规模，调整幅度达GDP的17%。

信息公开化和透明化的一个关键问题是数据的覆盖性：IMF188个成员国中，不足一半的国家公布了除中央政府以外的公共财政数据，只有少数国家公布了公营企业的综合信息。而信息更新的频率也不足。月度数据稀少，而季度数据的可信度通常较低。仅七个国家公布了财政风险评估，因此并不能够完全把握潜在冲击。公布资产负债表数据的国家就更少了。

五、解决信息的不可比性

特殊的会计规则和预算制定方式增加了财政趋势的国际比较难度。私营企业已形成了完备的会计标准；公共部门的标准也在制定中，但是大多数国家并不在意。欧盟 2011 年才开始制定政府会计的统一标准，但也仅是概括性描述，没有详细的规定。

国际数据标准同样存在（包括 IMF 的《政府财政数据指南》），但它们相互间的关联并不密切。例如，各国就政府持有的金融资产的定义各不相同。各国对总债务的定义也不一致，如日本在政府总债务数额中并不剔除政府内部债务持有额，这不同于其他大多数国家。

IMF 最近正在努力制定政府债务的统一定义——这仅是一个开始，以后将会扩展到其他数据。

六、权力制衡

最后是治理的问题——谁负责制定收入和支出的相关决定。显然，货币政策所采取的方法，即由未经选举的官员最终决定关键政策的制定，并不适合财政政策。财政政策将在不同公民团体以及不同世代间重新分配收入，涉及面广。因此，财政政策必须由经公民选举产生的议会制定。

然而，各国在允许独立机构（通常被称作财政委员会）对财政政策趋势、风险及政策本身进行评估上，应取得更大的进步。

《稳定和增长公约》改革鼓励在欧元区引进财政委员会，而最近签署的政府间财政协议则对其作出了硬性要求。但是，尤其在新兴经济体中，财政委员会相对而言并不常见。

七、制度缺口不能弥补的后果

最近，在由瑞典财政部和 IMF 联合举办的斯德哥尔摩会议上，与会者讨论了财政机构的重要性。在最后的座谈会议上，来自印第安纳大学的埃里克·利珀（Eric Leeper）强调，我们对财政政策和货币政策运行机制的了解存在差距。同样值得关注的是，财政机构和货币机构之间也存在不同。

如果制度缺口不能得到弥补，各国财政政策中的赤字偏好将会继续。我们或将看到公共债务规模达到历史新高，即使在经济好转时也不能减少到更加可控的规模。这样，公共债务受到冲击的风险甚至将比 2007 年的时候更高。

（尹晓君）

OECD 专家谈如何解决欧洲银行和债务危机*

经济合作与发展组织（OECD）专家 Adrian Blundell – Wignall 撰文，就如何解决欧洲银行和债务危机发表了看法，现将全文翻译如下，供参考。

2008 年由金融市场风险低估所导致的金融危机给全球银行业带来了不小的威胁，而为拯救银行业所采取的一系列紧急措施则直接引发了欧洲主权债务危机，暴露出其经济治理的先天不足，并进而威胁到欧元区的存续。为避免货币同盟的逐步瓦解，需要比现有政策建议更具长远性的政策。切实有效的解决方案包括：

确保欧洲央行通过定期向银行提供资金、设置欧洲主要国家的主权债务利率上限等措施，持续支持经济发展并提振投资者信心。

通过对希腊进行 50%（或更大比例）的主权债务减记以及制定必要的配套政策，一次性解决“希腊问题”，从而增加其留在欧元区的几率。

决策者和领导者们应考虑制定平衡增长战略，确保财政整顿与逐步实现长期“财政协议”目标的共同实现。此外，增长战略还应包括涵盖银行资本调整和重组、劳动力和商品市场竞争及养老金制度改革等内容的结构性改革。如若不然，金融危机有可能进一步加深，主权债务危机也有继续恶化的危险。

此外，进行银行资本重组需实现会计制度透明化。透明的会计制度能妥善解决银行资产负债表和破产清算的问题，而这些是银行实现资本重组的基础。

欧洲银行业不仅面临资金短缺，其业务划分同样存在问题。投资银行和传统零售、商业银行业务未加以区分，直接导致具有系统重要性的大型金融机构无法量化其潜在风险，更遑论风险控制。

银行的上述业务必须加以区分。享受存款保险的零售银行不应交叉补贴高风险企业，传统银行业务相对也应免受全球资本市场短期价格波动的影响。此外，传统银行还被要求达到非权重资产（un – weighted assets）的杠杆率至少保持在 5% 以上的良好资本状况。上述政策都会对决定经济增长的中小企业融资起到推动作用。

欧洲央行无法直接在一级市场向政府提供贷款，也无法对银行进行资本重组，因此需要欧洲金融稳定机构（EFSF）和欧洲稳定机制（ESM）在这些方面

---

* 本文译于 2012 年 2 月。

发挥“防火墙”作用，同时为欧洲央行所持有的主权债务提供退出机制。为发挥 EFSF/ESM 的潜在作用，尤其是在资本重组方面的作用，其所需资金规模不应被低估。与欧洲央行所需的资金应共同保证在 1 万亿欧元左右。

目前，EFSF/ESM 仅拥有约 5000 亿欧元资金，而即便提供担保，在低收益的情况下也很难进一步筹集到更多的资金。因此，如果资金不足，就必须提高实收资本和杠杆能力。5000 亿欧元的资金上限可适用于 ESM，但不应与 EFSF 现有的 4400 亿欧元混为一体。如果按照上述设想，仍无法从私人投资者那里筹集到足够的资金（目前看很有可能），则须引入其他资金来源。有限的可选机制包括：向 EFSF 发放银行执照并由欧洲央行向其提供贷款（并提高杠杆）；国际货币基金组织（IMF）作为“银行”接受欧洲央行提供的适当规模的贷款；通过提供适当的担保（如通过 IMF）吸引主权财富基金的参与等。

除注重增长和结构调整，上述措施能够帮助欧洲在不分裂欧元区的前提下，提供解决其自身问题的机会。但这本身也存在风险。

脱离货币同盟使得国家可将其信用风险转化为通胀风险：即将其债务货币化，并通过汇率措施实现增长战略。若真如此，作为一个整体，欧洲将付出巨大代价，这也是大家所不希望看到的。

（董　杨　帅　扬）

OECD 报告：如何进行财政整顿*

始于 2008 年的经济危机使得政府财政赤字激增，2011 年，OECD 国家整体的公共债务占 GDP 之比达 100%。对于许多国家而言，仅试图稳定债务就实属不易，更不必说将它降至可持续水平。公共财政的不景气要求大多数国家实行大范围的财政整顿，尤其是那些受危机影响导致不平衡加重的国家以及面临健康和长期医疗支出激增的国家。

将债务降至谨慎水平需要许多国家（尽管不是所有国家）以超过 GDP 3% 的水平持续进行财政整顿。日本面临超过 GDP 12% 的财政紧缩，而美国、英国和新西兰的财政整顿将超过 8%（见图 1）。

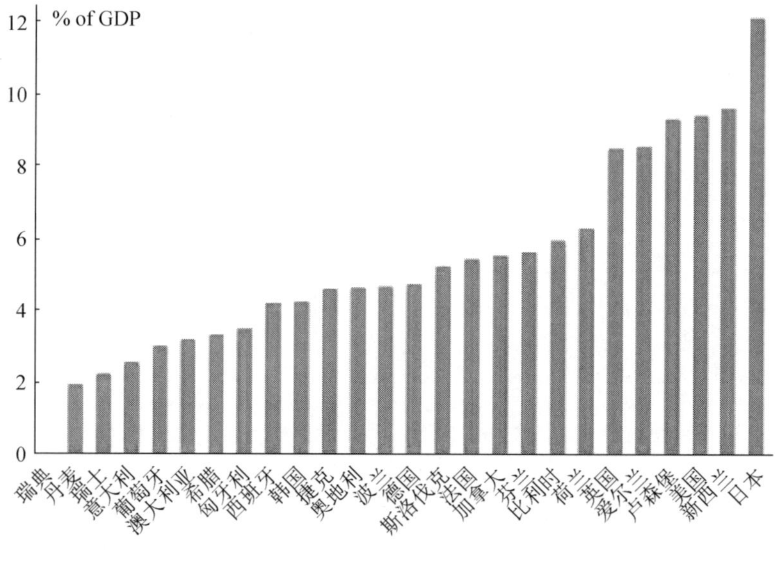

图 1　各国须进行的财政紧缩占 GDP 的比重

短期而言，须平衡财政整顿的进度和财政紧缩对经济增长的影响。该平衡取决于财政政策的选择、杠杆乘数的大小以及货币政策能否抵消对需求的负面效应。即便如此，在相同条件下要达到既定的债务目标也非易事。

---

* 本文译于 2012 年 4 月。

鉴于目前许多 OECD 国家的高税收对经济带来的负面影响，以及未来由人口老年化造成的支出压力，整顿主要集中于减少公共支出以及如何缓解未来的支出压力。对于低支出国家，也许应考虑如何增加财政收入。

通过优化对健康和教育的支出和养老金改革，各国可直接或间接通过经济增长所带来的财政收入获得可观的预算收益。各国政府也可改革转移支付，来控制社会效益低的支出，并鼓励工作和储蓄。

就收入来看，各国政府应致力于限制由税收引起的对经济增长的不利影响，主要是由税基扩大造成的。各国政府同样应发展危害更少的税收，如不动产税及污染费等调节性税收。

对支出和收入措施的预算收益估计显示，通过支出和收入措施的累计作用，各国可实现平均 7% 的 GDP 财政整顿。然而，为了应付其他困难而采取的辅助措施将增加支出，从而抵消一部分潜在的预算收益。

（尹晓君）

经合组织称经济模式正在演变*

经济合作与发展组织（OECD）副秘书长兼首席经济学家皮埃尔·卡洛·帕多安（Pier Carlo Padoan）就经济模式的转变撰文。全文摘译如下，供参考：

20世纪90年代初，随着宏观经济政策日益以规则为基础，且结构性政策更加重要，经济模式也发生了显著变化。自20世纪90年代中期开始的“大缓和”（Great Moderation）时代，由于经济增长稳定，物价平稳，被视为传统经济模式的成功典范。但表面好看的经济数据掩盖了日益严重的失衡问题，最终导致了2008—2009年的金融危机。一些曾被公认的必然规律也失灵了，各国开始探索新的发展模式。导致失衡的原因有哪些呢？

首先，自20世纪90年代中期，随着贸易壁垒的消除、资本流动的放开、新技术的传播及铁幕政策的废除，世界经济一体化增强。对中国这个当今世界第二大经济体而言尤其如此。自2001年中国加入WTO以来，中国经常账户一直保持盈余，石油输出国等也有类似情况。由于全球储蓄充足，美国等外部赤字国家能够以优惠的条件为其经常账户赤字融资，并将债券收益率保持在较低水平，尤其是全球化意味着全球范围内低技能劳动力大量增加，使通胀保持在低位。因此，货币政策可以支持经济发展，加上“金融创新”过度，导致风险及杠杆化过高。

其次，2000—2001年的互联网泡沫导致系统性风险过度累积，应引以为戒。然而，系统性金融风险发生的可能性并未得到有效监控。决策环节没有考虑到顺周期性的快速发展对金融杠杆化和风险的推高作用、风险积聚以及冲击可能跨境跨市场蔓延等因素的影响。

这就是为什么次级贷款仅占美国金融资产的3%，却引发了全球银行体系的动荡，导致了资产价格下跌及银行损失增加的恶性循环。此次金融危机暴露了传统经济模式的严重弊端，包括：

其一，虽然货币政策实现了控制通胀的目标，但这主要得益于全球化的支撑，即经济活跃时的通胀压力得到控制。也有评论称这最终导致了宽松政策的滥用。

其二，财政政策缺乏激励机制，在经济运行良好时未能建立有效缓冲，也未能管理私营部门不断增长的失衡以维护公共财政稳定，从而导致了主权债务

* 本文译于2012年2月。

危机。

其三，金融市场监管未能及时控制杠杆化不断提高引发的系统性风险，对金融全球化可能引发金融冲击跨国蔓延关注不足。

最后，采取结构性政策的国家间缺乏协调，导致跨国间储蓄和投资失衡持续存在。

各国就上述问题已取得共识，并将推动经济模式发生新的转变。虽然尚难以准确预言新的经济模式，但一定会包含以下因素：

第一，为继续发挥、强化全球化优势，新的经济模式应通过保持可持续、公平和绿色增长，实现金融稳定。结构性政策非常关键，其目标应超越较长期增长目标，如促进财政整顿，通过其对经常账户和资本流动的影响缩小全球失衡，以及短期内的辅助作用。但所有经济政策，无论是审慎政策、财政政策、结构性政策还是货币政策等，都应在各自适用的范围内发挥作用，综合运用可实现效用最大化。

第二，应建立一种机制，一方面可允许各国制定的不同政策并存，另一方面可促进经济稳定和增长。这就要求加强国际合作、监管和交流，突出重点，同时将多国政策并存的负面效应降至最低。当前通过国际协作强化全球范围审慎框架正反映了这一点。此外，G20《强劲平衡可持续增长框架》也旨在通过综合运用宏观经济政策、结构性政策及汇率政策，在促进经济增长、实现财政可持续的同时，将全球失衡不断加剧的风险最小化。

第三，需加强国际合作强化国际货币体系。今后一段时期内，预计新兴经济体货币将会升值。如果名义汇率固定不变，则需通过调整工资及物价水平来实现货币升值，但要避免增加对发生通货膨胀的预期。而持续的货币偏差可能导致外部失衡，具有不可持续性。所以，需通过改革，促进货币汇率更加符合经济基本面，以保证名义汇率调整起到安全阀的作用。当然，汇率过度波动也存在成本。

第四，大规模逐利资本流入新兴经济体会增加该国货币升值的风险，降低竞争力。为有效疏导、吸收资本流入，新兴经济体应综合运用各种宏观经济政策；需通过强化宏观审慎框架，增强银行部门的抗风险能力，以进一步控制金融动荡的风险。OECD认为，通过鼓励外国直接投资等更加稳定且更富成效的融资方式，来降低资本流入带来的金融稳定性风险是一种可行的方法。资本控制应是最后才考虑采用的手段，且应以确保公平为前提。

（燕晓春）

欧洲央行报告：欧元区政府债务规模和构成*

欧洲央行发布了最新研究成果，该报告详述了欧元区政府债务规模和构成，解释了欧元区政府债务的不同概念。关于规模，报告重点分析了正在使用的不同定义，特别是欧元区观察国使用的债务总量概念，一个是政府资产负债表中的总负债，另一个是总负债减去政府金融资产后的净负债。此外，报告还讨论了以隐性负债和或有负债形式表现的“隐藏债务”。关于构成，报告提供了关于到期、持票人或者通货等因素形成的欧元区债务信息。

现将报告主要内容摘译如下，仅供参考。

从2007年到2012年，欧元区政府总债务占GDP比率预计将增加22.3个百分点，从66.2%增加到88.5%，超过危机前（2007年）水平三分之一。2007年的债务存量大约为6万亿欧元，到2012年，债务总量预期将增加约2.7万亿欧元。导致欧债大幅上升的主要原因是危机背景下欧元区政府所采取的财政政策以及政府对金融部门的资金支持。大量的公共债务在欧元区国家之间“传染”。

2010年欧元区政府持有金融资产大约是GDP的34.7%。然而，不同国家政府持有金融资产的规模和构成有显著不同。不同资产缓冲对总债务负担增长形成不同的作用。2010年欧元区净债务占GDP比率大约是50.5%。平均来说，2010年欧元区政府债务总数中的隐性债务大约占到GDP的5.5%，或有债务大约占到GDP的6.5%。

2010年，在欧元区总政府债务中，融资的三种主要金融工具分别是：长期国债，占总量的70%；贷款，占18%；短期政府债券，占9%。占总债务82.7%的债务由中央政府发行，大约只有9.9%和6.6%由州和地方政府发行，0.8%是社会保险基金。另一个发现是，实际上在整个欧元区中99%的债务以欧元计价。而且，一年内到期的债务比例占到26.1%，到期日在一年到五年之间的债务比例占36.5%，到期日在五年以上的占比达到43.2%。欧元区债务的平均到期时间大约是6.6年。然而，在欧元区国家债务的平均到期时间分布不均：比如，芬兰和卢森堡大约是5年，奥地利和意大利大约是8年。2010年，非居民债

* 本文译于2011年12月。

权人（包括欧元区其他国家）占总数的52%。

以上证据表明，作为危机的结果，欧元区多数国家的政府债务会有一个急剧增加。通过上述分析，该报告提出以下几个政策内涵：（1）增长中的政府债务率需要稳定下来，同时需要启动一个提升市场信心的通路；（2）财政监管需要比过去更加重视政府债务指数；（3）政府金融资产能够在分析偿债能力方案时发挥作用；（4）隐性债务和资产负债表之外的政府债务需要被谨慎地监控和报告；（5）总债务概念应该作为欧盟财政监管，特别是“过度赤字程序”的关键基础；（6）除了政府债务规模外，政府债务构成也是影响公共财政脆弱性的一个关键因素。

对主要情况具体汇报如下：

一、政府债务的规模

（一）欧元区国家的政府债务

考察一个国家详细的政府债务占 GDP 比率是评估可持续风险的一般起点。这是因为高的和上升的政府债务比率表明潜在的可持续问题。表 1 显示了欧元区国家政府债务占 GDP 比例的变化状态。到 2010 年底，欧元区大多数国家和整个欧元区的政府债务占 GDP 比例都大幅度地超过了 60% 的参考值，西班牙和塞浦路斯略微超过了 60% 的参考值，例外情况是爱沙尼亚、卢森堡、斯洛文尼亚、斯洛伐克和芬兰。除了德国和马耳他，欧元区国家政府债务率将继续上升，直到 2012 年。并且，表中还表明在危机中大多数欧元区国家的债务累积还将有大幅度的扩张。为了使财政进入一个可持续的通道，短期内需要可信的财政联盟战略以稳定政府增长率。1999—2007 年期间的经验表明，相当大数量的债务减持是可行的，比如比利时、爱尔兰、西班牙、意大利、荷兰、斯洛伐克和芬兰。

表 1　　欧元区政府 EDP 债务（1999，2007，2010，2011，2012）

单位：占 GDP 的比例（%）

	1999 年	2007 年	2010 年	2011 年	2012 年	EDP 债务总计（1999—2007 年）	EDP 债务总计（2007—2012 年）
比利时	113.7	84.2	96.8	97.0	97.5	-29.5	13.3
德国	60.9	64.9	83.2	82.4	81.1	4.0	16.1
爱沙尼亚	6.5	3.7	6.6	6.1	6.9	-2.8	3.2
爱尔兰	48.2	25.0	96.2	112.0	117.9	-23.2	92.9
希腊	100.3	105.4	142.8	157.7	166.1	5.1	60.7

续表

	1999 年	2007 年	2010 年	2011 年	2012 年	EDP 债务总计（1999—2007 年）	EDP 债务总计（2007—2012 年）
西班牙	62.3	36.1	60.1	68.1	71.0	-26.2	34.9
法国	58.8	63.9	81.7	84.7	86.8	5.1	60.7
意大利	113.7	103.6	119.0	120.3	119.8	-10.1	16.2
塞浦路斯	58.9	58.3	60.8	62.3	64.3	-0.6	6.0
卢森堡	6.4	6.7	18.4	17.2	19.0	0.2	12.4
马耳他	57.1	62.0	68.0	68.0	67.9	4.8	5.9
荷兰	61.1	45.3	62.7	63.9	64.0	-15.8	18.7
奥地利	67.3	60.7	72.3	73.8	75.4	-6.6	14.7
葡萄牙	49.6	68.3	93.0	101.7	107.4	18.7	39.1
斯洛文尼亚	24.3	23.1	38.0	42.8	46.0	-1.2	22.9
斯洛伐克	47.8	29.6	41.0	44.8	46.8	-18.3	17.2
芬兰	45.7	35.2	48.4	50.6	52.2	-10.5	17.0
欧元区	71.7	66.2	85.2	87.7	88.5	-5.5	22.3

说明：EDP 是一种统计方法。

表 2 显示，2010 年欧元区国家发行了大量债券。除了爱沙尼亚和卢森堡外，其他所有欧元区国家的长期债券占总债务的比例超过 60%。第二个最重要的工具是贷款，爱沙尼亚的贷款有将近 75%，卢森堡大约有 45%，德国和塞浦路斯大约有 30%。最后，绝大多数欧元区国家的通货和存款都很少，只有爱尔兰、意大利和葡萄牙例外，爱尔兰和意大利有约 9%，葡萄牙超过 7%。

表 2　　以金融工具方式持有的政府 EDP 债务　单位：占总数的比例（%）

	金融工具			
	通货和存款	贷款	短期债券	长期债券
比利时	0.4	10.5	12.7	76.3
德国	0.5	32.5	4.4	62.6
爱沙尼亚	0.0	74.8	0.0	25.2
爱尔兰	9.3	23.2	7.3	60.2
希腊	0.3	22.9	2.8	74.1
西班牙	0.6	16.0	13.7	69.8
法国	1.4	13.9	15.0	69.6
意大利	8.5	7.5	7.0	77.0
塞浦路斯	0.0	29.5	4.6	65.9
卢森堡	2.7	45.1	0.0	52.2

续表

	金融工具			
	通货和存款	贷款	短期债券	长期债券
马耳他	1.0	5.3	8.9	84.8
荷兰	0.1	21.2	14.4	64.3
奥地利	0.0	15.8	4.7	79.5
葡萄牙	7.3	12.9	13.0	66.8
斯洛文尼亚	0.3	10.9	0.2	88.6
斯洛伐克	0.3	7.4	0.2	88.6
芬兰	0.6	15.9	13.8	69.8
欧元区	2.8	18.1	9.0	70.0

（二）政府资产和欧元区国家的政府净债务

在欧元区，政府金融资产的市场价值占政府负债价值的三分之一以上。从还债能力角度看，在评估政府债务水平时考虑金融资产也非常重要。按照欧洲账户系统方法评估市场价值，政府金融资产包括通货、存款、政府担保的贷款、股票以外的证券、股票和其他权益、保险专门准备金、其他应收账款。

从危机开始，与政府总债务增长一样，政府金融资产一直在增长。表3显示，2007—2010年期间，除了塞浦路斯、斯洛文尼亚和斯洛伐克等少数国家外，欧元区国家持有的金融资产都大幅地增长，或者至少是变化不大，比如法国和马耳他。爱尔兰的金融资产累计增长了GDP的14%，而斯洛文尼亚则相反，金融资产约减少了GDP的7%。总的来说，到2010年底绝大多数欧元区国家累积的金融资产价值占GDP的30%—40%。但是，比利时、西班牙、塞浦路斯和斯洛伐克等国家金融资产相对较少，等于或低于GDP的25%。另一个极端情况是，爱沙尼亚、爱尔兰和斯洛文尼亚的金融资产超过了GDP的40%。同时，作为传统的资产富裕国家，芬兰和卢森堡的金融资产超过了GDP的60%。

表3　　欧元区国家的政府金融资产　　单位：占GDP的比例（%）

	2007年	2008年	2009年	2010年
比利时	14.8	19.4	20.3	20.0
德国	23.2	25.4	28.5	36.8
爱沙尼亚	36.9	34.5	41.5	47.3
爱尔兰	29.0	37.1	44.9	43.3
希腊	32.4	27.2	31.0	33.1
西班牙	23.4	24.2	27.6	25.9
法国	37.5	35.0	40.0	37.4
意大利	25.7	25.3	27.4	27.6

续表

	2007 年	2008 年	2009 年	2010 年
塞浦路斯	27.6	21.3	24.6	23.1
卢森堡	65.9	68.4	71.9	67.7
马耳他	30.4	27.2	30.4	30.5
荷兰	23.7	37.7	37.8	36.9
奥地利	32.2	33.6	33.9	34.6
葡萄牙	25.8	26.6	28.8	34.3
斯洛文尼亚	47.6	35.4	44.1	40.3
斯洛伐克	25.5	22.9	22.7	24.1
芬兰	114.0	93.0	115.4	121.2
欧元区	29.2	29.6	33.1	34.7

表4 显示，除了德国、爱尔兰、西班牙和意大利外，绝大多数欧元区国家的资产组合中有大量的股票和其他权益，占比等于或超过金融资产的 40%。并且，一些国家的资产组合中有相当比例的通货和存款。短期流动性资产在德国、爱尔兰、西班牙、塞浦路斯和马耳他占比特别高，占总数的 28%—35%。在其他一些短期资产中，比利时、希腊、法国、意大利、马耳他和荷兰的其他应收账款占比相当高，占 20%—30%。最后，德国和芬兰的证券占比特别高，分别占 20% 和 18%，同期荷兰和奥地利的贷款在资产组合中占比非常高，分别为 22% 和 25%。

表 4　　政府金融资产构成的国别情况　　单位：占总数的比例（%）

	金融工具					
	通货、存款	债券	贷款	股票和其他权益	其他应收账户	其他资产
比利时	15.2	1.0	3.3	57.7	22.8	0.0
德国	28.4	20.5	14.6	28.9	9.2	-1.6
爱沙尼亚	11.6	13.7	3.0	58.9	12.7	0.0
爱尔兰	32.4	15.1	5.5	33.7	12.4	0.9
希腊	21.8	4.6	13.6	28.9	30.7	0.4
西班牙	34.5	11.4	12.8	34.5	6.7	0.0
法国	5.0	4.7	5.6	57.1	26.8	0.7
意大利	21.8	4.6	13.6	28.9	30.7	0.4
塞浦路斯	29.1	0.0	14.7	45.9	10.4	0.0
卢森堡	18.5	0.8	2.1	69.9	8.7	0.0

续表

	金融工具					
	通货、存款	债券	贷款	股票和其他权益	其他应收账户	其他资产
马耳他	30.6	0.0	3.3	44.6	21.5	0.0
荷兰	7.9	8.3	21.7	39.5	21.7	0.9
奥地利	13.0	7.9	24.6	46.9	6.9	0.6
葡萄牙	12.9	3.1	7.3	59.1	17.4	0.2
斯洛文尼亚	24.0	2.1	2.6	56.4	14.8	0.1
斯洛伐克	21.1	1.2	8.2	62.8	6.7	0.0
芬兰	7.2	17.9	12.3	57.4	4.2	1.1
欧元区	18.9	11.4	11.3	41.9	16.6	-0.1

二、政府债务构成

（一）欧元区政府债务结构

图1展示了导致欧元区债务的不同类型融资工具构成，以及政府发行融资工具、剩余期限和债券持有/所有人的水平。2010年，欧元区原始期限超过一年的债券占政府债务总量的70%，短期政府债券占9%。典型地用在市政方面的金融机构贷款，相当于“过度赤字程序”债务的18%。大约占总数的83%“过度赤字程序”债务由中央政府发行，剩下的17%由地方政府（市）政府、州政府或者社会保障基金发行。

在一个给定的欧元区国家里，包括欧元区内外的非居民持有52%的“过度赤字程序”债务，居民持有剩下的48%，占总量38%的债务被货币金融机构和金融机构持有，少于2%被央行持有，大约8%被欧元区其他居民持有，比如个人和非金融集团。关于货币计量的分解，大约99%的欧元区政府债券由欧元计价。

2010年，在欧元区总政府债务中，融资的三种主要金融工具分别是：长期国债，占总量的70%；贷款，占18%；短期政府债券，占9%。占总债务82.7%的债务由中央政府发行，大约只有9.9%和6.6%由州和地方政府发行，0.8%是社会保险基金。另一个发现是，实际上在整个欧元区中99%的债务以欧元计价。而且，一年内到期的债务比例占到26.1%，到期日在一年到五年之间的债务比例占36.5%，到期日在五年以上的占比达到43.2%。欧元区债务的平均到期时间大约是6.6年。然而，在欧元区国家债务的平均到期时间分布不均：比如，芬兰和卢森堡大约是5年，奥地利和意大利大约是8年。2010年，非居民债权人（包括欧元区其他国家）占总数的52%。

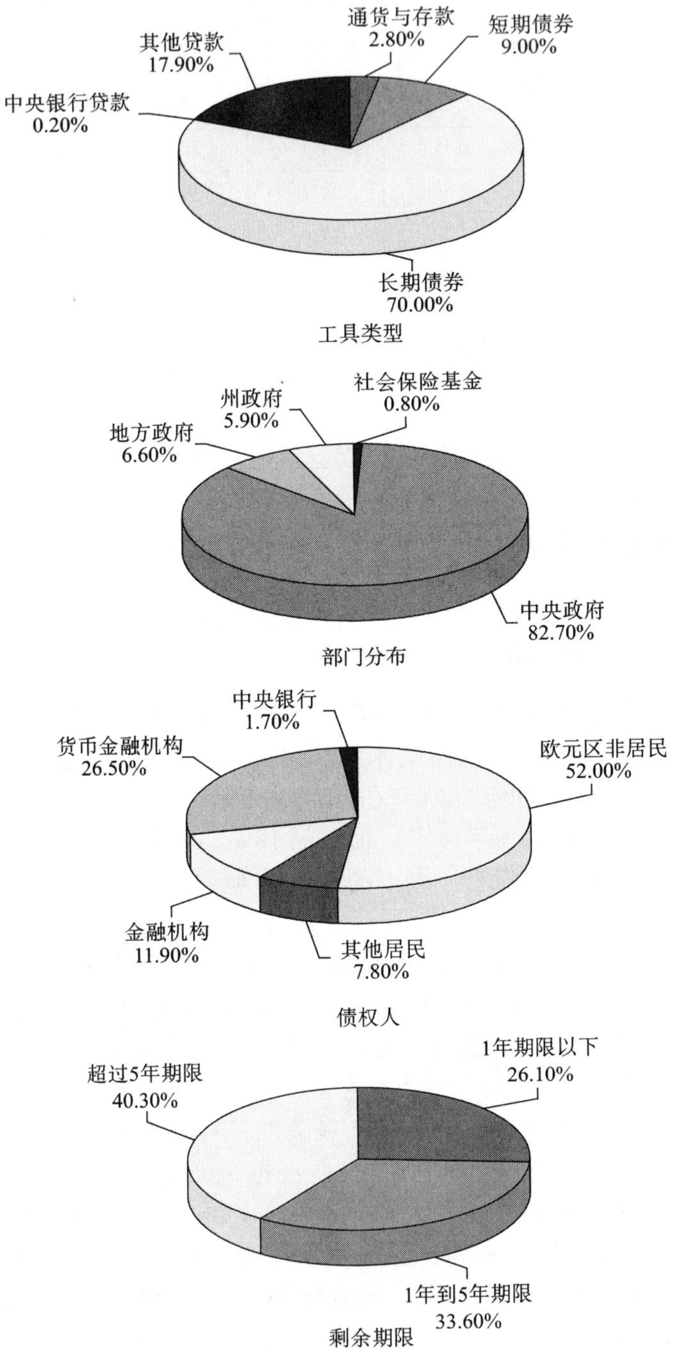

图1　2010 年欧元区政府债务结构

（二）政府债务的持有结构

从表5可以看出，在比利时、希腊、荷兰、奥地利、葡萄牙、斯洛文尼亚和芬兰，非居民是政府债务的主要持有者。但是，在德国、爱沙尼亚、西班牙、意大利、塞浦路斯、马耳他、斯洛伐克，居民则是政府债务的主要持有者。除芬兰以外，货币和金融机构（例如，排除央行的银行和货币市场基金等信贷机构）以及其他金融集团（例如，保险集团、养老基金、融资辅助、共同基金、证券、衍生品交易商和从事借贷业务的金融公司）是欧元区所有国家政府债务的主要居民持有者。在芬兰，相当大比例的政府债务被其他居民持有。欧元区国家国内央行一般仅持有非常有限的政府债务，除了塞浦路斯和马耳他，两国央行大约分别持有14%和6%的政府债务，西班牙、意大利和希腊央行大约持有3%—4%的政府债务。个人居民投资者在政府债券市场发挥着重要作用，特别是在马耳他、西班牙、芬兰和德国，意大利、葡萄牙和塞浦路斯也不同程度地出现。

表5　　2010年政府债务的持有情况

单位：占政府总债务的比例（%）

	居民债权人					非居民债券人 (e)
	居民总数 (a)+(b)+(c)+(d)	中央银行 (a)	国际货币基金组织 (b)	其他金融机构 (c)	其他居民 (d)	
比利时	43.7	1.4	23.5	14.7	4.1	56.3
德国	51.0	0.2	31.5	9.2	10.1	49.0
爱沙尼亚	62.3	0.0	57.0	1.1	4.2	37.9
爱尔兰	—	—	—	—	—	—
希腊	30.4	3.2	23.9	0.3	3.1	69.6
西班牙	58.5	3.4	28.4	7.9	18.8	41.5
法国	—	—	—	—	—	—
意大利	55.4	3.6	27.0	15.6	9.1	44.6
塞浦路斯	50.3	14.2	22.3	6.6	7.2	49.7
卢森堡	69.9	0.0	47.5	—	—	30.1
马耳他	94.4	5.9	40.2	19.6	28.7	5.6
荷兰	31.7	0.3	18.2	10.6	2.6	68.3
奥地利	23.6	0.4	12.0	6.9	4.2	76.4
葡萄牙	36.7	0.8	22.4	5.8	7.8	63.3
斯洛文尼亚	42.3	1.0	27.7	10.1	3.5	57.7
斯洛伐克	63.0	0.0	62.4	0.0	0.6	37.0
芬兰	28.9	0.0	12.5	1.2	15.2	71.1
欧元区	47.9	1.7	26.5	11.9	7.8	52.1

（三）政府债务货币计价的结构

正如表6所示，欧元区国家的政府债务在绝大多数情况下以欧元计价。然而，也有少量的政府债务以其他货币计价，在荷兰，大约有8%的政府债务以非欧元货币计价，奥地利不超过3%，希腊、葡萄牙和德国有1%—2%，还有非常少量的以非欧元计价的现象发生在塞浦路斯、斯洛伐克、意大利、斯洛文尼亚和法国（少于0.3%）。

表6　　2010年政府债务的货币计价情况

单位：占政府总债务的比例（%）

	欧元或其他参与货币	其他货币
比利时	100.0	0.0
德国	98.9	1.1
爱沙尼亚	100.0	0.0
爱尔兰	—	—
希腊	98.2	1.8
西班牙	99.4	0.6
法国	99.9	0.1
意大利	99.8	0.2
塞浦路斯	99.7	0.3
卢森堡	100.0	0.0
马耳他	100.0	0.0
荷兰	92.4	7.6
奥地利	97.3	2.7
葡萄牙	98.5	1.5
斯洛文尼亚	99.8	0.2
斯洛伐克	99.7	0.3
芬兰	100.0	0.0
欧元区	99.1	0.9

（四）政府债务的剩余期限

表7提供了关于政府债务剩余期限的信息。大部分债务的剩余到期时间在五年以上。比如，到2010年末，爱沙尼亚、斯洛文尼亚和奥地利持有超过50%的剩余期限在五年以上的政府债务，希腊、意大利、塞浦路斯、斯洛伐克、西班牙、葡萄牙、马耳他、芬兰和比利时持有40%—50%的五年期以上政府债务。一年期以下债务在法国、德国和荷兰占比特别高，尤其是葡萄牙由于得到了欧盟和IMF的支持，也特别高。

表 7　　　政府债务剩余期限　　　单位：占政府总债务的比例（%）

	债务剩余期限				
	1 年以下	1 年以上、5 年以下		5 年以上	
			浮动利率		浮动利率
比利时	24.0	35.5	0.0	40.5	0.0
德国	28.1	35.5	—	36.5	—
爱沙尼亚	8.3	32.9	0.0	58.8	0.0
爱尔兰	—	—	—	—	—
希腊	10.2	41.5	13.8	48.3	15.3
西班牙	21.5	35.9	0.0	42.6	0.0
法国	33.3	31.7	0.2	35.0	0.1
意大利	25.2	30.4	5.4	44.5	4.2
塞浦路斯	10.6	44.9	0.0	44.5	10.2
卢森堡	9.0	—	—	—	—
马耳他	13.7	45.1	1.6	41.2	0.0
荷兰	29.6	31.7	0.0	38.7	0.0
奥地利	8.8	34.2	0.7	57.0	0.6
葡萄牙	29.5	28.5	1.3	41.9	0.2
斯洛文尼亚	8.8	34.1	3.8	57.1	0.8
斯洛伐克	13.8	43.0	7.8	43.3	0.1
芬兰	24.0	34.9	12.8	41.1	13.7
欧元区	26.1	33.6	2.9	40.3	2.9

三、结论和对策

通过上述分析，该报告总结出如下结论和对策：

表 8 表明，欧元区国家已经并将继续通过双边贷款和欧洲金融稳定基金（EFSF）给希腊、爱尔兰和葡萄牙提供金融援助。

合理的和可持续的公共财政对优化欧洲货币联盟的功能非常关键。加强欧洲货币联盟的财政监管框架，尤其应该重点关注政府债务和公共财政的可持续性。政府必须着手解决以下问题：伴随着金融和经济危机，欧元区政府债务中的净债务和总债务都正在增长，从 2007 年到 2010 年政府债务每年都增长了 GDP 的 10% 到 15%，而且上升的趋势还将持续。总债务概念成为欧盟财政监管的要件和基石。同时，政府持有的金融资产可以起缓冲作用，减少金融市场过分关注政府偿债能力。

表 8　2010—2013 年通过双边贷款和 EFSF 给希腊、爱尔兰和葡萄牙提供的金融援助

单位：10 亿欧元

	对希腊的金额援助（双边贷款）					EFSF 对爱尔兰的援助				EFSF 对葡萄牙的援助				
	2010 年	2011 年	2012 年	2013 年	总数	2011 年	2012 年	2013 年	总数	2011 年	2012 年	2013 年	2014 年	总数
比利时	0.8	1.3	0.7	0.2	3.0	0.4	0.2	0.1	0.7	0.5	0.3	0.1	0.1	1.0
德国	5.8	10.3	5.2	1.6	22.9	3.4	1.2	0.5	5.1	3.8	2.4	0.9	0.5	7.6
爱沙尼亚	—	—	—	—	—	—	—	—	—	—	—	—	—	—
爱尔兰	0.3	—	—	—	0.3	—	—	—	—	—	—	—	—	—
希腊	—	—	—	—	—	—	—	—	—	—	—	—	—	—
西班牙	2.6	4.5	2.3	0.7	10.1	1.5	0.5	0.2	2.3	1.7	1.1	0.4	0.2	3.3
法国	4.4	7.7	3.9	1.2	17.2	2.6	0.9	0.4	3.9	2.8	1.8	0.7	0.4	5.7
意大利	3.9	6.8	3.4	1.0	15.1	2.2	0.8	0.4	3.4	2.5	1.6	0.6	0.3	5.0
塞浦路斯	0.0	0.1	0.0	0.0	0.2	0.0	0.0	0.0	0.0	0.0	0.0	0.0	0.0	0.1
卢森堡	0.1	0.1	0.1	0.0	0.3	0.0	0.0	0.0	0.0	0.0	0.0	0.0	0.0	0.1
马耳他	0.0	0.0	0.0	0.0	0.1	0.0	0.0	0.0	0.0	0.0	0.0	0.0	0.0	0.0
荷兰	1.2	2.2	1.1	0.3	4.8	0.7	0.2	0.1	1.1	0.8	0.5	0.2	0.1	1.6
奥地利	0.6	1.0	0.5	0.2	2.3	0.3	0.1	0.1	0.5	0.4	0.2	0.1	0.1	0.8
葡萄牙	0.5	0.6	—	—	1.1	0.1	—	—	0.1	—	—	—	—	—
斯洛文尼亚	0.1	0.2	0.1	0.0	0.4	0.1	0.0	0.0	0.1	0.1	0.0	0.0	0.0	0.1
斯洛伐克	—	—	—	—	—	0.1	0.0	0.0	0.2	0.1	0.1	0.0	0.0	0.3
芬兰	0.4	0.7	0.3	0.1	1.5	0.2	0.1	0.0	0.3	0.2	0.2	0.1	0.0	0.5
欧元区	20.7	35.5	17.6	5.4	79.2	11.8	4.4	1.9	17.7	12.9	8.3	3.0	1.7	26.0
丹麦	—	—	—	—	—	—	0.2	0.2	0.4	—	—	—	—	—
瑞典	—	—	—	—	—	—	0.3	0.3	0.6	—	—	—	—	—
英国	—	—	—	—	—	1.1	1.8	1.0	3.8	—	—	—	—	—
非欧元区	—	—	—	—	—	1.1	2.3	1.5	4.8	—	—	—	—	—

资料来源：欧洲中央银行体系。数据截至 2011 年 5 月。

说明：对希腊的金融援助只包括欧元区国家提供的双边贷款。

正如政府资产负债表数据中的债务评价手段，资产负债表之外的信息也应该受到相应的重视，比如或有负债和隐性负债（和资产）将来必须加以说明，而且这些负债的有效估计、监测和分析是基础的。欧元区有由政府担保所产生的或有债务，包括为支持危难中欧元区国家的双边和多边担保，这些将增加政府债务总水平。就隐性债务而言，应该采取相应的措施来处理相当复杂的事宜，当老龄化成本被计算进来时，隐性债务将对政府账户有潜在的影响。因此，努力提高现有对隐性和或有债务（资产）的估计水平非常重要。

无论是从更高水平的隐性债务和资产负债表外的债务，还是从短期融资和外国持有的债务看，平均而言，欧元区存在高的财政脆弱风险。随着投资者警觉性不断提高和他们对高风险的规避，必须对政府账户和统计实施更严格的监控。发展的市场已经表明，伴随政府债务占 GDP 比率快速增长的高赤字，将来必须避免在一些国家长期存在的债务占 GDP 超过 60% 的现象。因此，一些欧元区政府已经通过实施整顿战略、结构改革和充分的债务管理政策，减少财政脆弱性，并应对风险。这些措施尤其应该定位在减少隐性和或有政府债务。对于或有债务而言，应该着力于提高欧元区公共财政长期可持续性的可信性。

总体上讲，不断上升的政府债务比率需要实施可信的财政联盟战略以保持政府债务稳定在一个可持续的通道上。必须总结教训，未来的监测分析应该更多地聚焦在不同的政府债务指标上。同时，分析家需要关注用在政府债务测量中的不同概念，特别是净债务和总债务概念的区别以及政府的流动性、债务偿还能力和可持续性的不同内涵。这也需要更好地监控政府隐性债务和其他资产负债表之外的因素。关于政府债务管理和构成，有限再融资和其他风险导向的可预测战略应该有助于增强市场信心。

（胡振虎）

美联储就当前欧债危机及其对美国经济的影响在众议院作证*

12 月 16 日，美联储负责国际金融事务的主任 Steven B. Kamin 在众议院监管和政府改革委员会的 TARP、金融事务和公私救助附属委员会上，就当前欧债危机形势及其对美国经济的影响等议题向国会作证。以下为证词全文：

Steven B. Kamin 认为，两年来，全球金融市场的主题与欧洲财政金融形势密不可分。欧元区国家的高杠杆率和低经济增长的前景提升了外界对这些国家财政可持续性的关注。欧债危机增加了这些国家的借贷成本。悲观情绪蔓延，动摇了外界对欧洲金融机构的信心。欧债危机加剧了全球金融市场震荡，给全球经济活动带来较大压力。

上周，欧洲领导人宣布了解决危机的最新举措，包括加强财政纪律和财政协调的建议。这些措施是积极的，有助于减轻危机的紧张局势。但是，其中很多举措有待于进一步细化，并且实施这些措施也是一个挑战。

反观国内，欧债危机将通过抑制出口、重挫企业和消费者信心，以及增加美国金融市场和金融机构的压力等溢出效应影响美国经济。那些著名的金融机构，尤其是欧洲的金融机构，将会发现获取美元融资将变得更加困难。世界上大量的贸易和投资项目是用美元结算和融资的，大量的国外金融机构有强烈的美元需求。这些机构积极地借入美元购买政府和公司债券，然后贷出美元。随着欧债危机的深入发展，大量的欧洲银行面对融资成本上升和美元融资便利性下降的局面，并最终导致美国家庭和企业获得贷款的成本上升，并提高美国金融机构的融资成本。这些影响的具体规模和程度很难准确估算，欧洲债务危机的具体影响仍有待观察。

与五大央行的货币互换协议

为应对欧债危机对美国的潜在风险，美联储与欧洲央行、加拿大央行、日本央行、瑞士央行和英国央行协调行动，修订、延长和扩展了美联储与五大央行的

* 本文译于 2011 年 12 月。

货币互换协议。这些行动通过11月30日六大央行的联合声明发布，旨在缓解全球金融市场的紧张形势，如果不采取这些措施，可能影响美国居民和企业的信贷供给，阻碍国内经济复苏，避免欧洲债务危机的影响蔓延至美国经济。

11月30日的声明包括三大措施：

（1）美联储降低了提取美元流动性互换协议的价格。之前的定价高于隔夜指数掉期利率100个基点，声明中将升水降低了50个基点。这降低了欧洲央行和其他央行获取美元贷款的成本，将减缓美元货币市场的压力，增加欧洲和其他外国机构的流动性头寸，增强国际金融市场的信心。而这些渠道将间接改善美国国内家庭和企业的信贷供给。

（2）将货币互换协议的期限延长至2013年2月1日。之前的期限是止于2012年8月1日。这次延期表明，如有必要，六大央行将采取持续行动，以为全球流动性提供必要支持。

（3）作为预防措施，美联储设立了其他五家央行货币单位计价的货币互换协议（2009年4月有类似的协议，但未被提取，2010年2月已过期）。一旦这些协议得以创设，如有必要，美联储可以向美国的金融机构及时提供欧元、加元、日元、瑞士法郎或英镑。当前，美国的金融机构还未曾经历过外国货币流动性短缺的压力。但美联储判断，谨慎起见，这些安排是及时和必要的。

Steven B. Kamin再次强调，互换协议的信息通过每周的资产负债表在美联储的网站上充分披露；每周掉期交易的信息在纽约储备银行的网站上充分披露。

Steven B. Kamin强调，从美联储和美国纳税人的角度来看，这些货币互换协议是安全的：

（1）这些货币互换协议不存在汇率风险和利率风险。这是因为每笔借贷和偿还的条款在借款之初就确定了，汇率和利率波动不会影响最终的还款额。

（2）每笔互换协议借款必须得到美联储的批准。这将保证美联储能够保证外国央行对这些互换协议的资金使用用途。

（3）美联储持有的外币，为货币互换协议的安全提供了重要保障。

（4）货币互换协议的合作方是外国央行。因此，是这些外国央行在他们的辖区内向私有机构借出美元并获取回报。外国央行承担与此相关的信贷风险。美联储与这些外国央行有长期的紧密的联系。美联储与这些央行相互信任，有良好的合作记录。

（5）这些短期互换协议，即使期限最短的（如三个月），也有较好的保障。

这些互换安排自2007年创设以来没有任何损失的记录，即便是在2008年末大量货币互换协议的密集创设期。而且，每笔互换协议到期时，美联储收到回款时还同时收到一笔资金使用费。过去五年里，资金使用费总计为美联储增加了约60亿美元的收入。因此，这些互换协议的规模越大，美联储返还给纳税人的越多。

这些互换协议的实施对美元货币市场有积极影响。美元融资的成本下降了，而且，联合声明发出之后的一周内，外国央行主导的三个月美元融资工具拍卖市场的美元融资规模有了实质性的增长。

最后，Steven B. Kamin 强调，美国和全球金融市场紧张形势的缓解，要求欧洲方面采取欧盟峰会声明的协调行动，并根据需要采取新的举措应对财政和金融困境。欧洲的形势还在进一步发展。因此，美联储将密切跟踪欧洲势态的发展，评估其对美国经济和金融系统的外溢影响。

（周　波）

伯南克谈欧洲经济和金融现状及美联储应对措施*

2012年3月21日，美联储主席伯南克在美国众议院政府监管与改革委员会听证会上就“欧洲经济和金融现状以及美联储的应对措施”发表讲话。伯南克的主要观点如下：

一、欧洲经济发展现状及其对美国经济的影响

过去两年里，欧洲经济发展对全球金融市场和全球经济有着重要的影响。一些欧元区国家出现高负债、高逆差和低增长的情况，令人对其财政可持续性产生了担忧，从而抬高了它们主权债务融资的成本。同时，这些国家的财政状况也使得人们对整个欧洲经济产生担忧，增加了欧洲金融机构整体的融资成本。

欧盟占据了美国大约五分之一的进出口贸易额。因此，欧盟经济不景气深刻影响美国经济，降低了美国的出口：一方面，欧洲国家对美国出口产品的直接需求降低；另一方面，欧洲的低速增长也使世界其他国家和地区对美国产品的需求下降。

同时，全球金融市场也受到欧洲经济不景气的影响，从而导致美国股票价格下降，公司融资成本上升，投资者信心受挫。

近几个月以来，欧洲采取了一系列积极的经济措施，使得欧洲的金融压力已有所减轻，这对包括美国在内的全球经济来说是一个利好消息。这些措施主要有：

第一，欧洲央行实行了两项长期再融资操作，并下调了欧洲商业银行的储备金要求。这使得欧洲银行可以更多地持有欧洲国家的主权债券作为资产，也降低了一些欧洲国家的融资成本。

第二，通过欧洲决策者、希腊政府和希腊国债持有人的共同努力，希腊的主权债务总量显著下降，希腊政府也在采取积极措施推行经济体制改革。欧盟和国际货币基金组织尽管设立了众多援助基金，但希腊经济形势依然严峻。

* 本文译于2012年3月。

第三，欧盟各国领导人已共同签署了一项新的财政紧缩计划，以加强政府财政规范性和执行力。这项计划被看作是欧盟从“货币联盟”迈向“财政联盟”的积极举措。长期来看，这也将降低欧元区经济的波动性。

尽管欧盟已经取得了一些成绩，但还有许多方面还需要进一步加强。为全面应对和解决欧洲债务危机，欧洲银行系统抵抗风险的能力应进一步加强，欧盟内部应抓紧建立防范主权债务风险的防火墙，而欧洲各国也应持续关注本国经济增长和竞争力的提高。

二、美联储的应对措施

美联储与欧洲的决策者保持紧密沟通，密切关注欧洲经济的最新动态。伯南克强调，保护在欧洲的美国金融机构、企业和消费者利益是美联储关注的重点。

为稳定美元融资市场并支持美国企业和居民的融资能力，美联储联合世界范围内的几大央行，增加了在金融危机期间和 2010 年 5 月再发行的美元互换协议的使用。此前，对这些工具的使用一直有所限制。2011 年 11 月，美联储与欧洲央行以及加拿大、日本、瑞士、英国等国的中央银行签订协议，将货币互换协议的期限延长至 2013 年 2 月 1 日。同时，美元互换协议的价格也有所下调，从原来高于隔夜指数掉期利率 100 个基点的水平上降低了 50 个基点。

欧洲央行以及各国央行融资成本的降低，有助于降低他们为本国金融机构提供短期美元贷款的利率。因此，这种货币互换协议的交易量也在 2 月中旬达到了 1090 亿美元的峰值。增加的货币互换协议帮助欧洲银行和其他外国银行减小了融资压力，缓解了美国货币市场的紧张程度，并且为持续疲软的国际金融市场注入了信心。近期，随着市场环境的进一步好转，这些互换协议的成交量有所下降，回到了 650 亿美元左右的水平。

伯南克强调，从美联储和美国纳税人的角度来看，这些货币互换协议是安全的。原因在于：首先，这些互换协议本身不承担任何汇率风险和利率风险；其次，每笔互换协议的借款都需要经过美联储批准并有相应的外国货币作为抵押，且多为短期互换协议；另外，货币互换协议的合作方均为各国央行，美联储与这些央行相互信任，有良好的合作记录，风险较低。

此外，为了更好地减轻全球市场对美元融资的压力，美联储还在双边或者多边的金融稳定监管委员会的框架下与很多机构签订抵押合同，从而更好地监控美国金融机构潜在的风险，提高其遭遇可能的金融动荡时的弹性。值得一提的是，美国金融机构对波动最严重的欧元区国家的净贷款头寸十分有限，因此美国的金融机构受这些国家经济波动的影响相对较小。

对于大型的美国商业银行来说，出售的信用违约互换（CDS）比需要支付的费用更多。因此，当一些欧洲主权债务发生违约时，美国金融机构将会成为这些

CDS 的净受益人。当然，这也存在着交易方不遵守合约义务而违约的风险。但是这种风险并不严重，因为交易对象较为分散，基本包括了全世界所有大型的金融机构，这就降低了很多违约风险。另外，机构之间相互抵押担保的行为，也使得可能的损失降至最低。

尽管美国银行对某些欧洲非核心国家的头寸有限，但其对欧洲银行和欧洲核心国家的头寸数量还是很大的。此外，据统计，来自欧洲的基金在 2 月份还占有美元一级市场 35% 的资产，这些基金依然存在不确定性。例如，美国在金融危机后，对金融机构上调了流动性的要求。尽管随着欧洲形势的不断演化，美国金融机构和美元市场上的基金有时间调整它们的头寸，降低风险，但是金融市场中风险的传染无论对金融机构还是监管者都是一个严重的问题。需要特别注意的是，一旦欧洲金融形势恶化，美国金融机构不但要应对由它们的欧元头寸带来的直接风险，还要应对由此引发的包括全球证券价格下跌、借贷成本上升和融资难度增加等在内的更大的市场波动。

为更好地应对这些风险，美联储正积极地与大型美国金融机构一道采取措施。3 月 13 日，美联储公布了《全面资本研究和回顾》（CCAR）。这份评价报告重点关注了银行资金使用的规划和大型银行如何保持资本充足率。根据该报告，银行的资本充足率状况将通过一个特设的压力检测模型进行检测。这个模型假设美国在遭遇国内经济严重衰退（失业率达到 13%）、国外经济下行，同时国际国内资产价格显著下降的情况下，美国银行的抗压能力。检测的结果显示，绝大多数大型美国银行在这种情况下，依然能够满足监管目标。

三、结论

近期，作为美国重要的贸易伙伴和金融伙伴，欧洲金融压力减轻对美国来说是一个利好消息。然而，欧洲金融与经济现状依旧十分困难，特别是欧洲领导人能否达成一致，将是未来能否保持经济长期稳定的重要因素。欧洲国家和金融机构都充分理解现在所面临的风险和挑战，并将继续采取措施应对这些问题。

对美联储而言，如何持续更好地跟踪经济形势、与国内外金融机构一道增强美国金融系统应对危机的弹性，同时做好稳定金融市场的准备工作将是未来美联储的工作重点。

（颜　盛）

盖特纳谈美国经济复苏*

2012年4月4日，盖特纳在芝加哥经济俱乐部发表讲话，详述美国当前的宏观经济形势、挑战及对策。主要内容如下：

2008年金融危机使美国经济严重衰退。奥巴马总统主政之后，签署了《经济复兴法案》，以修复美国金融体系、重组美国汽车业，还召集了G20峰会并推动全球经济政策协调。同时，美联储也采取了一系列刺激政策。这些政策措施，减缓了美国经济衰退的步伐，并从2009年夏成功使美国经济恢复了正增长。过去两年中，美国年均经济增长率达2.5%，累计增加就业390万。私营部门需求上升也是经济复苏的重要原因，其中包括投资与出口的有效增加。

然而，当前美国经济依旧面临众多挑战。如失业率高居不下、房地产市场疲软、经济增速低于预期等金融危机遗留的问题依然存在，同时，国际油价高企也增加了未来美国经济的不确定性。

金融危机过后的经济复苏通常比较缓慢，由于危机通常是因为大量增加的借贷和房地产投资产生的，这使经济复苏的速度受到限制。危机后，居民储蓄增加、银行纷纷提高借贷门槛，这些行为冲销了积极货币政策的刺激效果。这在一定程度上产生了关于经济复苏的政策难题，即为经济长期健康发展、防止危机重现而作出的结构调整，短期内反而会减缓经济复苏。

当前，美国经济需进一步去杠杆化，大量住房贷款需要重组，房地产过度投资等问题也亟待处理。过去几年里，居民贷款增加相对收入增长低了17个百分点，金融机构的杠杆率显著下降，住宅与商业地产经过5年的衰退后也有了回暖的迹象。

此外，欧洲经济不景气、日本大地震和国际油价高企也是过去两年来对美国经济复苏不利的外部因素。

关于美国财政赤字问题。奥巴马政府从布什政府继承了巨额财政赤字，使其在《经济复兴法案》以外的财政手段十分有限，联邦和地方政府的巨额赤字冲抵了《经济复兴法案》对经济的刺激作用。同时，去年国会关于债务上限的辩论也削弱了外界对美国经济复苏的信心。

当前美国经济复苏所面临的最大挑战并不是企业的活力和效率，而是大多数

---

* 本文译于2012年4月。

美国人和美国企业在获得经济机会和保障经济安全时所面临的政治制约。政府应采取措施加大对经济复苏的支持力度，为未来的经济增长，特别是短期内实现较快增长提供更好的政策支持。例如，帮助居民更好地偿还按揭贷款、政府主导投资基础设施建设等。同时，政府对教育、基础设施等领域的投资和对财政税收等政策制度的改革将有利于未来美国的经济增长。

美国经济增长战略要求政府不仅承诺减税和减少支出，更要采取实际措施推动经济增长。第一，美国政府需要扩大出口并提高美国企业的竞争力，支持美国进出口银行的项目和投资基础设施建设等项目。第二，政府应继续加强对包括金融系统在内的经济特殊领域的监管，为企业融资提供一个更加稳定的平台。第三，政府应保持对教育、基础科学和基础设施的资金投入，这也是美国保持世界领先地位和竞争力的重要因素。财政赤字是奥巴马政府当前面临的一个经济难题。尽管高额财政赤字在未来会产生严重后果，但政府最终能够通过平衡的财政手段加以解决，这不意味着政府应该放弃对经济增长有利的投资机会。共和党提出的为防止未来赤字风险而削弱包括加强经济安全、推行医疗福利等政府职能的建议，无异于“因噎废食”。

尽管美国政府面临严重的赤字问题，但只要处理得当，在未来都可以解决。政府必须坚持对有利于未来经济持续增长的项目进行投资，同时作出相应调整以降低长期赤字水平。金融危机的阴霾并没有完全散去，美国所面临的挑战还十分严峻。在共和党人对公共医疗体系的支出表示不满、不同意提高美国富人纳税比例的同时，美国还有接近20%的儿童生活在贫困中，40%的家庭没有纳入公共医疗保险体系，还有大量不能享受公平的教育机会的儿童。美国的政治领导人，无论共和党还是民主党，都应作出必要的妥协，以共同应对挑战，促进美国经济早日复苏。

（颜　盛）

盖特纳谈美国财政部2013财年预算案*

近日，美国财政部长盖特纳出席众议院拨款委员会的“金融服务与政府机构”小组委员会听证会，就美国财政部2013财年预算案作证。内容如下：

一、概述

当前美国经济正逐渐走强。过去两年半，美国GDP增速为2.5%，企业新增就业约400万人，其中包括43万制造业新增就业。尽管最近美国经济有所回升，但仍面临诸多挑战：失业率居高不下；房地产市场依旧疲软；金融危机对经济增长的影响仍未消除。同时，去年美国经济增长受到欧洲拖累，这说明美国经济复苏也受外部经济因素的影响。

金融危机的影响仍然是当前美国经济面临的最大挑战。这些挑战包括社会平均工资水平停滞不前；对未来经济增长缺乏信心；医疗与养老保险的风险和成本有了显著变化；贫困率高于其他人均GDP类似的经济体。与此同时，财政状况在2001年至2008年大幅恶化。

奥巴马总统针对上述挑战实施了相关政策措施，带领政府继续积极推动一系列经济刺激计划和改革方案，如通过提高国民教育水平、加强职业培训为美国中产阶级提供更多就业机会；加大制造业创新力度和对基础设施的投入。这些投资计划注重与重建财政可持续性的平衡政策相结合。奥巴马总统提出了未来10年减少4万亿美元财政赤字的计划，在“预算控制法案”（BCA）中削减1万亿美元赤字的基础上又增加了3万亿美元。这些赤字缩减计划可以使财政赤字到2015年左右保持稳定，并逐步降低其在美国GDP中所占比例。

在落实奥巴马总统的经济政策、推动金融系统改革和税制改革、支持小企业信贷、监管金融系统风险和促进经济增长等方面，美国财政部均发挥了重要作用。

美国财政部与住房和城市发展部（HUD）、联邦住房金融局（FHFA）联合出台政策，重振房地产市场。这些政策包括调整抵押贷款结构，帮助房主重组按揭贷款；为失业者减免贷款本金并延长贷款期限；帮助空置房产进入房屋租赁市

* 本文译于2012年4月。

场，减轻房主的还贷压力。

同时，美国财政部还联合教育部颁布了一系列政策，以确保大学生上得起学，奥巴马总统倡导的“永久性美国税务抵免机会”就是其中一例。另外，政府还推出了“按工资水平偿还助学贷款”的政策，以降低学生的还贷压力，并要求国会取消对学生贷款在七个月后实行双倍利息的政策。

美国财政部负责筹措财力以确保政府关键部门履行行政职能。如财政部2011年为超过1亿美国公民提供了2.4万亿美元的社保资金、退伍兵养老金以及其他福利支出。财政部还为清洁能源产业提供税收减免优惠并帮助学生支付大学学费。为有效阻止核武器扩散和打击恐怖主义，美国财政部对一些国家和组织实施了金融制裁。此外，美国财政部“内部收入服务”（IRS）项目筹集了约2.4万亿美元税收，用以支持政府开展核心项目。

美国财政部提出的2013财年预算案符合奥巴马总统关于加快经济增长、提高政府效率的建议，预算案还包括要求美国财政部加强对国家安全利益的保护，为金融系统设置防火墙等。

二、提高效率、降低纳税人成本与政府改革

2013财年预算案也体现了提高政府服务效率的同时降低纳税人成本的原则。包括提高效率、缩减项目等在内的措施仅在2013财年即节省2.86亿美元，未来将节省更多。以公共债务局与金融管理服务局的合并为例，仅此一项，将从2014财年开始的五个财年内共计节省3600万美元。最近，一项新的信息技术整合方案预计在五年内将节省1.29亿美元。

预算案还提请国会授权美国财政部使用更经济的材料生产金属货币。当前，一美分和五美分硬币的制造成本是面值的两倍以上。财政部正通过优化生产工艺和降低费用的办法来提高纸币与硬币的生产效率，预计这一举措仅2013财年将节省7500万美元。这些节省措施都建立在美国财政部三年前开始的预算缩减计划的基础之上。例如，2011年12月份，美国财政部宣布停止生产一美元硬币，将库存硬币投入市场，仅这一决定就为纳税人每年节省5000万美元。美国财政部还继续推行无纸化办公，这将在5年内节省超过5亿美元的办公支出。这不仅有利于提高财政部内部管理，也有利于为公众提供更好的现代化服务，满足政府电子化办公的需求。

2013财年预算案中美国财政部执行机构的支出（内部收入服务除外），与2012财年和2010财年相比分别下降了2.7%和6.8%。另外，内部收入服务（IRS）要求的强制投资措施，将有利于显著提高民众自觉遵守税法意识，减少偷漏税损失。这些措施实施后，预计将为财政部带来约15亿美元的收入。

三、经济增长与增加就业

美国财政部设立“小企业借贷基金”（SBLF）和“国家小企业信贷倡议”（SSBCI）支持小企业发展。受惠小企业在未来两年内最多可获得90亿美元贷款。按计划，截至2012财年末，美国财政部将通过SSBCI发放大约15亿美元贷款支持小企业，同时通过“乘数效应”新增至少150亿美元小企业贷款。

美国财政部的“社区发展金融机构基金”（CDFI Fund）重点关注并优先支持欠发达地区的社区发展项目，如食品安全和金融服务。其中，2500万美元用于支持地方政府的健康食品融资项目，以保证为社区居民提供便宜、优质的食品。

CDFI基金对社区发展金融机构提供金融和技术支持，具体包括对弱势群体和低收入家庭提供贷款、投资、金融和技术服务等。2010年，该基金对社区提供了超过1亿美元的援助，同时为社区新增1万个就业机会，占政府所有社区援助支出的六分之一。

四、保护国家安全利益

美国财政部在保护国家金融系统和国家安全利益方面发挥了重要作用。预算案中关于恐怖主义与金融情报的支出保持在1亿美元，表明美国财政部坚持在打击恐怖主义、反洗钱和其他危害国家金融系统安全和国土安全等对国家安全至关重要的问题上继续采取有力措施。

（颜　盛）

美国财政部副部长谈美国金融改革*

美国财政部主管金融副部长 Cyrus Amir - Mokri 在第 21 届海曼明斯基年会上发表题为“重建与保持信心：应对金融危机与金融改革的经验与教训”的讲话，阐述美国近期为维护金融稳定而实行的金融改革措施，以重建美国金融业信心。主要内容如下：

一、金融系统的新发展

美国金融系统长久以来就以其开放、透明、安全、多样和富有创新成为美国的核心竞争力所在，受到全世界投资者的青睐。然而金融危机期间，美国金融系统几近崩溃，无法发挥其信用中介的职能，对实体经济产生了严重后果。

过去 30 年里，美国金融系统发展到了新的阶段：金融机构规模扩大，复杂性增加；金融产品创新步入新阶段；新兴信用中介机构在传统银行监管框架之外；金融机构间业务联系紧密，风险相关性高。然而，由于缺乏有效的上报规定和记录要求，这些发展所产生的潜在金融风险并没有被认真重视。包括信用违约互换（Credit Default Swaps）在内的大量金融衍生品将大量金融机构联系起来，即使再大的金融机构也会因为很小的机构破产而产生巨大波动。

二、金融监管体系的挑战与应对

由于过去的金融市场比较简单，风险相关性不高，美国金融监管的历史上只出现过针对特定问题和特定监管任务的监管机构。然而，过去的几十年里，监管者未能准确估计整个金融系统发展变化的速度和程度，现有的美国金融监管体系无论是在监管形式还是在监管内容上都未能跟上金融创新的步伐。其中最大的不足在于，金融监管者无法对整个金融系统进行全面监管，从而导致各种金融风险凸显：金融机构握有的流动性不足、风险管理落后、证券化方向偏离以及信用评级失灵等等。这些监管的缺失使得市场规则逐渐削弱，并最终给金融市场带来了巨大的风险。

---

* 本文译于 2012 年 4 月。

刚刚过去的金融危机使美国认识到风险相关性会影响整个金融市场。为保持金融市场的稳定，美国金融系统亟需建立一个能够全面监管整个金融系统，确保整个金融市场不会因为一两家问题机构而产生巨大动荡的监管体系。

《多德－弗兰克法案》的实施有利于建立一套全面、有预见性的监管机制。尽管我们不能准确预知未来金融市场可能遭遇的具体风险是什么，但我们可以紧跟金融市场的创新发展，建立一套现代金融监管体制以保持金融市场的稳定。

三、金融稳定监督委员会

成立金融稳定监督委员会（FSOC）旨在要求监管者定期召开会议以确保金融市场稳定。尽管保持金融市场稳定离不开每一个市场主体的参与，但金融危机表明没有任何一个金融机构可以仅靠自身即能有效应对金融危机。FSOC 是整个美国金融监管体系的中枢，每个季度至少召开一次正式会议，并发布关于金融市场稳定的年度评估报告。总体而言，FSOC 的工作，就是确认和应对美国金融稳定风险，设有日常监督机构、特别管理小组和金融研究办公室。

金融研究办公室的主要职能包括风险测量、监管工具的设计及对相关数据进行收集整理。金融研究办公室的工作将帮助监管者更好地汇总和分析金融数据、理解美国金融市场和全球经济的关联并确认金融机构的风险。

金融市场稳定要求系统内的金融机构在任何情况下都能保持其信用中介和支付的基本职能，FSOC 下属特别小组负责这两方面的工作。金融危机中一家重要金融机构破产使整个金融系统信心崩溃的教训表明，金融市场保持稳定极其重要。

根据《多德－弗兰克法案》的规定，金融稳定监督委员会可以要求非银行类金融机构接受美联储监管，以满足其控制风险的标准。同时，完善的金融市场能增强市场参与者的信心。

四、其他保持金融稳定的工具

《多德－弗兰克法案》增强金融监管并消除市场风险的主要工具还有：对大型银行控股公司进行严格监管、对金融衍生品市场进行全面监管，对新的金融机构实行流动性管理的模式。

大型银行控股公司在市场出现压力时容易受信用及流动性等风险的影响，这一点在金融危机中得到了很好的印证。为了提高这些企业抵御风险的能力，法案要求所有的银行控股公司必须保证500 亿美元的资产以符合美联储谨慎的监管要求，降低杠杆率，增加流动性。

金融机构间由衍生品交易而产生的关联同样加速了此次危机的恶化。新法案采取了一系列改革措施以填补这一领域的监管空白。该金融交易领域的缺陷有很多：因为缺乏交易凭证，危机出现时，金融机构不清楚到底拥有的是谁的衍生品合同；糟糕的风险管理也使得金融机构根本不能满足其签订的合同义务；同时，整个金融市场也变得脆弱和不透明。

为减少这些风险，新法案规定金融机构在严格执行交易记录和凭证存档要求的同时，提供标准化的交易合同以方便清算。新规定还包括建立交易汇报机制和交易信息日志以增加衍生品市场的透明度并方便监管部门审阅。

雷曼兄弟的破产带来的巨大冲击让人们意识到一家重要的金融机构破产将会给整个金融系统带来严重的后果。因此，新法案还制定了金融机构有序破产清算的程序。

联邦存款保险公司和美联储已采取了一系列新的破产管理规则，其中包括“生前遗嘱”规则，即要求大型银行控股公司和非银行金融机构准备破产计划。其中，大型银行最晚于 2012 年 7 月上报它们的计划。考虑到金融市场的联动性特征，破产管理部门要防止某一家金融机构的破产对整个系统带来巨大冲击。同时，减少金融企业对政府出资救助的依赖，也有利于有效重建市场秩序。

改革金融系统不仅是为了提高美国金融市场的稳定性，也是为了提高全球金融市场的稳定性。全球的金融机构应建立一套通用的监管标准。美国财政部也将在 G20、金融稳定委员会等框架下继续推进全球金融体制的改革。

五、结论

过去的三年中，美国在重建金融市场信心和提高金融市场稳定性等方面取得了很大的进步。2009 年第一季度起，大型银行的一级资本金充足率增加了 70%。同时，四大银行的流动性增加，杠杆率降低。据银行压力测试的结果，这些银行能够有效承受严重的金融冲击。

尽管金融系统的进步明显，但人们不能忘记两个重要警示。一是金融稳定性还需要进一步加强。金融系统的不断发展要求金融监管也应不断发展以适应新的风险管理要求。而《多德－弗兰克法案》的实施有利于监管者更好地使用监管工具、加强市场规则、更好地保护包括消费者和金融机构在内的所有金融市场参与者的权利。二是再好的监管体系也不能杜绝所有金融危机的发生。对美国金融系统的信心既源于市场内每一家金融机构，也源于每一个金融市场参与的个人。因此，维护金融市场稳定是每一个人的责任。

（颜　盛）

美国财政部部长助理谈金融监管改革*

2012年4月18日，美国财政部分管金融机构部长助理Cyrus Amir Mokri在美国律师协会2012春季会议国际法分会上发表关于金融监管改革与国际合作的演讲。主要内容如下：

近年来，全球金融体系和金融市场的联系越来越紧密，这要求全球金融改革也能保持一致。当前，金融改革的工作重点已经从对监管机制的建立转至金融监管的有效执行，应对包括G20和金融稳定委员会在内的机制加以有效利用，充分发挥新监管规则的作用，建立一个安全、可靠，有利于全球经济增长的全球化金融体系。

一、改革的重要性

过去几年里，金融危机的爆发使人们认识到以前的金融监管存在严重漏洞。为保持金融业稳定，市场不因局部的波动而产生剧烈震荡，建立一套可以全面监管金融系统的监管体系显得尤为重要。新建立的监管体系框架应紧跟金融领域的创新速度，重建市场规则，保证美国和全球金融市场稳定。2010年《多德-弗兰克法案》的颁布使美国成为了这场全球金融改革中的领袖。

尽管有批评称这些新的规则和标准会降低美国金融业的竞争力，但美国金融监管者应致力于为创建一个公平的竞争环境而努力，新规则的制定有助于这一目标的实现。

首先，及时采取改革措施使美国在全球金融改革的进程中占据有利的位置。其次，《多德-弗兰克法案》制定的措施已发挥作用，帮助金融体系复苏。银行的资产负债表有所改善，大型银行控股企业的一级资本金率自2009年第一季度增长了70%。同时，四大银行的资金流动性增强、资产质量提高、杠杆率大幅降低，这些改变都有效增强了其应对严重金融震荡的能力。最后，透明且被严格监管的金融机构可提高消费者、投资者和企业对金融交易活动的信心，而这种信心是整个金融市场能够稳定运行的基石。多年来，来自全球的投资者一直信任美国金融市场，有力而细致的监管要求能使这种信任一直保持下去。

* 本文译于2012年4月。

过去三年里，美国在重建金融市场信心上取得了显著的成绩，提高了市场的稳定性，这也是保持美国经济长期可持续增长的关键。

二、国际合作

全球金融市场联系紧密，金融风险具有很强的传染性。因此，各国应该共同致力于建立一个拥有共同规则的金融体系。

国际合作不仅有利于建立一个公平的国际竞争环境，也能提高金融市场的稳定性。因监管不严而带来的投机风险对金融市场的危害严重，因为一旦高风险的交易活动在一国未受到有效的监管，包括这个国家在内的全球金融市场都会面临金融危机爆发的风险。

欧盟就金融监管也采取了积极的措施，实施了有史以来最严格的金融监管改革。G20 峰会达成的有关金融改革的关键措施都已写进了欧盟的金融改革方案并已付诸实施。美国和欧洲在金融监管改革的问题上有很多共同利益，美国金融监管部门已经与欧盟委员会金融监管部门和其他欧洲相关机构通力合作，使双方金融监管的工作更加紧密。

当然，美国和欧洲在金融监管改革中的合作并非完全没有问题，但这些问题都是技术性的，双方在原则上保持了高度一致。在具体政策实施上的技术问题不会影响美国和欧洲就金融改革所作出的共同承诺。同时，美国还应支持和配合其他地区的金融改革，特别是亚洲，这个地区拥有包括香港、新加坡和东京在内的众多金融中心。金融改革的国际合作能够有效增强全球金融市场的稳定性。

三、G20 与联合金融改革

G20 是实现和协调金融改革工作的关键平台。自匹兹堡峰会以来，与会各国就共同致力于设立全面的改革日程以加强国际金融监管框架的有效性，该日程在后续的峰会中都得到了确认和发展。同时，金融稳定委员会（FSB）于 2009 年在原来金融稳定论坛的基础上成立，在国际金融体系改革中发挥了关键作用。

在今年的 G20 峰会上，美国特别强调对三大领域的监管改革，分别是资本金、破产清算和场外衍生品交易，同时保险业的国际合作也将成为明年的工作重点。

1. 资本金

金融危机中很多金融机构都因为没有足够的资本金而未能承受住巨大的市场压力。为保持金融稳定，在危机中很多国家财政部向金融机构注资以防止这些机构破产。毫无疑问，为了降低风险，未来金融机构的资本金充足率将要有所提高。

危机爆发后，各国的金融监管部门在很短的时间内就“巴塞尔2.5”和“巴塞尔Ⅲ”的银行资本金要求达成一致，新的巴塞尔条约对全球银行业的资本金的定义进行了统一，要求银行保证更高比例、更高质量的资本金水平。同时，“巴塞尔Ⅲ”还对银行的杠杆率和流动性提出了严格要求。

然而，标准的制定只是整个改革的开始，G20国家必须达成一致，有效落实新的监管标准。虽然对一些问题还存在争议，如流动资金径流比率（liquidity run－off ratio）、资本金削减措施等，但巴塞尔银行监管新标准的实施势在必行。当前，如何建立全球统一的风险加权资产标准是下一步巴塞尔委员会的工作重点。

2. 破产清算

加快建立国际破产清算体系是一项重要而复杂的工作。

美国金融巨头雷曼兄弟的破产所带来的灾难性后果证明了如果金融机构破产清算不能有序进行，将给整个金融市场带来巨大的负面后果。因此，《多德－弗兰克法案》对包括非银行机构在内的所有金融企业设定了有序破产清算程序。最近，联邦储蓄保险公司（FDIC）和美联储颁布了“生前遗嘱”规定（living wills），要求各大银行和金融机构提交其破产清算计划书，这为监管部门对各家大型金融机构设立不同的破产清算程序并评估企业的重组能力提供了重要依据。新的国际破产清算体系还设有避免严重系统性后果和纳税人损失的特别条款。

截止到今年年末，国际大型金融机构风险管理工作组将成立，各国将签署更全面、深入的国际合作协定，建立更合理的应对金融机构破产清算的计划。

3. 衍生品交易

金融监管部门对金融机构间大量的衍生品交易缺乏足够的了解是此次金融危机大规模爆发的原因之一。该领域的金融交易存在诸多弊端，例如，由于缺乏有效数据，监管部门和金融企业本身都不清楚企业的金融衍生品资产的所有权人；金融机构风险管理薄弱，企业无法满足其合约规定的支付义务；衍生品市场脆弱，交易不透明，风险极高。

《多德－弗兰克法案》对场外金融衍生品市场设立了全面的监管体系，包括交易员监管规定、强制性中央清算要求并增加交易的透明度，这些要求与G20会议各国所达成的协议基本保持一致。美国商品期货交易委员会（CFTC）和证券交易委员会（SEC）已就衍生品交易开始制定新规则。值得注意的是，美国和欧盟在这一领域合作紧密，在中央清算系统建设、交易平台搭建、交易记录上报等问题上双方都采取了类似的监管措施。

除对交易所衍生品交易设立有效的监管框架，对场外的、特定的衍生品交易建立全球监管系统也必不可少。美国和欧洲已经采取措施，对不经过中央清算系统清算的衍生品交易设立国际保证金标准。这些新的保证金要求将有效提高交易商的安全性，从而降低金融市场的风险。毫无疑问，金融衍生品交易还需进一步改革，而G20会议也应在其中发挥积极的作用。

4. 保险业监管

保险行业的监管改革在过去一段时间内也取得了有效的进展，美国财政部联邦保险办公室（FIO）已落实了《多德－弗兰克法案》中相关的要求。作为美国保险行业第一个联邦办公室，FIO对整个保险行业发挥指导性作用。FIO主要工作包括对美国保险行业进行协调并制定联邦保险行业国际业务的相关政策，并代表美国参与国际保险监督协会（IAIS）的相关工作。

FIO是在保险行业日益全球化的背景下成立的，旨在帮助美国保险公司更好地在国际保险业监管体系下运行，优先开展包括帮助国际保险监督协会（IAIS）建立统一的监管框架等国际保险业事务。同时，FIO按照金融稳定委员会的要求，协助IAIS设立国际重要保险企业的评定标准，并在美国和欧洲保险业合作中发挥领导作用。

四、结论

美国应继续与G20和金融稳定委员会成员国保持高度合作，保证金融监管改革的有效实施。这不单是美国的问题，也是全球金融市场共同的需要。然而，金融改革不只是为危机提供解决措施。通过加强金融监管，金融市场的信心进一步加强，将有利于为未来金融市场的长期稳定和发展提供良好的发展环境。

美国的金融历史证明严格的金融监管是正确的。历史上，20世纪30年代大萧条后一段时间内，美国对金融市场提出严格的要求以保护投资者和储蓄者的利益。美国没有如其他国家一样降低监管标准，从而使美国金融市场成为了全球最好的金融市场之一，并实现了长久的发展和繁荣。

在当前金融危机阴霾逐渐散去的背景下，美国通过建立良好的金融监管系统将有利于美国金融市场重拾信心，帮助美国经济实现可持续增长。

（颜　盛）

英国财政大臣在达沃斯就欧债危机和英国债务等问题发表讲话*

2012年1月27日，英国财政大臣乔治·奥斯本在达沃斯就欧元区债务危机、英国债务以及英国市场开放政策等议题发表演讲。主要内容如下，供参考。

一、关于欧债危机

（一）欧元区危机应对取得积极进展，但还需作出艰苦努力

欧元区在过去18个月里就应对金融危机取得积极进展，建立了欧洲金融稳定工具（European Financial Stability Facility，EFSF）、欧洲金融稳定机制（European Stability Mechanism，ESM），并积极构建包括财政契约①、财政整顿和结构性调整在内的财政经济一体化体制。然而，基于全球投资者怀疑情绪持续蔓延、银行业融资市场持续承压、欧元区外围国家主权债务持续上涨等问题，欧元区国家仍然需要为问题的解决付出更多努力，就如英国首相卡梅伦所说，欧元区还需继续致力于制定令市场信服的持久解决方案。简而言之，目前欧元区需要解决的问题主要有两个，一是东欧国家如何作出必要的调整；二是如何恢复经济竞争力。

---

* 本文译于2012年2月，摘译自《Speech by the Chancellor of the Exchequer, Rt Hon George Osborne MP, to the Davos CBI British Business Leader Lunch》，该文源自欧盟委员会网站。

① 2012年1月30日的欧盟峰会上，除英国和捷克以外的欧盟成员国就缔结《稳定、协调和治理条约》（Treaty on Stability, Coordination and Governance）达成一致意见。该条约是欧盟成员国向财政一体化迈出的重要一步，条约涉及三方面，一是通过缔结财政契约来强化财政纪律，二是制定政策协调机制，三是欧元区治理的加强。其核心目的是实现经济可持续增长、增加就业、提高竞争力和社会凝聚力。2011年12月的欧盟峰会上，英国就修改《里斯本条约》表示反对并使得欧盟放弃该提议，但欧盟在声明中表示，将制定新的财政条约并加强成员国之间的经济政策协调。2011年11月，欧盟委员会宣布“加强经济治理六项改革法案”（Six legislative proposals on economic governance，或称Six - Pack）于11月13日正式生效，改革的内容不仅涉及了财政监管的加强，同时，还涉及了宏观经济政策和结构调整政策的监管，特别是对《稳定与增长公约》中涉及的预算、赤字及主权债务的监管标准及制裁手段作出一系列改革。

（二）财政风险分担机制应作为财政整顿及结构性改革的有力补充

在财政赤字不可持续且经济竞争力下降的情况下，财政整顿和结构调整对于解决欧债问题是至关重要的。然而，财政整顿和结构调整的实施不能缺少弹性汇率政策和独立的货币政策，否则会导致问题解决成本过高和解决方案的可信度下降。由于这两项政策的支持，英国目前的调整和再平衡过程更为顺畅。因此，就如同国际货币基金组织（IMF）总裁拉加德所说，在欧债问题上，财政风险分担机制应成为财政紧缩以及结构调整的有力补充。

财政风险分担机制可以采取多种形式，其中包括国际货币基金组织建议的通过发行欧元债券为各国的部分预算融资，这符合货币联盟的必然逻辑，同时，欧元债券政治协议的制定会大大提升金融市场对欧元长期前景的信心。

若通过财政风险分担机制来推动欧元继续运行，目前亟待解决的首要问题是“金融防火墙①”如何增资，以及制定保障资金按时到位的政治协议。欧元区作为一个整体有能力筹集充足的资金来增强金融防火墙的可信度，并以此来增强金融市场对欧元区国家应对突发事件能力的信心。

（三）英国已做好为问题国家提供资金支持的准备，并继续致力于推进欧盟统一市场的扩大和深入

国际社会应随时准备为问题国家和需要短期金融救助的国家提供资金支持（通过IMF）。作为IMF的长期支持者和制度创建者之一，英国已为此做好准备②。不过，IMF的资金救助并不应作为欧元区自身采取进一步有效措施的替代，换言之，国际社会在进一步增加救助资金前需要审视相关国家的债务状况及偿还能力。英国不应为缺席欧元区国家财政一体化而担忧，而是应该对欧元区采用财政一体化解决主权债务危机表示欢迎。同时，也不必担心英国对欧盟的影响。在欧盟制裁伊朗和加强金融衍生品监管的问题上，英国表示了积极赞同和强烈支持。英国的就业很大程度上依赖欧盟市场，作为欧盟的重要成员，英国将继续致力于推进欧盟统一市场的扩大与深入。

二、关于英国债务问题

（一）过度举债是英国经济的首要问题

欧债危机的解决会在短期内促进英国经济的发展。但是，英国恢复经济繁荣

---

① 金融防火墙指欧洲金融稳定工具（European Financial Stability Facility，EFSF）及2012年6月即将运行的欧洲稳定机制（European Stability Mechanism，ESM）。

② 在2011年11月3—4日于法国戛纳举行的G20领导人峰会上，成员国领导人对于向IMF增资以应对欧债危机达成一致意见，并授权G20财长在2012年3月的财长及央行行长会议前制定出具体方案。

所面临的首要问题是本国债务。在过去的 20 年中，英国是世界主要经济体中债务规模增速最快的国家，并成为债务推动型经济体，包括家庭、企业、金融部门和公共部门在内的债务总规模的 GDP 占比已经达到 500%。欧元区的主权债务危机是由银行业和私人部门的债务问题引发而来的。历史的经验证明，债务推动型国家危机后的经济复苏较其他类型的经济复苏更缓慢。对于英国来说，当过度举债成为首要问题时，继续大规模举债无疑是错误的。因此，英国将尽最大努力实施债务削减行动。

（二）财政赤字削减计划是必要之举

联合政府（Coalition Government）执政后，英国被预测为 G20 成员国中财政赤字规模最大的国家，英国工业联合会（Confederation of British Industry，CBI）也由此提出实施削减财政赤字计划是必要之举的这一观点。2011 年，由于大宗商品价格的上涨和欧元区债务危机的影响，英国经济增长远低于预期，第四季度甚至出现了负增长①，这使得对于财政赤字削减计划的社会质疑不断增强。但是，我们必须认识到，财政信誉是与利率密切相关的，财政信誉的丧失会导致利率的提升，而一旦财政信誉丧失，将很难重建。目前，由于实行了削减财政赤字计划，目前，英国利率保持在了与美国和德国持平的较低水平，同时财政信誉也得以恢复。因此，我们应对财政赤字削减计划保持积极的态度。

（三）提高金融体系安全性并推进金融监管改革

债务削减的另一个目标是金融行业去杠杆化。提高资本充足率和降低杠杆率是提高金融体系安全性的核心部分，但改革步伐不宜过快。英国将全面采纳巴塞尔协议 III 的改革框架和维克斯银行改革建议，目前设定改革时间表也为银行业提供了充足的时间。此外，为减小中小企业在信贷紧缩计划中受到的负面影响，英国还将通过规模达 200 亿欧元国家信贷担保计划（National Loan Guarantee Scheme）向中小企业提供低息贷款。

英国刚刚生效的金融服务法案（Financial Service Bill）意味着英国将对金融监管体系进行彻底的改革，将重新构建以问责明确为方向的金融监管体系。事实已经证明，权责不清的三方金融监管体系是失败的，这一点在苏格兰皇家银行（RBS）案例中尤其得以体现。

英国央行将重新负责审慎监管和系统稳定；金融政策委员会（Financial Policy Committee）将负责监管金融体系的整体风险（包括杠杆率和经济风险）。同时，英国财政大臣将首次被允许参与制定央行流动性干预措施和银行业的特别决

---

① 英国国家统计局 1 月 25 日公布的数据显示，据初步统计，2011 年第四季度英国国内生产总值环比下降 0.2%，低于第三季度 0.6% 的增长率，由此，2011 年英国整体的经济增速仅为 0.9%。

议制度（Special Resolution Regime），并参与保持金融稳定性一般性干预政策的决策。在正常情况下，英国央行的职责独立并直接向议会负责，但是，当纳税人利益在危机中受到威胁时，财政大臣将被允许行使上述职权。

三、关于市场开放与企业自主经营政策

无论是欧债危机的解决还是应对英国自身的问题，都是经济复苏的必须之举，但为了充分发挥经济增长潜力，英国需要加倍履行市场开放与企业自主经营政策。为此，英国正在进行多项改革措施：一是改革劳动法；二是将可持续发展纳入计划体系；三是将企业所得税由 28% 降至 23%；四是放松对跨国企业的管制；五是引入投资优惠税收体系；六是解决基础设施融资等问题。接下来，英国还将继续推进这些措施和改革。

市场的开放和企业的自由经营是英国独特优势，外商投资是英国就业及经济繁荣的重要来源和保障，英国政府对此表示积极欢迎。英国作为欧盟市场中的一员却独立于欧元区之外，作为自由派的盎格鲁—撒克逊型经济体①（Anolo – Saxon Economy），英国的贸易和投资开放程度甚至超过美国。中国投资公司最近投资泰晤士水务公司以及在伦敦构建人民币离岸中心都是英国吸引外商投资的积极信号。

英国将保护市场开放及企业自由经营，防止一切破坏行为，保持经济增长动力，并继续向世界发出保持开放的信号。

（宋　馨）

① 盎格鲁—撒克逊（Anglo – Saxon）模式又称“新美国模式”，是指 20 世纪 80 年代里根和撒切尔夫人发动新保守主义革命后发展起来的经济模式。其特点是：较低的市场监管、较低的税收标准和较少的政府权力。

澳大利亚国库部秘书长谈全球和中国经济形势及澳大利亚应对策略*

澳大利亚国库部秘书长马丁·帕金森（Martin Parkinson）在“高盛全球宏观经济会”上发表了题为《澳洲与中国：在不确定的世界里把握机遇》的演讲。帕金森就全球经济形势、全球经济格局的转变、中国经济发展以及面临的挑战发表了看法；同时，还就澳中经贸关系以及澳大利亚应如何抓住机遇并提高经济决策水平提出了规划和建议。

一、关于全球经济形势

（一）欧美金融市场动荡

近几个月，全球金融市场出现严重动荡，其直接原因包括欧元区经济体不可为继的主权债务状况，欧元区政府对庞大债务规模和金融部门脆弱性做出的政策回应不够充分，市场对政府政策回应能力担忧，以及对于欧美经济复苏前景的市场预期愈发黯淡。然而，在这些令人关注的经济增长和债务问题的现象背后所透露出的实质问题却是欧美竞争力的下降。欧美目前都存在着税收、转移支付以及结构性政策的错配，这些政策都是竞争力和经济增长的驱动力，而政策错配却造成了财政状况和金融部门的脆弱。我们有理由相信美国将通过推动创新和投资来刺激经济增长并提升竞争力。然而，美国仍然需要应对中期财政挑战，这不仅需要时间也需要持续的政治承诺。同时，欧洲不仅需要可持续方案以解决金融及主权债务问题，也需长期应对竞争力下降问题。

（二）发达经济体温热复苏

由于竞争力下降及财政和金融部门的一系列问题，发达经济体在金融危机后的三年里持续处于温热复苏状态。除德国和加拿大以外，G7 国家的实际国内生产总值目前仍低于危机前的水平，由于 G7 国家经济严重疲软，发达经济体的整

* 本文译于 2012 年 1 月 6 日。

体经济增长低迷；自2007年12月开始复苏的美国经济可能正处于“失去十年”中；在欧元区，希腊、爱尔兰以及葡萄牙的整体投资水平已经下降了40%，其他欧元区国家的投资水平的下降也超过了10%；同时，在10%左右徘徊的欧元区失业率表明，欧元区本已疲软的经济具有持久性下降的风险。根据国际货币基金组织（IMF）的预测，2011年底发达经济体的实际GDP将仅比2007年底水平提升1%。

近些年，尤其是危机后，新兴经济体尤其是亚洲新兴经济体的强劲实力清晰可见。2001年至2007年，发展中国家对于全球经济增长的贡献率由20世纪90年代不到50%上升至占比2/3的水平。根据IMF的预测，自2012年至2016年的这五年间，发展中国家的经济增长将占到全球75%的水平。其中，大部分将来自于亚洲发展中国家，而中国经济增长的贡献率将占据全球的近1/3。这些变化说明，全球的经济重心将继续由西向东转移。

二、关于全球经济格局的变化

全球经济形势的转变意味着国际环境中的代表性、承诺及行为问题都有待改变。也就是说，新兴经济体经济权重增加所带来的全球力量平衡的变化应更好地在国际环境中得到体现，新兴经济体在国际机构的话语权和代表性应得到进一步提升。这也是澳大利亚十多年来一直支持IMF进行配额和治理改革的原因。对于新兴经济体来说，代表性的提升及更好地融入到全球经济也意味着更艰巨的责任，更艰难的政策选择，以及更多地承担全球公共产品供给的责任。通过在IMF和世行进行配额和治理改革来提升发展中国家的代表性是重要的，但是代表性的提升并不能完全保障国际机构的有效性。为了提升这些国际机构的有效性，新兴经济体就必须积极应对全球经济的挑战并在其中发挥重要的作用。

作为一个聚集了全球主要经济体的论坛，G20领导人峰会是新兴经济体参与应对全球经济挑战的重要平台。如同IMF和世行一样，G20的合法性取决于其解决问题的能力。G20财长们强调，欧洲主权债务危机全面应对方案对于避免危机的传播是极其重要的，应对方案不仅需要欧洲金融稳定机制的后续措施，也需要确保IMF援助资金的充足。同时，欧债危机的应对方案应有强化全球经济增长的改革路线图作为支撑，其中包括新兴经济体对于通过增强汇率弹性来扩大国内需求的承诺。

三、中国经济发展及面临的挑战

（一）中国经济的前景

根据总理的部署，澳大利亚国库部目前展开了有关《亚洲世纪的澳大利亚》

白皮书的相关工作。这项工作表明了亚洲崛起以及转变对于澳大利亚的重要性，并强调了对于中国、印度、印度尼西亚、越南以及其他亚洲国家的经济、社会以及战略转变的理解的重要性。在这些亚洲国家中，中国的经济规模、国际化程度、经济增长速度以及经济体制改革处于领先地位。然而，中国经济问题以及发展前景是异常复杂的，对澳大利亚以及全世界都有着深远的影响。

尽管从短期来看，中国面临着全球经济放缓的危险，但是国内需求依然强劲，同时，具有确保经济良好前景的充足政策空间。但从长期来看，基于中国大规模的城市化和工业化进程，推动经济强劲增长的潜在引擎的前景也是乐观的。可以说，中国经济是强劲的，是不可能出现硬着陆的。然而，由于面临着中期政策的严峻挑战，经济的强劲增长并非万无一失，在一定程度上，政策的执行方面仍有风险。目前，中国国际贸易总体收支盈余、人民币汇率价格机制以及外汇储备激增问题是构成世界经济压力和潜在不稳定性的重要因素，同时也是世界经济更加趋向平衡的抑制因素。

（二）中国需实现“投资消费再平衡”

中国面临的主要国内政策挑战是投资驱动型经济向消费驱动型经济的转变。1980 年，投资占据了中国 GDP 的 35%，个人消费占 50%；2010 年，这些数字发生了有力的转变，个人消费占到 GDP 的 34%，投资占 49%。从其他经济体的发展经验来看，消费占 GDP 的比重是随着人均收入的提升而迅速下降的。不过，34% 的比重仍然是太低了，发达经济体和亚洲新兴工业化国家的这一比重都在 50% 左右甚至更高。然而，这并不是说中国的消费增长是缓慢的，事实上，在过去的 5 年中，个人消费以每年 13% 的速度在增长。只是，投资的增长速度更快，侧重基础设施建设的一揽子经济刺激方案的出台更是带动了投资的增长速度。

投资和消费的不平衡是由一系列因素造成的，但核心因素是中国产业结构的不合理。中国的产业结构在政策制定上偏资本轻劳力、重大型和国有企业而轻民营和中小型企业。此外，投资和消费不平衡的原因还包括：其一，名义有效汇率的低估鼓励了出口产业的投资并降低了消费者的购买力；其二，存贷利率的压低造成储蓄收入减少并降低了投资成本，并导致消费者获得信贷的能力以及消费能力的下降；其三，户籍政策、医疗体系等社会保障体系不健全导致劳动力收入占 GDP 份额的下降并导致预防性储蓄走高。

未来几年，中国城市化进程将继续推动剩余农村劳动力向生产性工业部门转移，这将提升劳动人口工资和生活标准。城市人口的增加和收入水平的提升将使得消费支出由食品等基本生活需求向耐用品转移，特别是服务产品。然而，为了进一步提高劳动者收入占比，城市化的进行中还需一系列的改革措施作为支撑，其中包括提高最低收入水平、要素价格放开、推进金融市场开放以及改进税收和转移支付体系；此外，为减少预防性储蓄，居民法、信贷市场、养老金制度和医疗体系都需进行改革。

这些改革措施中的大部分都已经在十二五规划中得到体现，同时，十二五规划还重点强调了这样几方面的内容：其一，扩大内需，特别是消费需求的重要性；其二，扩大服务业在GDP中的比重；其三，降低社会不平等，实现最低工资水平以及总收入增长的目标。十二五规划的目标是鼓舞人心的，但规划的影响和效果关键取决于这些政策的有效实施，必要的市场机制和政治体制需得到相应的发展和运用。此外，在这些改革与转型过程中，面对主要发达经济体经济增长放缓以及经济不确定性和挥发性不断上升的国际经济环境，中国需要保持稳定的经济增长。2012年，中国将面临领导人换届，新一代领导人需要找到一条定位于可保持稳定性和持续性的经济发展的正确道路。

（三）中国需克服“中等收入陷阱”

回顾美国的百年强劲经济增长的历史就会发现，在其100年的经济增长中曾出现过多次重大的经济偏离。也就是说，具有良好经济前景的经济体也会出现经济冲击和政策失误，中国也不例外。历史经验证明，各国在从中等向高等收入过渡过程中都曾经历困难。“中等收入陷阱”认为一些新兴经济体在由劳动密集型和低成本生产型经济向资本、知识及服务密集型经济转型的过程中会出现停滞。虽然，像日本、韩国这样的经济体在步入高等收入国家的过程中面临过重大的经济冲击，但包括亚洲国家在内的一些成功案例也足以让我们对“中等收入陷阱”这一论调质疑。

总而言之，尽管我们可以对新兴经济体步入高收入水平保持乐观态度，但我们也必须清醒地认识到这一过程并不是自动发生的。就如哈佛大学的经济学家丹尼·罗德所说的，对于保持长期可持续经济增长的政策与制度条件的确认是相对简单的，然而为实现这样的政策和制度条件所做的政策调整是十分艰难的。尽管中国经济的进一步发展面临风险，但从积极的层面讲，中国近几十年来的有力改革历程证明中国有能力实现进一步发展所需的结构调整。基于中国经济规模的优势，即使是在全球经济增长放缓的情况下，中国对全球经济增长的年贡献率依然是可持续的。

四、澳大利亚面临的形势及相应的政策选择

众所周知，中国对资源需求的上升推动了澳大利亚贸易水平到达峰值，并带来了规模达4300亿美元，相当于名义GDP 30%的资源业投资。然而，随着美元的贬值，澳大利亚资源及能源以外的产业承受着巨大的经济压力，竞争力由此丧失并出现了技术短缺。除受到媒体广泛关注的制造业外，包括旅游业和教育在内的关键性服务出口行业也遭受重创。虽然这些经济压力引起了社会担忧，但澳大

利亚应将担忧视为经济成功转型的重要动力，并认识到对资本和劳动力的重新分配以及产业结构调整的必要性。

其一，制定有利于推动投资、创新、教育产业和技术发展的相关政策。基于目前的国际经济形势，即使澳大利亚的贸易水平仍能保持在历史高点，我们依然必须改变国民收入长期依靠贸易激增的现状。为了持续提高居民的生活水平，制定并实施有利于提高创新能力和生产力并获取更多新机遇的一系列政策是十分必要的。

其二，通过增强政策灵活性并更好地在国际社会发挥建设性作用来应对外部波动性。政策的灵活性应被视为当今强劲经济表现最基本的特征，同时，也是应对短期经济冲击的必要手段。保持货币政策的灵活性、央行的独立性、强劲的中期财政框架、良好的金融监管以及推进结构调整，是外部防御及管理波动影响的根本。

其三，通过结构性调整紧抓中国及亚洲新兴经济体的市场机遇。对于中国及亚洲新兴经济体带来的长期性机遇，澳大利亚必须以更加全面的视角来审视。中国及亚洲新兴经济体国民收入的提高以及向消费推动型经济增长方式的转变意味着澳大利亚粮食产品外部需求的扩大和服务业外部需求的快速增长。

根据预测，在下一个十年结束前，亚洲新增中产阶级消费者将达到12亿，亚洲地区将成为世界最大的中产阶级消费市场，这将为澳大利亚带来巨大的机遇。面对国际市场激烈的竞争，澳大利亚的地理资源优势并不是亚洲市场的自由通行证，亚洲中产阶级消费市场的成功定位也不是无条件的。为了抓住市场机遇，一方面澳大利亚需要为提高生产率、创新、技术以及管理能力制定详细的短期与长远计划；另一方面，应积极在商业上和文化上支持亚洲能力建设；同时，还需要确保外国直接投资的持续流入，并将投资领域由自然资源产业扩大到农业、旅游业、建筑业和教育业；此外，为保障所需投资规模，澳大利亚可选择降低消费比率或提高短期资本的流入。

五、结论

世界经济形势和格局正处于历史变革时期，以中国为核心的亚洲地区处于转型的中心地带，澳大利亚与亚洲特别是中国更是紧密相连。在亚洲，数以百万的人民摆脱贫困；在发达经济体，数以百万的人民从低价优质的产品中获得实际收入的提升，这些重大变化已经使全世界人民受益。然而，这样的变革并不是没有成本和压力的，全球比较优势的转变在近几十年为发达经济体带来了艰难的结构性改变，其中包括制造业就业的转变。

影响着全球经济前景的欧美主权债务已部分揭示出欧美竞争中所潜藏的问题，由此带来的社会和经济压力需要通过持久的财政整顿来缓解。同时，这一过程也必然伴随着政治影响。同样，若要继续步入中高收入国家行列，中国就必须以提高人民币汇率市场化程度、居民收入水平、产业附加值为目标来进行调整和转变。

经济和地缘政治权重由西向东的转移通常意味着欧美实力、声誉及影响力的绝对下降。不过，美国并不存在失去超级大国地位的危险。此外，美国、欧洲以及澳大利亚等其他发达经济体一直从中国经济崛起中获得持续的利益。包括澳大利亚在内的发达经济体都希望推动中国加入全球治理、鼓励中国经济体制改革并促进中国成为国际体系中负责任的利益方。

中国下一阶段的经济增长需历经艰难的改革，目前中国已经在承受由劳动力成本提高和创新及价值链升级带来的压力，同时，中国还需应对由结构调整所带来的政治、经济和社会压力。任何国家在这样的过渡时期都会面临困难，然而这些转变是不可逆转的。对所需进行的改革与转变以及面临的困难需有全面的了解并努力应对，最终从中受益，才是增加各国人民福祉的唯一出路。

（宋　馨）

美智库：2012 年欧元区经济形势*

近日，美智库彼特森国际经济研究所研究员雅各布·芬克·柯克加德（Jacob Funk Kirkegaard）发表文章，评论欧元区 2011 年欧元价值走向、欧元区危机的多面性和协调障碍，并对 2012 年欧元区形势作出预判。现将文章内容简介如下，供参考。

一、2011 年欧元区回顾

2011 年是自欧元问世以来最不平静的一年。尽管年内大事频发，但欧元价值在 2011 年底几乎与年初相当。如图 1 所示，目前欧元的实际有效汇率高于 2010 年 5—6 月危机刚在希腊爆发时的水平，也稍高于 2010 年底危机蔓延至爱尔兰和葡萄牙的水平。2009 年 10 月希腊假账事件东窗事发后，欧元的实际贸易加权价值持续下跌，直至 2010 年 5—6 月对欧元区纾困政策实施后，投资者信心回升，价格企稳。

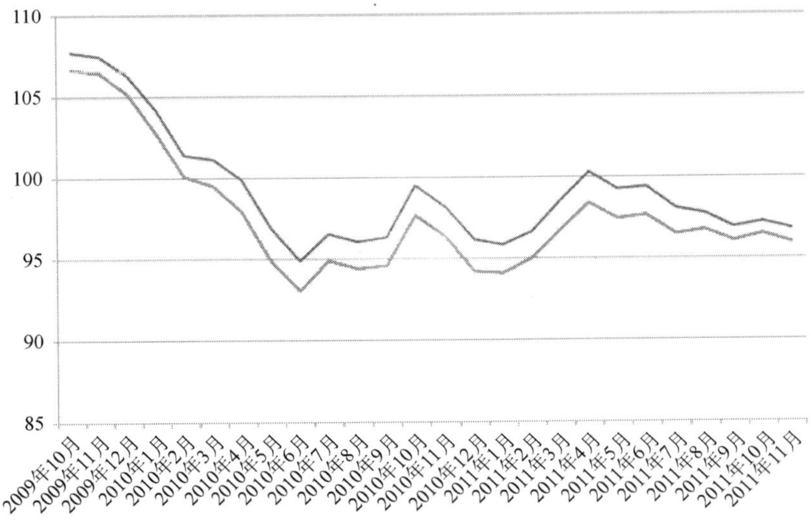

图中，上方曲线表示窄口径指数（20 个国家），下方曲线表示宽口径指数（40 个国家）。

图 1　欧元实际有效汇率（2009 年 10 月至 2011 年 11 月）

* 本文译于 2012 年 1 月。

值得关注的是，意大利和西班牙这两个重要且“大而无法救助”的国家2011年7月和8月利息成本大幅上升，但欧元价值仍延续了几个月以来的缓慢下降走势，基本未受影响。从图1可以看出，就重要事件对欧元走势的影响来看，4月德国财长朔伊布勒（Wolfgang Schaeuble）承认希腊需要重组政府债务，希腊成为经济合作与发展组织（OECD）几十年来首个由私人部门债权人承担损失的成员国，比意大利借贷水平上升、在若干年内不可持续的影响更大。

欧洲央行（ECB）已警告说私人部门参与（PSI）的有害结果会即刻显现，即使在为保证希腊债务可持续性而需要进行大量债务减持的情况下也是如此。正如欧洲理事会主席范龙佩（Herman Van Rompuy）12月9日一早所说：“第一步PSI对债券市场的负面影响很大，现正式宣布废弃”。

欧元区危机具有多面性，包括财政危机（希腊）、竞争力危机（南欧国家）、银行危机（爱尔兰、西班牙、德国等）和制度设计危机（欧元区机构的最初设计存在缺陷）。协调这些不同因素至关重要。尽管与欧洲央行、欧洲理事会提出的“扩张性财政整顿”（expansionary consolidation）相悖，但在应对财政危机时若紧缩过度，会阻碍经济发展，减少政府收入。欧洲央行行长德拉吉承认近期在接受《华尔街时报》采访时所说的“我不认为财政整顿在短期内会导致紧缩”属工作失误。

一国内部不同行政管理机构间的协调有时都很困难，更何况在欧盟27国或欧元区17国之间进行协调。欧元区政治协调最大的障碍在于最初的机构设置存在缺陷，以及缺少可以帮助应对危机的公共财政和银行监管机构。美国在2008年末至2009年初也受制于美国财政部、美联储、联邦存款保险公司之间的法律牵制。欧元区面临的困难要大得多，因为需要在17个或27个成员国的协作下成立机构、配备人员、保证资金并赋予这些机构民主和法律权限后再协调各个机构。协调刚设立的欧洲金融稳定基金/欧洲稳定机制（EFSF/ESM）和欧洲央行尤其困难，特别是EFSF/ESM将如何发展还是个未知数。同时，欧洲央行希望从各成员国争取到更大权限、更多资金。在政治环境不明朗的情况下，金融市场的信心指数迅速下跌。

由于欧元区财政危机和银行危机存在交集，政策协调的缺失产生了最严重的后果。大多数欧元区成员国的银行不仅存在“大而不能倒”的问题，而且可能和爱尔兰情况类似，“大而无法实施政府救助”。同时，银行又拖欠政府债务。在此情况下，主权/财政危机和银行危机间的溢出效应不可避免，必须实施紧密的政策协调。很显然，在2011年，欧元区领导人完全没能做到这一点。

德国财长朔伊布勒在4月份时明确表示，希腊已破产，将所有损失转移到政府部门在政治上不可持续。他的这番公开表述是在欧元区银行面临严重资不抵债（EFSF扩容及银行资本重组的决定是在7月21日达成的）的背景下作出的，可见政策协调的失败。EFSF/ESM的规模不足以应对西班牙和意大利危机的事实也增加了未来的不确定性。

另一个政策协调失败的实例是，欧元区成立欧洲银行监管局（EBA），要求资本不足的欧洲银行加快资本充足进度，并将一级核心资本充足率提升到9%，以便为主权债务敞口提供临时资金缓冲。问题在于突然要求对银行持有的所有主权债务实施盯市会计规则，加上对资本充足率升高的依赖性增加，导致欧元区银行大量抛售非国家政府债务。这种指望一次性解决银行危机的做法具有很强的顺周期效应，进一步恶化了主权债务市场形势和欧元区财政危机。

二、2012 年欧元区展望

2012 年，面对数以亿计的主权债务和银行债务用旧债购买新债，欧元区领导人必须遵循一句医学界的格言：最重要的是，不要造成伤害。2012 年将发生两个重要政治事件：

首先，完成新财政协议中的新政府间协议。尽管最终参加的非欧元区国家可能少于 9 个，但 26 个欧盟国家政府已经表示出参加的兴趣。主要的政治挑战来自财政协议的执行。成员国必须修订相关法律，以包含平衡预算原则，同时从立法上承认将更多的财政主权转移到超国家的欧元区层面。

其次，完成新的欧洲稳定机制（ESM）协议。新修订的协议删除了私人部门参与。为了与 12 月 9 日峰会达成的协议一致，3 月可能对 ESM 进行增资。

银行方面，资本不足的欧洲银行需要在 1 月 20 日将一级核心资本充足率提升到9%的计划提交给政府管理部门，之后风险加权资产的去杠杆化将有望下降。

欧洲央行 12 月 21 日公布了首个三年期长期融资项目（LTROs），向银行提供无限制的、成本极低的长期融资，共释放出 4890 亿欧元。欧洲央行向 523 家银行贷款净增加 2100 亿欧元。银行流动性的增加，一方面表明欧洲银行对欧洲央行资金的依赖性下降，另一方面，从广义上看，2012 年欧洲银行倒闭风险减小，尤其是在 2 月底，各银行还有一次申请欧洲央行三年期流动性的机会。

银行将如何使用这个新的长期流动性还是个未知数，但可以肯定的是，银行将使用这些长期贷款为手头已到期的短期债务融资，从而将释放出的资金用于向欧元区企业借贷及缓解挤兑风险。欧元区 80% 的信贷均由银行发放，新增加的银行流动性可减轻陷入深度衰退的风险。

近期西班牙和意大利国债收益率，尤其是短期收益率下降。再加上法国总统萨科奇在 12 月 9 日欧盟峰会上的表态，表明欧洲银行可能使用 1% 的欧洲央行无限制资金中的一部分购买欧元区主权债券。考虑到目前西班牙和意大利的高收益率，这可能导致购买主权债券的银行获得大量的“套息交易利润”。这些措施也可能从另一途径帮助银行资本重组，因为银行可以从政府获得利润丰厚的息票支付，意大利、西班牙也可以免于在 2012 年 6 月之前采取直接资本重组的方式解决其超过 410 亿欧元的资金缺口。

2011 年，欧元区未能形成泛欧资本担保方案，由 EFSF 支持银行债务，但欧洲央行近期提供的三年期流动性弥补了这个重大政治失误对金融的不良影响。泛欧资本担保方案对重启停滞不前的无担保银行间市场至关重要，缺少这个方案，欧元区银行需要应对国家层面的资本担保。但另一方面，国家对银行债券提供担保后，都几乎相当于将欧洲央行作为间接担保方，这样，意大利银行可以回购任何经国家政府担保的债券，从而获得欧洲央行的三年期贷款。通过欧洲央行，意大利政府可以帮助银行减除政府担保债券，而在 2012 年购买意大利政府发行的新债券。在 2012 年初用旧债券购买新债券的高峰到来之际，欧洲央行在 2 月底还提供一次认购无限制三年期贷款的机会，上述操作尤其具有吸引力。

在 2011 年最后一次电话会议上，欧盟各国财长就向 IMF 提供 1500 亿欧元资金达成一致。但英国态度模糊，表示只有在 G20 主要非欧元区成员国表态支持的前提下才承诺出资。对欧元区领导人和 IMF 来说，在 2 月 25—26 日墨西哥 G20 财长和央行行长会举办之前保证足够的资金来源是个不小的挑战。尽管 IMF 较 EFSF 的杠杆化融资而言更为安全，但说服中国和其他盈余国提供大笔资金也不容易。欧洲各国一方面面临在 IMF 董事会席位过多、投票权过大的压力，另一方面需要向其他国家证明它们已尽力挽救欧债危机。

根据先前的预测，为提振西班牙和意大利国债市场信心，至少需要规模为 1.5 万亿至 2 万亿欧元的防火墙。EFSF/ESM 2012 年的规模为 5000 万欧元，欧洲央行通过证券市场项目购买 2110 亿欧元，并可以向欧元区银行提供 4890 亿欧元，用于购买短期政府债券。再加上之前向希腊提供的双边欧元区债券，用于稳定欧元区的资金总数达到 8000 亿—9000 亿欧元。

这些资金中最主要的是 1500 亿欧元的 IMF 新增资金，通过其他新增 IMF 资金的杠杆化作用可以另增加 6000 亿欧元。加上欧洲央行向欧元区银行系统提供的无限制流动性，所有用于欧元区稳定的政府部门资源在 2012 年年初可达到约 1.5 万亿欧元。

欧元区的问题远比一个国家的问题要复杂得多，要改变现有情况也不是一朝一夕的事情。但随着财政一体化和结构改革的逐步推进，在 2012 年，欧元区主权债务市场的信心将逐步恢复，主要经济体货币的价值将重新回到与可持续融资成本相匹配的“良好平衡状态”。

虽然信用评级机构并不看好欧元区的全面解决方案，可能继续下调欧元区主权债务评级，但影响有限。评级机构下调评级的行为只说明他们在分析类似欧元区之类复杂主体的政治经济方面能力有限。在 2012 年，最好能摈弃评级机构在投资方面的意见，当然，要在短时间内找到其他备选方案也不容易。

三、结论

2012 年无疑又将是欧元区不平静的一年，但危机处理能力上升，灾难性的大事件也将消失。2012 年，欧元区面临的主要政治挑战不是处理眼前危机，而是长期的机构改革。在 2012 年，欧元区将有望形成一套新的、更加可靠的财政和预算监管规定。新的财政同盟有助于稳定欧元区形势，但财政同盟不应是机构改革的终点，应继续朝着更深入、更系统化的欧元区财政一体化目标努力，应采取切实措施，提出发行欧元区债券的合理时间表。

（陈　茜）

美智库：中国商业银行的高盈利与利率市场化*

2012 年 3 月 30 日，美国著名智库彼得森国际经济研究所研究员 Nicholas Borst 撰文，就中国商业银行的高盈利和利率市场化发表了评述。其主要观点如下：

一、中国商业银行的高盈利引发争论

1. 评论界认为商业银行利润过高。2012 年 3 月份，中国各大商业银行陆续公布季度收益情况，从而在全国范围内引发了“商业银行盈利是否过高”的激烈争论。原中国央行官员甚至都对银行业的高盈利进行了批评。吴晓灵称银行利润是不可理喻的。李稻葵称银行利润很高，变得越来越像吞噬利润的“恐龙”。

2. 商业银行认为利差偏低。中国工商银行行长杨凯生对外界的批评言论进行了反驳。他指出，中国商业银行的利率差相对较低，与世界上已经实现利率市场化的国家相比，这个利差水平还是偏低的。因此，说中国银行靠高利差（存贷款利率之间的差值）实现高盈利的说法是不公平的。

二、中国商业银行的高盈利成因

1. 中国商业银行的利差并非由市场形成。中国商业银行的利差率是由中国央行确定的，即对银行的存款利率设定上限并且对贷款利率设定下限。这些利率的设定可以保证银行拥有约 3% 的利润。

彼得森国际经济研究所的中国问题专家拉迪（Nick Lardy）在其新书《全球金融危机后中国如何保持经济增长》中指出，为了消除（2008 年大规模经济刺激政策时推出的）货币干预政策所造成的后遗症，中国央行强制商业银行将大量资金投入到低收益的存款准备金以及央行票据中，总额相当于 2011 年中国 GDP 的 40% 。强制银行购买这些低收益的资产使银行的净利差有所降低。因此，杨

* 本文译于 2012 年 4 月。

凯生的说法（即中国商业银行利差低于其他经济体）实际上是一种误导。

2. 中国商业银行的收益主要源于家庭存款。中国商业银行获取较高利润的原因主要是因为银行拥有很多家庭存款，这是其资金的主要来源。一个有着较高储蓄率并且受到压抑的金融系统意味着银行有大量存款可以使用，而且来自其他金融部门的竞争并不激烈。

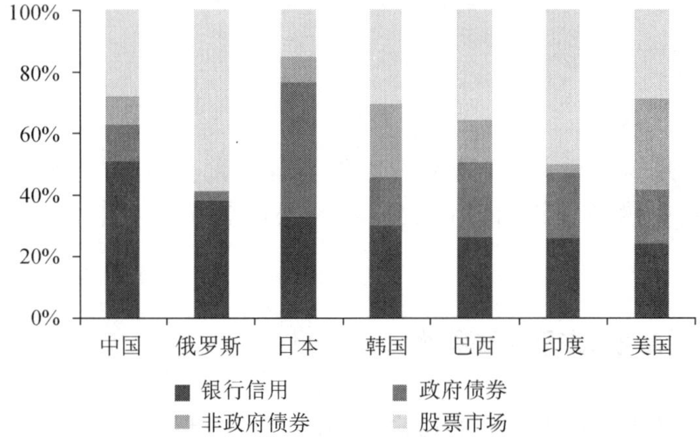

图 1　2009 年中国、俄国、日本、韩国、巴西、印度和美国的金融结构对比

资料来源：世界银行。

三、中国商业银行的利率市场化问题

1. 非市场化利率的负面影响。人为的非市场化形成的低利率意味着贷款的需求几乎总是大于供给。中国央行通过采取数量工具控制贷款增长，但中国的贷款占 GDP 的比率就其当前的发展水平而言是偏高的。较高的贷款量提高了中国商业银行的总利润，因为固定利率差保证了银行的盈利能力。

这些扭曲操作产生的结果就是中国商业银行的盈利能力很强，获取了非常高的利润。去年中国商业银行的净利润上升了 36%，达到 1 万亿元。2011 年第 4 季度，中国商业银行的资产收益率为 1.3%，而美国的银行仅为 0.76%；中国商业银行的股本回报率为 19.3%，美国的银行则为 6.8%。

2. 利率市场化面临的挑战。2010 年，时任中国银行行长肖刚指出，中国非市场化的利率制度使银行净利率差达到国际市场上外币借款的两倍。考虑到去年利息收益占银行收入的 80%，缩小利差将严重影响到银行的盈利能力。

金融危机爆发以来，中国商业银行每年都有巨大的收益。真正的问题不是银行的高利润，而是这些利润是以中国家庭存款自 2004 年以来的实际回报率一直为负为代价的。如果实现利率自由化，这个问题将得以解决，但也意味着中国的商业银行将不得不在一个真正的商业环境中运营。

如果中国将继续朝着其公开的政策目标，即利率自由化（市场化）迈进，上述情况会发生何种变化？银行的盈利能力将取决于：存款利率的增加部分会有多少以更高的贷款利率的方式被转嫁给借款方。就历史记录来看，这个问题相当复杂，它在很大程度上取决于一个国家金融部门的结构以及借款人影响力。

利率市场化须谨慎并逐步推进，也要避免金融冲击使实体经济出现紊乱。如果中国的政策制定者认真对待经济的再平衡问题，利率自由化是不可忽视的。

（彭 慧）

美智库：当前全球货币形势*

美国著名智库彼得森国际经济研究所发布报告，全面、详细地阐述了当前全球货币形势，尤其是汇率情况。报告的第一部分介绍了2011年4月份以来全球货币市场的主要变化。第二部分更新了最近按照基本均衡汇率（Fundamental Equilibrium Exchange Rates，简称FEERs）方法估算的大多数有效汇率水平，包括10月份后期的美元汇率。第三部分对受主权债务危机肆虐的欧洲货币形势作了一些评论。

现将报告主要内容摘译如下，供参考。

在过去3个月的时间里，全球货币市场已被完全打乱：先是9月份美元出现强势，接着是欧洲货币危机，再接着，随着市场对主权债务危机的信心恢复，欧元出现了一个阶段性升值，随后是美元的反弹。在判断货币形势变化时，跟踪货币动态的人在估计货币现值时需要一个新的有别于现有FEERs的分析指南。

一、2011年4月份以来全球货币市场的变化

1. 美元

从4月份到7月份，美元的真实有效汇率（Real Effective Exchange Rate，简称REER）变化不显著。然而，从8月份开始，尤其是随后的一段时间，美元的真实有效汇率显著上升，在10月份的前两个星期比4月份上升了3.4个百分点。随后美元真实有效汇率下降明显，到10月末，美元的真实有效汇率只比4月份上升了0.9个百分点。尽管在两党债务上限之争后标准普尔降低了美国主权债务的AAA评级，但是美国国债仍然被投资者当作危机时值得购买的安全资产。因此，欧洲主权债危机和风险资产的普遍贬值，促使美元走强了。据推测，如果没有评级导致的贬值，美元也许会更加坚挺。据美联储2011年的数据，2008年7月份到2009年3月份，美元的真实有效汇率升值了14.4%。然而，即使在美元的高峰值时期，安全资产的复苏效应也仅仅比14.4%的升值略微大一点。

2. 欧元

安全资产的增加一定是因欧元的贬值而起。虽然从4月份直到9月份早期美

---

* 本文译于2011年12月。

元对欧元汇率非常稳定，但后来可能是因为欧洲主权债务危机，欧元出现了显著贬值。10月份前期，欧元贬值到了一个最小值，后期出现的升值几乎挽回了前面所有的损失，在10月31日希腊宣布公投前，币值至少暂时地被提升到了9月份的水平。9月份欧元的贬值和10月份早期其他一些货币的贬值，共同助推了美元升值。

2011年4月份以来，全球货币市场发生的最大问题是欧洲主权债务危机。要强调的是，欧洲货币统一时缺乏汇率弹性被当作是一个潜在的风险，欧债危机是自欧元创立以来第一次发生的危机。那些已经执行了欧洲货币合作基金项目的国家汇率已经相当有竞争力了，是因为本国有意低估币值，或者是因为欧洲货币合作基金要求低估，或者是因为这些国家有汇率弹性和市场低估了币值。希腊、爱尔兰和葡萄牙没有因为要加入欧元区而采取固定汇率政策。这几个国家不认为欧元的币值能够被欧元区决定，或者通过政策或需求真正被显著影响。货币币值可能会从当初政策目标的有利方向朝不利方向转变。这大概是缺乏市场信心的因素之一。除此之外，对大量债务负担的担忧以及邻国债务问题的传导效应也是另两个影响因素。

3. 日元和人民币

日元和人民币的走势有所不同。无论是按照双边汇率计算，还是按照有效汇率计算，日元一直在升值，直到10月31日日本政府在外汇市场的干预才使其贬值3%。如果按照对美元的有效汇率来计算，从9月份早期开始日元的升值幅度更大。在这一时期，中国政府没有加快人民币对美元的升值，但是这个政策和其他货币变化共同导致了9月份和10月份早期人民币有效汇率的快速升值，接着升值步伐重新放缓。从4月份到10月末，人民币有效真实汇率大约升值了5%，部分是因为美国和其他主要经济体的通货膨胀。

二、按照基本均衡汇率方法估计的最新有效汇率

本报告大部分关于汇率的估计是以5月份的基本均衡汇率水平和4月份的数据为基础的，估计的基础是国际货币基金组织（IMF）在2011年4月份发布的《世界经济展望》一书中的中期经常账户规划，数据从IMF的2月份更新到4月份。

按照一般一年只计算一次基本均衡汇率的传统做法，本报告假定5月份公布的基本均衡汇率是正确的（见表1中报告对4月份基本均衡汇率的估计），发现汇率市场中汇率之间的相互影响和有差别的通货膨胀能表明主要货币汇率失调的程度。

1. 30个国家的有效汇率

表1报告了4月份和10月份后期（最后3天）30个国家估计的基本均衡利

率和真实有效汇率。数字的第3列展示了4月份按照基本均衡利率水平估计的百分比变化。第5列展示了10月末的同一数字。最后一列展示了货币是否被高估、低估或者在2.5%的取值范围内。

表1　　2011年4—10月有效汇率变动和失调幅度

国家/地区	基本均衡汇率（2007=100）	4月份		10月份后期		2011年10月份后期失调
		真实有效汇率（2007=100）	变动百分比	真实有效汇率（2007=100）	变动百分比	
阿根廷	80.7	83.0	-2.7	85.3	-5.4	O
澳大利亚	99.8	117.3	-14.9	118.1	-15.5	O
巴西	117.1	130.3	-10.1	123.6	-5.2	O
加拿大	107.8	108.5	-0.6	104.2	3.5	U
智利	104.4	106.7	-2.1	104.2	0.2	E
中国	131.0	113.0	16.0	118.4	10.6	U
哥伦比亚	111.8	114.2	-2.1	112.1	-0.3	E
捷克共和国	114.5	115.7	-1.0	114.1	0.4	E
欧元区	96.1	98.3	-2.3	97.6	-1.6	E
中国香港	101.7	90.4	12.5	88.2	15.4	U
匈牙利	97.5	103.5	-5.9	90	38.0	U
印度	109.3	111.2	-1.7	106.8	2.4	E
印度尼西亚	103.9	105.7	-1.8	104.9	-1.0	E
以色列	119.0	120.1	-0.9	115.8	2.7	U
日本	116.0	118.2	-1.8	127.5	-9.0	O
韩国	78.0	79.3	-1.6	78.0	-0.0	E
马来西亚	114.7	102.0	12.4	100.0	14.7	U
墨西哥	99.1	99.8	-0.7	87.8	12.9	U
新西兰	79.6	97.2	-18.2	100.8	-21.0	O
菲律宾	105.7	107.3	-1.5	108.4	-2.5	E
波兰	95.3	100.1	-4.8	91.5	4.1	U
新加坡	141.2	113.8	24.1	116.2	21.5	U
南非	95.0	113.4	-16.2	100.6	-5.5	O
瑞典	109.2	101.9	7.2	101.1	8.0	U
瑞士	132.9	120.3	10.5	125.3	6.1	U
中国台湾	108.7	96.5	12.7	92.4	17.7	U
泰国	101.1	102.9	-1.8	100.5	0.6	E
土耳其	69.0	97.4	-29.1	88.2	-21.7	O
英国	78.7	79.7	-1.3	81.0	-2.8	O
美国	81.3	88.8	-8.5	89.6	-9.3	O

说明：平均值取的是10月27日、28日和31日，O=高估，U=低估，E=均衡值。

表 2 报告了通过比较对美元的稳定的基本均衡汇率后，一些国家货币对美元汇率的双边汇率水平。

表 2　　2011 年 4—10 月稳定的基本均衡汇率和对美元的实际汇率

国家/地区	4 月份的稳定基本均衡利率	通货膨胀	基于基本均衡利率调整的通货膨胀	4 月份		10 月末	
		百分比		实际值	根据需要调整的值	实际值	根据需要调整的值
阿根廷	4.00	11.5	4.17	4.07	1.5	4.24	1.7
澳大利亚	1.02	3.5	1.02	1.06	-3.8	1.07	-4.8
巴西	1.65	6.6	1.68	1.58	-4.1	1.71	1.5
加拿大	0.94	2.9	0.94	0.96	1.7	0.99	5.5
智利	454	3.1	454	470	3.5	491	8.0
中国	5.09	5.5	5.15	6.53	28.4	6.36	23.5
哥伦比亚	1784	3.3	1786	1806	1.2	1866	4.4
捷克共和国	16.3	1.8	16.2	16.8	3.2	17.6	8.6
欧元区	1.50	2.5	1.51	1.45	3.9	1.41	6.9
中国香港	5.92	5.5	5.99	7.77	31.3	7.77	29.7
匈牙利	185	3.7	186	184	-0.9	215	15.6
印度	41.0	10.6	42.5	44.4	8.2	49.0	15.3
印度尼西亚	7554	5.7	7652	8647	14.5	8840	15.5
以色列	3.29	3.4	3.30	3.43	4.2	3.60	9.3
日本	75.8	-0.4	74.5	83.2	9.8	76.5	2.7
韩国	979	4.5	986	1085	10.8	1110	12.5
马来西亚	2.35	3.2	2.35	3.01	28.3	3.08	31.0
墨西哥	11.6	3.4	11.6	11.7	1.2	13.2	13.5
新西兰	0.70	4.4	0.70	0.79	-11.2	0.82	-14.9
菲律宾	38.2	4.5	38.5	43.2	13.0	42.7	10.9
波兰	2.76	4.0	2.8	2.75	-0.4	3.08	11.1
新加坡	0.90	3.7	0.91	1.25	37.9	1.25	37.4
南非	7.38	5.9	7.49	6.72	-8.9	7.77	3.8
瑞典	5.56	3.0	5.56	6.20	11.5	6.40	15.0
瑞士	0.78	0.7	0.77	0.90	14.6	0.87	11.8
中国台湾	22.8	1.8	22.7	29.0	27.2	29.9	32.2
泰国	27.0	4.0	27.1	30.1	11.5	30.6	13.1
土耳其	1.98	6.0	2.01	1.52	-23.1	1.75	-12.7
英国	1.71	4.5	1.69	1.64	4.2	1.61	5.1
美国	1.00	3.0	1.00	1.00	0	1.00	0

表3是对表1和表2的汇总。虽然美元在这期间受到高估，但是美元已经非常接近4月份的水平。正如4月份那样，美元大约被高估了9%。相反，人民币非常接近均衡值，从低估的16.0%降到10.6%。欧元区的低估不能让我们改变欧元是接近均衡值的判断。日元的低估使它接近高估有效汇率的均衡值，甚至在10月31日它仍游离于有效高估汇率值之外。

表3　　2011年10月末被高估汇率的国家

国家/地区	有效高估	对美元的高估
阿根廷	5.4	-1.7
澳大利亚	15.5	4.8
巴西	5.2	-1.5
加拿大	-3.5	-5.5
智利	-0.2	-8.0
中国	-10.6	-23.5
哥伦比亚	0.3	-4.4
捷克共和国	-0.4	-8.6
欧元区	1.6	-6.9
中国香港	-15.4	-29.7
匈牙利	-8.0	-15.6
印度	-2.4	-15.3
印度尼西亚	1.0	-15.5
以色列	-2.7	-9.3
日本	9.0	-2.7
韩国	0.0	-12.5
马来西亚	-14.7	-31.0
墨西哥	-12.9	-13.5
新西兰	21.0	14.9
菲律宾	2.5	-10.9
波兰	-4.1	-11.1
新加坡	-21.5	-37.4
南非	5.5	-3.8
瑞典	-8.0	-15.0
瑞士	-6.1	-11.8
中国台湾	-17.7	-32.2
泰国	-0.6	-13.1
土耳其	21.7	12.7
英国	2.8	-5.1
美国	9.3	0.0

大多数被高估的国家是：澳大利亚、巴西、新西兰、南非、土耳其和美国。然而，也有3个例外：阿根廷、日本和英国。

2. 汇率之间的相互影响

理解大多数其他国家的有效汇率既要考虑它们自己的汇率变化（通常是对美元），又要考虑四种基础货币之间的汇率变化。比如，作为对美元的缓慢贬值，阿根廷货币已经有一个显著升值，现在阿根廷币值已经明显地被高估了（见表1）。巴西卢布对美元的真实汇率一直升值到9月份，随后比其他多数货币都贬值要快，以至于有效汇率实际上贬值了，汇率虽然高估，但没有那么高。同样地，当从4月份到8月份保持对美元的稳定汇率之后，马来西亚林吉特从9月份一直到10月份早期对美元贬值5%，接着反弹了一半左右，直到10月份又一次出现贬值。林吉特低估的可能性增加了。墨西哥比索也出现了相同走势，从4月份到10月底比索对美元贬值约11%。结果是，墨西哥比索被低估的程度已经比人民币高了。

三、欧洲货币形势

表4－表6展示的是希腊、其他欧债危机国和德国的汇率。经常账户目标有两个变量：一是保持国际投资头寸稳定；二是用基本均衡汇率通常方法计算的货币占GDP的3%。经常账户基准也有两个变量：2011年基期和IMF 2016年项目基准。如果以2011年为基期，表中的数字表明葡萄牙和希腊一样面临更大的经常账户调整（接近一个真实贬值的水平），但是其他欧洲国家倒没有这个问题，意大利是一个例外。爱尔兰已经有经常账户盈余，西班牙只是一个轻微调整。虽然仍然保持了市场信心，但是德国已经在一定范围内丧失了竞争力。

表4　　根据需要调整后欧洲的汇率估计水平

	2011年NIIP（10亿美元）	2010年GDP（10亿美元）	名义GDP增长率（%）	经常账户指标：NIIP基准（占GDP的%）	2011年经常账户的预测值（占GDP的百分比）	2016年经常账户的预测值（占GDP的百分比）
希腊	-327	327	3.0	-3.0	-8.4	-2.0
爱尔兰	-221	223	4.0	-4.0	1.8	1.0
意大利	-593	2211	2.6	-0.7	-3.5	-1.7
葡萄牙	-250	244	2.6	-2.7	-8.6	-2.6
西班牙	-1369	1518	3.4	-3.1	-3.8	-2.2
德国	1514	3531	2.3	1.0	5.0	4.0

表5 经常账户目标变化（占 GDP 的%）

	NIIP 基准 2011 年基期	标准数值 2011 年基期	NIIP 基准 2016 年基期	标准数值 2016 年基期
希腊	5.4	5.4	0	0
爱尔兰	0.0	0	0	0
意大利	2.8	0.5	1	0
葡萄牙	5.9	5.6	0	0
西班牙	0.7	0.8	0	0
德国	-4.0	-2	-3.0	-1

表6 基本均衡汇率目标变化（%）

	NIIP 基准 2011 年基期	标准数值 2011 年基期	NIIP 基准 2016 年基期	标准数值 2016 年基期
希腊	-27.0	-27.0	0.0	0.0
爱尔兰	0.0	0.0	0.0	0.0
意大利	-11.2	-2.0	-4.0	0.0
葡萄牙	-22.0	-20.7	0.0	0.0
西班牙	-3.2	-35	0.0	0.0
德国	10.8	5.4	8.1	2.7

说明：NIIP = 净国际投资头寸余额。

四、报告结论

9 月份和 10 月初，由于被抬高，相比以前美元短暂地被更大幅度地高估，以 4 月份为基期直到 10 月底美元被高估大约 9%。欧元重新低估导致美元被高估，这迫使欧洲向外转移内部危机，而这不是治理全球失衡的最优政策选择。如此，新的美元危机将会出现，这将可能比较容易产生比最近数月波及全球的欧洲危机更严重的影响。相反，欧元不仅现在从欧元区有效汇率角度被粗略估值，而且对美元的双边汇率也被低估了。如此的汇率形势一定将导致过去被低估的东亚主要货币升值。同时，国际失衡也需要调整，过去没有大幅赤字的大多数国家和地区国内需求扩张是恢复经济增长的基础。

报告表明，从 2011 年 4 月份开始，无论是美元还是欧元的币值都没有出现大幅波动，同时人民币低估程度降低了，日元被高估了。仅仅因为在美元有效汇率中起重要作用的墨西哥比索和加拿大加元贬值、低估造成了货币汇率的相互影响。

（胡振虎）

美智库：俄罗斯应谋求与欧盟而不是金砖国家的伙伴关系*

2012 年 3 月 28 日，美知名智库彼特森国际经济研究所研究员安德斯·阿斯伦德（Anders Aslund）撰文称，自苏联解体以来，俄罗斯一直试图加入所有主要的国际组织，包括 G8、金砖四国（巴西、俄罗斯、印度、中国。南非 2011 年加入后升级为金砖五国）及 G20，但目前来看均不算成功。文章称，俄罗斯应该重新考虑其战略重点，与欧盟建立更加密切的关系才更有意义。

文章指出，戈尔巴乔夫和叶利钦都曾雄心勃勃地要加入 G8。自 1991 年 7 月戈尔巴乔夫受邀参加 G7 伦敦峰会后，俄罗斯总统参加了历年的 G7 首脑会议。虽然如今 G7 已发展成 G8，但俄罗斯的地位一直未得到提升。1994 年，叶利钦仅被允许参加半程峰会，1997 年才参加了全程峰会。2003 年，俄罗斯获准参与所有文件的筹备。2006 年，俄罗斯在圣彼得堡主办了 G8 首脑会议。但是，即使在今天，俄罗斯仍然被排除在 G7 财长和央行行长会议之外。

根据 IMF 的统计，按照购买力平价，俄罗斯曾位列全球第六大经济体，而按照 2011 年现价美元度量位居全球第九。随着财政管理不善的弊端逐渐暴露，2008 年后 G7 基本停滞不前，已不再掌控全球经济的话语权，G8 峰会在过去十年也未取得任何进展。G8 对俄罗斯的吸引力已大不如前。

为了寻找更合适的合作伙伴关系，俄罗斯加入了金砖四国。金砖四国的吸引力在于大的新兴经济体的增长速度远远超过 G7。此外，金砖国家在财政上负责任，现代化程度和活力也优于 G8。2009 年 6 月，俄罗斯在叶卡捷琳堡举办了首次金砖四国峰会。

但俄罗斯已表现出对金砖四国的失望。俄罗斯前外交部副部长阿达米辛曾说："俄罗斯拒绝成为美国的小伙伴，却沦为中国的小跟班。"相较中国、印度甚至巴西较高的受欢迎程度，俄罗斯已无足轻重。

在普京第二任期内，他曾对中国大加赞赏，但 2008 年 8 月俄罗斯与格鲁吉亚的战争改变了一切。虽然中国的外交政策一向反对分裂主义，但普京仍对获得中方支持抱有一线希望。在随后举行的上海合作组织峰会上，中国反对俄罗斯承

* 本文译于 2012 年 3 月。

认阿布哈兹和南奥塞梯并鼓励中亚国家采取同样的立场。于是，普京在公开场合不再发表对中国的好评。

全球金融危机进一步挫伤了俄罗斯。2008 年 9 月，普京宣称俄罗斯是危机的“避风港”，却低估了大宗商品价格下跌的破坏性影响和俄罗斯企业部门对国际金融的依赖。2009 年，俄罗斯国内生产总值下降 7.8%，降幅超过任何其他 G20 国家，而中国和印度经济蓬勃发展，巴西经济也与上年持平。

加入 G20 也没有给俄罗斯带来任何好处：它是 G8 的边缘成员，在金砖四国中知名度最低。在 2009 年 4 月召开的 G20 伦敦峰会上，当时的英国首相戈登·布朗将俄罗斯视为二流国家。

然而，俄罗斯在 2008 年 11 月（格鲁吉亚战争的影响开始消退）和 2011 年 9 月（普京宣布再次当选）期间的国际关系大有改善。与美国关系重回轨道后签订了一些新的双边协议，特别是新《削减战略武器条约》。俄罗斯与许多国家的关系改善了，包括与波兰和波罗的海三国的关系。2011 年 12 月，俄罗斯被接纳加入世界贸易组织。这些成就主要得益于梅德韦杰夫总统在外交上的灵活应变，而普京的外交政策要强硬得多。普京在谋求第三个任期时就将反美作为主要的竞选口号。

文章指出，俄罗斯具有巨大的外交潜力，在国际关系中拥有众多筹码，特别是它国土面积最大、能源产量最高，同时拥有核军备和雄厚的经济实力。在可预见的未来，俄罗斯并没有重大外部安全威胁，那么俄罗斯的外交政策应将重点放在哪里呢？

首先，市场准入很重要，欧洲是俄罗斯的主要贸易伙伴。建立伙伴关系的关键是认同感。正如普京在去年十月所说的，俄罗斯人一直“浸淫在欧洲文化中”，并宣布“与欧盟建立自由贸易区”的想法。

其次，俄罗斯迫切需要机构治理和法治化的发展，欧盟在这方面的丰富经验可令俄罗斯受益。欧盟对与俄罗斯签订自由贸易协定持开放态度，也是俄罗斯的主要出口市场。免签证协议正提上议事日程。

作为一个高度发达的国家，俄罗斯的目标应高于金砖五国之一，因为金砖国家在很多方面的发展水平尚远低于俄罗斯。俄罗斯应着眼于建立与欧盟的伙伴关系。当然，相较欧盟，俄罗斯的经济水平欠发达，因此，俄罗斯应该比欧盟更加积极主动。

（陈　茜）

美智库：美国尚未形成应对全球新格局战略*

近日，美国知名智库战略预测公司①（Strategic Forecasting Inc.）总裁乔治·弗里德曼②（George Friedman）发表了一篇名为《世界格局现状》的文章。文章认为，受2008年经济危机直接或间接影响，目前国际体系正处于深刻变化中。美国依然实力雄厚，但其内政外交严重失衡，美国尚未明白该如何应对当前变化中的世界。现将文章主要观点简介如下，供参考。

一、引言

地缘政治的演变具有周期性，一国实力从盛到衰及随后的转变，就像一场无休止的芭蕾，重复上演。对人类历史上最近一个持续几百年的漫长周期来说，1989—1991年对该周期的结束有特殊意义。尽管如今1989—1991年后的另一较短周期也即将完结，但该时期内发生的事件至今仍影响着世界格局。

1991年12月25日，苏联解体宣告了欧洲从1492年起建立的全球帝国体系的终结。在过去的五个世纪里，葡萄牙、西班牙、法国、英国、苏联，一个个欧洲国家先后主宰着世界。那时，即使较弱的欧洲国家也拥有一定的全球影响力。1991年后，欧洲近500年来首次没有任何一个国家堪称全球强国，即没有哪个欧洲国家同时拥有全球经济、军事、政治的领导地位。

1991年以后，唯一的全球强国就是美国。它每年创造的国内生产总值（GDP）约占全球总额的25%，同时还拥有对海洋的霸权。在这之前，美国从未掌握过全球主导地位。“二战”前夕，美国开始摆脱国际体系的边缘地位，但那时全球势力还是多级格局。“二战”后，美国发现自己同苏联一起成为全球势力

---

* 本文译于2012年3月。

① 美国战略预测公司成立于1996年，是全球首屈一指的未来趋势、情报资讯分析私营机构，为各国政府、《财富》500强提供建议和经营环境解析，提出全球大战略思考架构下的行动方向，是美国唯一可以公开合法出售情报分析成果的私营机构。它在全球各地与分析家、学界、智库和各领域顶尖人士合作，将搜罗的情报信息严格筛选整理，为客户提供现场情报、深度分析和战略预测三大重点产品。

② 乔治·弗里德曼（George Friedman），战略预测公司总裁，《纽约时报》、《华盛顿邮报》、CNN等权威媒体争相报道的战略预测专家，犹太人，曾在宾州迪金森学院任教二十余载，期间是美国军方和五角大楼的座上宾，承担美国陆军战争学院、国防大学和兰德公司国防和国家安全课题，较早引入计算机模拟战争推演。

两级格局的主角，双方胜负难定。

20 年来，美国都是无可匹敌的全球强国，但其一家独大的优势恰恰导致美国大部分时间内都处于一种失衡状态。对上一代人而言，失衡一直是全球体系的基本特征。美国并没有做好与其地位相符的体制上和心理上的准备。20 世纪 90 年代，美国过于乐观地认为世界范围内的重大冲突已告一段落，但“9·11”事件之后，美国人改变了态度，向激进伊斯兰教开战。美国无法避免这些战争，也无法融入这种多层次的全球战略。当唯一的全球强国将注意力全都投放到某个地区时，世界的平衡便被打破。时至今日，失衡仍是全球体系的主要特征。

苏联解体终结了欧洲时代，也终结了始于 1945 年的重要时期，一系列伴随上下代交替的事件接踵发生。1989—1991 年间，日本经济奇迹终结，世界首次惊叹于一个亚洲强国的持续经济增长，也被其金融体系的轰然崩塌所震撼。日本奇迹的终结和东西德统一后的经济问题改变了全球经济的运转方式。1991 年签订的《马斯特里赫特条约》奠定了冷战后欧洲的基本框架，并为欧洲尝试一体化创造了条件。为应对苏联解体，中国政府制定了之后 20 年的发展方向，并创立了由共产党领导的经济发展模式。萨达姆·侯赛因入侵科威特一方面可改变两伊战争后波斯湾地区的力量对比，另一方面也可试探冷战后美国的战争意愿。

综上，1989—1991 年，北美取代欧洲成为国际体系的中心。无论从跨世纪还是跨代来看，该时期都改变了世界的运转方式。历经数代之后，世界正处于欧洲霸权丧失后世界格局的第一次巨大转变中，该转变始于 2008 年，但其影响至今才全面暴露出来。

2008 年全球资本体系陷入了定期发生的金融恐慌。通常情况下，这种恐慌首先会引发各国国内的政治危机，接着会带来国家间关系的变化。这些变化里有三点尤其重要，其中两点与 2008 年危机直接相关：一是欧洲金融危机及其演变出来的政治危机；二是中国出口危机及其影响；第三点是中东地区的力量对比开始变得对伊朗有利，这一点与 2008 年危机有着间接联系。

二、欧洲危机

欧洲危机是 2008 年金融体系崩溃后最重要的事件。欧洲建立欧盟的初衷，是认为如果能建立一个机构，把法国和德国绑在一起，那么自 1871 年以来肆虐欧洲的战争将不再可能爆发。同时经济融合不但能把德法两国联合起来，还能为建设一个繁荣的欧洲奠定基础。因此，在《马斯特里赫特条约》的框架下，欧盟是一条可以民主化并有效整合东欧地区前共产国家、在欧洲形成单一框架的途径。

然而，成立欧盟的假设条件是：欧洲会在某个时期超越民族主义成为欧洲合众国这种单一政治联邦，拥有宪法和统一的内政外交政策，从一个自由贸易区逐步发展成拥有统一的经济体系和单一货币，然后围绕欧洲议会进一步实现政治融合，从而使欧洲成为单一国家。

当然，早在这之前，人们就开始把欧洲当成单一体来讨论。尽管这些正式提议都较低调，但实现欧洲一体化的呼声一直很高。这主要出于两点考虑：第一，欧洲一体化有着显而易见的经济和社会收益；第二，这是欧洲在国际体系中施展影响力的唯一途径。欧洲国家单独来看都不具有称霸全球的实力，但作为一个集体的话就不一样了。鉴于冷战结束后世界上唯一不受约束的全球强国是美国，因此这是一个颇有吸引力的机会。

以上的设想在2008年危机之后被打破了，欧盟的根本缺陷在危机中暴露无遗。欧盟是围绕世界第二大出口国德国建立的，但其外围力量过于薄弱，经不起危机的重创。并不是本次危机有多么特殊，而是欧盟设计本身就不具备抵抗任何金融危机的能力。具有威胁性的危机迟早会发生，到时欧盟就会岌岌可危，欧洲各国将从各自不同的经济和社会现实出发，根据自身利益而非欧盟利益行事。

当然，2012年的欧洲与2007年的欧洲截然不同。有些人期望欧洲在适当时能回归到冷战结束后的状态，但这可能性不大。欧洲的潜在矛盾现在已经暴露出来，虽然有些欧洲实体可能会幸存，但恐怕不会如《马斯特里赫特条约》预想的那样，更别提欧洲合众国的远大理想。因此，唯一有能力与美国抗衡的力量在这一代不会出现。

三、中国和亚洲模式

中国也受到2008年金融危机的冲击。除了一切经济体都不可避免的周期性特点外，亚洲模式决定了其在经历较长时间的增长后会陷入深刻的金融混乱，日本奇迹的终结及1997年的东南亚危机就是很好的证明。背后的原因很明显：经济增长率并不能代表经济增长的健康程度。2008年金融危机触发了欧洲的变化，也给中国带来变化。

中国的核心问题在于，超过10亿人口的家庭收入少于每天6美元，其中大多数人每天的收入少于3美元。且不论其社会压力，单从经济上看，其后果是中国大型工厂的产出超过了中国的内需水平，结果导致中国经济必须依赖出口。然而，2008年后中国的出口受到严重影响，GDP增速下降，政治体系的稳定性受到威胁。中国通过大幅增加银行贷款的方式应对危机，这一方面增加了投资，对GDP起到支撑作用，但另一方面助长了通货膨胀。通胀造成劳动力成本上升，中国在海外市场的竞争力优势逐渐丧失。

对这一代人来说，中国的发展是全球经济增长的引擎，正如日本经济在上一代中所发挥的作用。中国目前面临的下行问题与日本类似。中国正在逐步改变其发展方式，国际体系也随之发生着改变。

四、未来变化

纵观国际体系的三个主要经济引擎，我们发现，其中两个（中国和欧洲）正改变他们的行为方式，使其在国际体系中更加低调。2008 年危机并不是这些变化的主因，只是通过暴露两个经济体的潜在问题而推动了上述变化。

中东虽算不上主流国际体系，但其力量均衡情况正发生变化。变化的推手并不是2008 年危机，而是美国在该地区的战事和撤军。随着美国大兵从伊拉克撤出，伊朗成为波斯湾地区的主要传统强国，影响在伊拉克之上。此外，随着阿萨德政权在伊朗的支持下继续执政，伊朗的影响力有可能从西阿富汗延伸至地中海。即使阿萨德政权下台，伊朗仍可以在波斯湾地区占主导地位。

五、结论

正如 1989—1991 年的国际形势决定了其后 20 年，当下的世界变化也将决定下一代人。美国实力雄厚，但内政外交都面临失衡，它面临的国际世界在发生变化，但尚不知该如何应对，也不清楚当下国际体系的变化将对其产生何种影响。从战略上看，欧洲一体化解体、中国经济到达顶点后全球生产格局的转变及伊朗异军突起似乎都不会对美国产生直接影响。

美国尚未准备好如何应对以上事件对美国带来的机遇和挑战。欧洲一体化解体会影响德国的未来及德俄关系。生产格局转向低收入国家将给“无可救药国家”（如 1980 年的中国）带来发展机遇，并随着经济的快速、不均衡发展，造成区域不稳定性。当然，通过制裁来控制伊朗问题的想法根本不能算作战略。

世界三大地区正发生着变化：欧洲、中国和波斯湾。每个国家都有其应对新变化的策略，正如 1989—1991 年各国需要新措施一样。然而，美国这个最重要的国家 1991 年没有战略，现在仍然没有。这是当今世界最重要的现实。正如哥伦布航海后的一代西班牙人对他们创造的现实缺乏清楚的认识，美国人对他们所处的世界也认识模糊。这个事实将进一步决定世界的运转方式。

因此，我们应继续关注未来 20 年的美国战略，并看看它将如何重塑自身。

（董 扬 陈 茜）

布鲁盖尔研究所总结欧元危机的十大根源*

2011 年 12 月 9 日，欧元区领导人为达成欧元区主权债务和银行问题的全面解决方案再次会晤，但仍未能提振市场。欧洲智库布鲁盖尔研究所的 Zsolt Darvas 就此撰文，指出欧元区存在十大根深蒂固的问题，从而导致当前危机久拖不决。这十大问题具体包括：

第一，以规则为基础的《稳定与增长公约》未能如愿约束欧洲各国的财政赤字，导致希腊和意大利公共债务畸高，危机最先从这两国爆发。

第二，仅关注财政问题，而忽略了私人部门，导致爱尔兰和西班牙等国的信贷和住房泡沫增大且不可持续，再加上经常账户赤字居高不下等结构失衡问题，竞争力逐步丧失。虽然新采用的“过度失衡程序”旨在评估私人部门风险、帮助各国制定补救措施，但欧元区的调整至少需要十年以上时间，短期内迅速改进是无法实现的。

第三，缺乏促进结构调整的合适机制。德国等国有能力在欧元区内自行调整（德国的竞争力在过去 15 年内大幅上升），但意大利和葡萄牙等国无法做到。2010 年引入的“欧洲学期”旨在以 年为周期进行财政双边评估，也可促进结构调整，但其司法有效性尚有待观察。

第四，欧元区国家缺乏危机解决机制，结果造成欧债危机突然爆发后各国无所适从。对于遭受主权危机的国家，欧元区作出了若干临时安排，包括向希腊提供双边借款和欧洲金融稳定基金（EFSF）、欧洲稳定机制（ESM）两个融资机制。ESM 的防火墙资金为 5000 亿欧元，属长期救助基金，很可能在 2012 年中期引入，但即使加上国际货币基金组织（IMF）的增资（12 月的欧盟峰会上达成向 IMF 增资 2000 亿欧元的决定），资金量仍不足以救助意大利、西班牙等大型经济体。

第五，国内银行的处理机制和银行对持有政府债券的本土偏好意味着银行危机和主权债务危机间具有致命的关联性。当一国政府出现问题时，该国的银行系统也无一幸免（如希腊），反之亦然（如爱尔兰）。这个问题的最好解决方法是设立银行联合会，将银行处理机制和存款担保集中化，同时要求监管集中化。欧元区债券也有助于打破这种致命关联，即将主权债券的发行统一为一种公共债

* 本文译于 2012 年 1 月。

券，参与国对其负连带清偿责任，但发行欧元区债券要求成员国间的政治联盟比目前紧密得多。不幸的是，银行联合会和欧元区债券均尚未列入谈判议题。

第六，欧元区各国相互依赖性太强，远超过危机前经济较好年份的依赖度。“小”国的危机会蔓延开来，“大”国的危机就是场灾难。例如，如果意大利破产，意大利的银行系统会跟着破产，进而通过更高层次的相互关联对欧元区其他国家的银行系统造成毁灭性威胁，甚至对欧元区以外的国家造成致命打击。这个问题的最佳解决途径也是设立银行联合会和发行欧元区债券。

第七，欧洲央行/欧元体系不能进行货币融资的严格规定意味着欧元区政府的借贷类似借入“外币”。这是由于一国中央银行原则上可以通过印钞和购买政府债券（类似美联储、英格兰银行或日本银行在危机中的处理方法），成为主权债务的最后借贷方。虽然欧洲央行迈出了这一步，但实际上很不愿意，行动也很有限。解决此问题的方法是：建立更强大的政治和财政一体化，提供可更改欧洲央行法规的基础。这样，欧洲央行无需购买更多政府债券，只要做出姿态即可起到作用。当然，欧洲央行目前正面临购买更多政府债券的压力，讨论建立何种政治和财政一体化缺乏实际意义。

第八，作出整顿的国家都面临下行风险，即财政整顿导致经济下行和公共收入下降，进而又需要作出更多的财政整顿。在缺乏单一货币的情况下，要打破这种恶性循环极其困难。

第九，危机对经济发展的反向作用不仅表现在作出整顿的南欧国家，甚至包括所有欧元区国家。受经济发展前景黯淡影响，银行部门资金压力增大、信用风险上升，提高银行资本率的措施可能导致信贷发放的减少，后者对经济的影响更坏。在缺乏有效的危机应对措施的情况下，经济很难真正复苏。

第十，目前的危机不仅是主权债务危机、银行危机，而且是管理危机。欧元区各国领导人应对危机的态度令人失望，甚至有评论认为达成全面解决方案在技术上和政治上都是无法完成的任务。

如果真的缺乏全面解决方案，欧元区该如何？只要意大利和西班牙在12月9日的峰会之后可以在一级市场上发行新债券，目前的应付方案还可以继续实施。意大利和西班牙当前的借贷年利率为6%—7%，但即使这个较高的水平再继续一小段时间，也不一定会必然导致财政的不可持续性。在这期间，第一，这两国的新政府需要采取措施使利率逐步下降；第二，欧洲央行要避免银行遭受负面影响；第三，经济需要有复苏趋势，尤其是在南欧各国。但如果市场拒绝购买意大利和西班牙新发行的债券，则只能通过达成全面解决方案来应对危机。

（陈　茜）

后 记

财政部亚太财经与发展中心承担着财政部关于世界经济、宏观经济热点问题的研究任务，本书汇集了2011—2012年部分研究成果，共五部分，49篇文章。

财政部领导对世界经济和宏观经济热点问题的研究非常重视，强调要深刻领会党中央关于统筹国内国际两个大局的思想，把国际经济问题纳入到国内经济问题的研究中，同时要加大研究力度，扩展研究的广度和深度，增强研究的针对性和政策性。

郑晓松部长助理亲自领导中心的研究工作，亚太财经与发展中心周强武副主任具体组织和实施研究工作。同时，财政部外经办邹加怡主任、财政部国际司张文才副司长、上海国家会计学院夏大慰院长、李扣庆副院长等对研究工作提出了许多宝贵意见。

亚太财经与发展中心帅扬、陈茜、周波、胡振虎、宋馨、董杨、乔慧、王苇航、于晓、彭慧、陈艳等同志参与了课题研究和校对整理工作。在本书的汇编过程中，中国财政经济出版社做了大量细致的工作，在此一并表示感谢。

编 者

2012年7月24日